왜 나는
행복하지
못한가?

하이코 에른스트 지음 | 김시형 옮김

왜 나는 **행복**하지 못한가?

아무리 애써도 잡히지 않는
행복의 심리학

각종 미디어에서는 나쁜 소식만이 좋은 소식이라는 역설적인 법칙이 존재한다. 끊임없이 들리는 불행한 소식들에 상대적인 안도감이 들 수밖에 없기 때문이다. 더욱이 텔레비전 연속극이나 대중 공연물에서도 끊임없이 재앙이나 불행을 다룬다. 고질병에 기달리는 환자들이 의사다 주변 환자들은 내낭으로 비교적 자주 강조하는 말이 있다면, 배우자가 자신을 돌봐주니 얼마나 다행이냐는 말이다. 다른 사람 같았으면 자기를 벌써 버렸으리라는 것이다. 물론 통계적으로는 맞는 주장은 아니다. 고질병을 앓는 배우자를 떠나는 경우와 건강한 배우자와 결별하는 비율은 그다지 차이가 없다. 그러나 그런 내조 전략이 적어도 아픈 당사자들에게는 큰 위안이 된다. 물론 성과에 관련된 위기가 찾아오면 대부분 '다음엔 더 잘할 거야!'라면서 상향 비교 쪽으로 상상을 끌고 가려는 경향이 있다. 상향 비교는 실패를 딛고 일어서려는 승부욕과 동기를 가동시키는 반면, 하향 비교는 위안을 주고 운명에 순응하게 하는 기능을 한다.

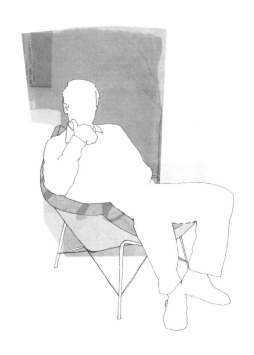

열대림

왜 나는 행복하지 못한가?
아무리 애써도 잡히지 않는 행복의 심리학

초판 1쇄 인쇄 2009년 10월 10일
초판 1쇄 발행 2009년 10월 15일

지은이 하이코 에른스트
옮긴이 김시형
펴낸이 정차임
디자인 디자인플랫
펴낸곳 도서출판 열대림
출판등록 2003년 6월 4일 제313-2003-202호
주소 서울시 마포구 동교동 156-2 마젤란 503호
전화 332-1212
팩스 332-2111
이메일 yoldaerim@naver.com

ISBN 978-89-90989-39-0 03180

인생을 잘 산다는 것에 대해

　자칫하면 사라질 위기에 처한 무언가가 생기면 그제야 사람들은 각별히 그것을 연구하고 논한다고 한다. 사실일까? 그렇다면 우리가 오매불망 바라는 '행복'으로서는 위기가 아닐 수 없다. 왜냐고? 지금처럼 행복을 붙잡아 두려는 노력이 강했던 때는 없었기 때문이다. 세상 모든 사람들이 새로운 공식, 논문, 심포지엄, 자기계발서, 갖가지 종교까지 두루 동원해 가며 어떻게 하면 행복해질 수 있는지에 대한 해답을 찾으려 한다.

　그런데 그 처방들이란 것이 신기할 만큼 하나같이 어디서 많이 보던 것들이다. 단순소박한 사람의 행복, 세련된 향유의 기술, 수천 년 전부터 있어온 실용철학과 처세술이 우리 앞에 등장한다. 거기에 덧붙여 호르몬이니, 감정이니, 뇌의학이니 하는 과학적인 행복 관리, 즉 행복 테크놀로지까지 생겨났다. 그리고 그 모든 것 위에, 마치 행복 이데올로기의 빅 브라더처럼, 어딜 가나 우리를 향해 미소 짓고 있는 달라이 라마도 잊어서는 안될 것이다.

불행해질까봐 전전긍긍해 할수록 행복에 대한 얘깃거리도 많아지는 듯하다. 꽤 오랫동안 우리는, 소비와 물질적 풍요라는 틀 안에서 숫자와 성장곡선으로 표현되는 생활수준이 행복의 척도라고 여기기도 했다. 그런데 이제 그 기반이 흔들리기 시작했다. 한편에서는 우리가 너무 헤프게 살았다는 말도 한다. 이 말은 곧 '너무 많은' 행복을 누렸다는 소리일까? 정말로 얼마 못 가서, 상대적으로 힘들 것 없었던 행복했던 시절, 모든 것이 앞으로 그리고 위로만 쑥쑥 성장하기만 했던 지난 50년을 뒤돌아보며 못내 아쉬워하게 될까?

바야흐로 새로운 시대가 열린다고 말한다. 많은 나라들에서 복지국가 경영에 관심을 갖고 대대적인 개편을 계획 중이다. 과거부터 지금까지 '행복한 삶'을 논할 때면 항상 물질적인 부를 함께 떠올리는 한편 생계 안정 역시 필수요인으로 손꼽았다. 이제 물질적 부와 안정, 완벽한 생활조건 같은 수요는 대체로 충족되었다. 그렇다면 그것이 곧, 최근에 흥미사회, 여가사회, 선택의 사회, 체험사회로 대변되는 하나의 사회 모델이 종말을 맞았다는 뜻일까?

빈곤화 판타지와 거기서 파생된 분배투쟁, 혹은 새로운 시민사회가 향후 몇 년 내지 몇 십 년 동안 생활의 틀을 규정하게 될 것인가의 여부는 아직 불투명하다. 닐스 보어Niels Bohr도 "예측이란 건 까다롭다. 특히 미래에 대한 것이라면 더욱 그렇다"고 말하지 않았던가.

이 책 역시 어떤 시나리오를 그리자는 것이 아니다. 그보다는 인간이 살아가는 데 핵심적인 구실을 하는 영역에 대해 깊이 생각할 것을 촉구하는 책이다. 그 핵심에 주의를 기울이다 보면 미래가 우리에게 던지는 과제를 극복할 길이 보일 것이다. 또 행복의 중요한 요소들을 소개하고 요즘 우리가 처한 상황에 적용해 보고자 한다.

행복은 자기만의 인생을 추구하고 발견하는 데서 시작된다. 무엇이 나에게 맞는가? 무엇이 '내 일'인가? 어떻게 살아야 하고, 정말 무엇이 되고 싶은가? 잘 산다는 것은 자신의 소명을 따르는 것이요, 최선을 다하는 것이다. 단지 '타고난 것'에만 머물러 있지 않고 잠재된 지력과 소질을 아낌없이 발휘하는 것이다. 그래서 가능하다면 스스로의 한계 너머로 성장한다는 것은, 쉽지 않지만 보람 있는 목표다. 행복이란 그렇게 자신을 넘어선 뒤에 얻는 보상 같은 것이다. 자신과 완벽한 일치를 이루며 산다는 것은, 인생을 하나의 이야기로 바라보고 그 이야기를 계속 엮어나가듯 발전시키며 종국에는 그 이야기와 화평을 이룬다는 뜻이다.

요즘 시대에 좋은 삶을 산다는 것은 끊임없이 늘어나는 위협에 대한 저항이나 마찬가지다. 기술과 과학의 눈부신 진보로 인해 인간은 적응능력의 한계를 넘어서게 되었다. 물론 그로 인해 안락과 자유가 주어지지만, 생활환경 자체가 너무 급속도로 변하는데다 파악이 불가능할 정도로 복잡해지고 있다. 잘 살고 싶다면 인생에서 속도를 걷어내고 끊임없는 적응 과정에서 생기는 스트레스를 줄여야 한다. 또한 부당행위와 권리침해 그리고 조작과 외적인 압력에서 스스로를 지키고 저항하려면, 비판력을 키우고 외부 환경과의 거리를 적당히 유지하며 중요한 것과 그렇지 않은 것을 구별할 줄 알아야 한다.

행복은 타인과 친밀하고 긍정적인 관계를 만들고 유지하는 능력을 전제로 한다. 물론 여러 통계 자료, 아니 하다못해 일반인들의 생활을 주의깊게 들여다보면 이 대중사회에서 긍정적인 관계 유지가 얼마나 힘든 일이 되어가고 있는지를 알 수 있다. 결혼한 부부 세 쌍 중 한 쌍이 이혼하고 가족이 와해되거나 아예 애초부터 가정 꾸리기를 포기하는 사람도 허다하다. 대도시에는 단독 세대주 집들이 넘쳐 난다. 경쟁심, 시기심, 공격성이라는 독이 동료관계와 이웃 공동체를 서서히 마비시키고 있다. 모두가 우정과 온정을 그리워하고, 날마다 수많은 시청자가 영화와 TV 드라마가 허구로 만들어낸 화목하고 애정 넘치는 공생을 감상하며 공감과 감동의 눈물을 흘린다.

하지만 현실에서는 비현실적일 만큼 과도한 기대심리와 서툰 사회지능social intelligence 탓에 인간적인 정을 발견하는 데 번번이 실패하고 만다. 아리스토텔레스의 말마따나 사회적 동물인 인간은 타인과의 공생에 필요한 두 가지 기초능력에 다시 주목할 필요가 있다. 타인의 정서와 생각을 이해하고 역지사지하는 능력, 곧 공감능력이 그 첫번째이다. 두번째는 불가피한 위기를 넘어 사회적 관계들을 지속적으로 이어갈 수 있게 해주는 용서와 화해의 능력이다. 이 두 가지 능력은 애초부터 인간이라는 종이 혹독한 자연환경 속에서도 살아남을 수 있었던 비밀 병기였다. 그리고 그것들은 지금도 여전히 생존은 물론이고 행복해지기 위한 중요한 무기이다.

행복한 삶이라고 해서 아무 걱정도 문제도 없는 유토피아에서의 삶을 말하는 것일까? 물론 그렇지 않다. 도리어 불가피한 위기와 항상 우리를 따라다니는 불행을 극복해야만 비로소 훌륭한 삶이 완성된다. 우리는 불운을 고결하게 승화시킬 수도 있고 실패를 딛고 한층 성장할 수도 있다. 취약점과 실수를 통해 배우고 인생항로에서 대안을 찾아내 발전시킬 때 행복은 우리를 찾아온다. 특히 요즘 같은 시대에는 이 능력들이 한층 가치를 지닌다. 날이 갈수록 즉흥성을 발휘해야 하고 방향 설정을 다시 해야 할 순간들이 자주 일어나기 때문이다. 또한 행복한 삶은 여러 번의 좌절과 운명의 타격을 무사히 넘긴 후의 자부심 위에서 꽃피는 그 무엇이다. 이렇듯 행복은 고난과 순탄함의 강렬한 대비 체험을 통해 그 가치를 확인할 수 있는 감정이다.

나는 오래전부터 인간의 행복에 대한 학술적 연구의 진행 추이를 지켜보았고, 아울러 무엇을 '행복한 삶'이라고 여기는가 혹은 여겨야 하는가에 대한 사회적 트렌드에도 관심을 기울였다. 인간의 의식은 물론이고 행동의 무의식적 동기를 다루는 심리학자로서 올바른 삶, 좋은 삶이 무엇이냐는 물음에 그 누구보다 더 많은 책임을 느낀 것 같다. 이 책에서는 무엇보다도 사회심리학과 성격심리학적 인식을 많이 다루었지만, 진화론과 심리치료 이론 역시 포함시켰다. 새로운 학파인 긍정의 심리학positive psychology 등 최근 유행하고 있는 신진 연구와 이론도 다양하게 훑어보았다.

나는 초창기 전후세대 중 한 사람으로서, 행복한 삶의 여러 방식을 말 그대로 직접적으로 체험한 사람이다. 우리 세대가 몸담았던 삶의 여건과 관련해 가장 강렬하게 남은 경험이 있다면 바로 느리지만 끊임없이, 전반적으로 상승세를 탔던 국가의 경제력이었다. 하지만 그런 물질적 부보다 더 우리에게 강한 인상을 남긴 것은 극적이기까지 한 자유화의 물결이었다. 이 운동은 아직 권위적인 색채가 여전하던 전후시대에 대학생들이 주축이 되어 태동했고 결국 문화혁명의 형태로 절정에 달했다. 그후 정체상태와 이른바 경제기적시대를 거치며 전통적인 덕목들과도 서서히 이별을 고하게 되자, 새로운 행복의 기준이 여기저기서 튀어나왔다. 그러다 최근 십수 년 사이에는 행복을 측량하는 환산단위가 다시 하나의 핵심 코드로 축약되는 경향이 생겼다. 바로 '돈'이다.

이 책은 말하자면 그런 관찰과 경험의 총합이다. 나는 이 안에 인간의 가장 중요한 문제들, 예를 들어 "어떻게 하면 잘 살 수 있을까?" 같은 질문에 가장 설득력 있게(적어도 필자의 시각에서) 답하는 이론과 인식을 소개해 두었다. 다만, 행복을 분자로 일일이 쪼개어 그 성분에 접근하려는 과학적 시도는 일찌감치 논외로 했다. 그보다는 좋은 삶, 즉 충만하고 만족스러우며 책임의식을 갖춘 삶, 그리고 생활에 밀착된 행복에 더 집중했다.

그래서 여기 소개된 개념 중에는 구체적으로 행복 자체에 국한되지 않는 것들도 있다. 행복은 살벌한 세상에 맞서는 처방전이나 해독제 같은 것이 아니다. 이 책의 주된 논조는, 행복이란 인생의 마땅한 목적지이지만 오직 순탄하고 곧은 길만 걸어서는 도달하기 힘들다는 점이다. 행복은 하나의 프로젝트라기보다는 거기서 나오는 부산물 같은 것, 이를테면 잘 산 인생의 잉여물 같은 것이다. 그리고 여기서 잘 산다는 것은 자신의 실존에 형태를 부여하고 뚜렷한 원칙과 가치관에 따라 살려는 진지한 노력 자체를 뜻한다. 행복이란, 인생 전체에 퍼져 있는 행복한 순간들을 단순히 합산한 것 이상의 의미를 지닌다. 아마도 그것은 우리의 삶 모두를 통튼 것과 다르지 않은 말일 것이다.

| 차례 |

"세상을 행복으로 채우자. 물론 자기 자신도.

그게 바로 선행이다."

— 베르톨트 브레히트

1장 행복이란 대체 무엇인가?

행복의 미로에서 길을 잃다

태초에도 행복이 있었을까?

널찍한 베제레 계곡 위로 땅거미가 내려앉자 부족 사람들은 희끄무레한 석회암 절벽 아래에서 세 군데로 나누어 피워놓은 모닥불 주위로 모여들었다. 절벽에는 남자들의 사냥 무기가 세워져 있고 바구니 몇 개에는 여자들이 그날 넓은 습지며 강둑을 훑어서 따온 열매, 버섯 같은 수확물들이 담겨 있다. 갓 구운 고기 향이 공기를 가득 채우고 간간이 터지는 웃음소리가 계곡에 메아리친다.

문득 소란이 가라앉고 남자 한 명이 자리에서 일어난다. 그는 두 손을 하늘로 치켜들고 몇 번 제자리에서 맴돌더니 허스키한 목소리로 이야기를 시작한다. 어느새 부족 사람들도 그의 말 한마디 한마디에 빠져든다. 남자는 듣는 이들이 가끔 경외심으로 내뱉는 탄식에 장단을 맞추듯 연극적인 몸짓을 한껏 곁들여가며, 끈질기게 들소 떼를 쫓아 사냥한 이야기를 묘사한다. 몇 번의 시도 후에 결국 들소 한 마리를 무리에서 떼어내는 데 성공한 그들은 짐승을 야트막한 강물 쪽으로 유인했다. 그런 다음 일제히 창을 던져 그날의 식량을 쟁취했다. 그 고기가 지금 나뭇가지에 꿰어져 모닥불 언저리에 걸려 있는 것이다.

사냥꾼 중 한 사람이었던 남자는 보고를 마치더니 동료들의 존경 어린 웅얼거림 속에 자리에 앉는다. 이번엔 다른 쪽에서 나이 지긋한 절름발이 남자 — 샤먼, 즉 제사장이다 — 한 명이 오늘 잡은 소의 뿔을 집어들고 머리 위에 얹더니 모닥불 둘레를 돌며 춤을 춘다. 그의 입에서는 들소를 흉내낸 우렁찬 소리가 흘러나온다. 부족 구성원들의 환호와 웃음소리가 그를 더욱 부추기고 자극한다. 그가 지쳐서 초원 위에 털썩 몸을 쓰러뜨릴 때까지 춤은 계속된다.

고기가 충분히 익었을 때쯤에는, 벌써 밤이 온 세상을 뒤덮은 후이다. 부족 사람들은 고기를 뜯어서 입에 넣고는 쩝쩝 소리를 내가며 공들여 씹는다. 기름기 묻은 얼굴들이 환한 불빛에 반사되어 번들거린다. 어느덧 좌중은 조용해지고 배부른 사람들은 하나둘씩 베제레 강변에 우뚝 솟은 절벽 틈새로 들어가 짐승 털가죽을 깔고 눕는다. 이제 샤먼과 몇몇 여자들만이 불가에 남아 이따금 약해지는 모닥불에 나뭇가지를 던져넣는다.

현대식 시간 계산으로 친다면 1만 7,003년 전의 어느 날, 그러니까 라스코 크로마뇽인의 삶 가운데 어느 하루가 마감되는 순간이다.

인류학자들의 분류를 따르자면 이 초창기 유럽 인류는 호모 사피엔스 사피엔스, 다시 말해 그 전 인류보다 두 배로 똑똑한 조상이었다. 이들은 언뜻 봐서도 앞서 살았던 네안데르탈인보다 훨씬 발달한 인류였다. 이 당시 네안데르탈인은 거우 드문드문 몇몇 소그룹끼리 무리를 지어 다닐 뿐 남아 있는 수가 극히 적었다. 크로마뇽인은 반유목의 수렵생활을 하며 프랑스 남서부 지역에 어설프게나마 형성되어 있던 도로 주변에 살았다. 그들의 식량은 짐승의 고기, 골수, 야생초와 나무열매 등이었다. 그 유명한 라스코 동굴벽화를 봐도, 이 인류가 1만 9,000년 전에 벌써 뚜렷한 사회제도와 발달된 문명을 누렸다는 점이 증명된다. 즉 먹고 살기 위해 반드시 해야 할 수렵과 열매 채집, 무기와 옷 만들기 같은 노동 외에도 이른바 '여가'라고 부를 만한 것을 즐겼다는 얘기다. 그리고 그 여가란 창조적이고 문화적인 활동을 위한 시간이었다. 하나의 부족은 다시 여러 가구로 구성되었던 만큼 사회적 생활도 꽤 복잡했다. 언어도 상당히 발달했고 다양한 색으로 그린 암반벽화에는 당시 인류 문화의 높은 수준이 드러나 있다.

이 시대의 삶을 자연에 가까운 목가적 형태, 심지어 잃어버린 낙원의 삶으로 상상해야 할지, 아니면 짧은 평균수명에 대항해 하루하루 목숨을 지키기 위한 생존투쟁으로 여겨야 할지는 확실치 않다. 선사 전문가와 인류학자들의 추측에 따르면 우리 조상들은 한편으로는 평화롭게 수렵과 채집을 일삼으며 자연환경과 완벽한 조화를 이루며 살았지만, 다른 한편으로는 항상 겁에 질린 채 미신에 의존하거나 철저한 공격성을 드러내며 힘든 삶을 연명해야 했다.

지상의 낙원인가, 잔인한 지옥인가?

선사시대의 인류가 영위하던 삶에 대해 오랜 세월 유효하게 인정되어 온 판결은 사실 영국의 철학자 토마스 홉스가 한 말에서 비롯되었다. 그는 저서 《리바이어던Leviathan》에서 당시의 삶에 대해 평하기를, "외롭고 비참했으며 역겹고 잔인하며 또 무척 짧기까지 한" 것이라고 했다. 찰스 다윈 역시 초기 인류가 무엇보다도 "자연의 적대적인 완력"에 무방비상태로 노출된 처지였다고 보았다.

우리 조상들은 추위와 더위에 신음했고 맹수들이나 대치 중이던 다른 부족에게 쫓겼다. 게다가 배고픔과 기생충 따위가 항시 그들을 괴롭혔으니 앞에 나온 말들이 전혀 틀린 건 아니다. 말하자면 삶 자체가 혹독한 환경 속에서 살아남기 위한 투쟁일 뿐이었다. 더욱이 그 싸움에서 가장 중요한 결정은 겨우 이것 하나였다. 도망치느냐, 아니면 맞붙어 반격하느냐? 물론 양쪽 모두, 지금 말로 표현하자면, 끝없는 스트레스를 유발했음은 말할 것도 없다.

하지만 그와는 정반대로 긍정적인 측면도 있었다. 어쨌든 인간은 오랫동안 진화적인 성공을 거듭했다. 아무리 조건이 나빴어도 '결점투성이 인간'(아놀드 겔렌Arnold Gehlen의 말)은 세대가 바뀔 때마다 자손을 충분히 낳았고 그로써 종족 보존의 의무를 다했다. 데스먼드 모리스가 이름 붙여준 '털 없는 원숭이'들은 맹수에게서 도망칠 만큼 아주 빨리 달리지도 못하고, 곰과 맞서 이길 만큼 힘이 세지도 않았으며, 인위적인 도구 없이 큰 추위를 견뎌낼 만한 털가죽도 없었지만, 그들의 가장 중요한 무기는 그 어떤 사나운 맹수의 이빨보다도 날카롭고 치명적으로 나날이 발전해 갔다. 바로 두뇌였다.

진화심리학자들은 선사시대의 세계, 그러니까 앞서 이야기한 베제레 계곡의 광경과 비슷한 정황에서 좋은 삶과 행복을 누리고 싶어 하는 욕망의 근본적인 요소를 꿰뚫어보기도 한다. 인간 뇌의 진화는 말하자면 단순히 생존기관의 성공사이기만 한 것이 아니라 행복제조기가 생겨난 역사이기도 하다는 얘기다. 물론 암울한 선사시대의 고단한 생활조건을 감안한다면 그런 가설이 어처구니없게 들릴지도 모른다. 그러나 실제로 행복감이라는 정서는 인류의 성공사에 막대한 영향을 미쳤다. 인간의 뇌 발달 과정은 진화와 밀접하게 관련하여 발생한 긍정적인 감정의 역사였다.

이 긍정적인 감정이란 자연의 변덕이 준 선물도 아니요, 그렇다고 버티기 힘든 삶에 대한 위안이나 보상도 아니었다. 긍정적인 정서의 스펙트럼, 즉 쾌락, 즐거움, 만족, 성취감, 사랑, 보람 등은 인간이라는 종이 살아남기 위해 반드시 필요로 했던 불가결의 조건이었다. 한 개인에게 좋은 효과를 미쳤던 모든 것, 그 사람을 짧게는 행복하게 길게는 오랜 만족감을 주었던 모든 것이 그에게 남은 생을 더 유지할 수 있도록 보장해 주었던 것이다.

인간은 분노, 공격성, 불안, 혐오 같은 일련의 부정적인 감정반응을 무기로 삼는다. 이 감정들은 심각한 위험이 닥쳤을 때 재빨리 대처하게 만드는, 생존에 필요한 신호들이다. 그러나 종족 보존을 가능케 하는 행동방식들은 긍정적인 감정들과 긴밀히 연결되어 있다. 만족감, 안락감, 우정, 행복은 올바르고 적절한 행동에 대해 진화가 주는 보상 같은 것이었다. 인류라는 한 종이 성공하는 데 밑거름이 된 요인이자 그들의 지능을 더욱더 발달시키게 만든 것도 다 이 긍정적인 감정들이다.

잘 산다는 것이 무엇인지 아직 감을 잡지 못했을 때조차, 인간의 최고 관심사는 '잘 사는 것'이었다. 크로마뇽인이 남긴 문화의 흔적부터가, 그들 생활에 미학적이고 의식적이며 정신적인 차원이 분명히 존재했다는 사실을 입증한다. 단순히 먹고사는 문제를 넘어서 어떤 큰 틀에 자신들의 심리적이고 물리적인 평안을 연결시키려는 노력을 아주 일찌감치 시작했던 것이다.

선사시대 인류에게는 몇 가지 중요한 신체적, 사회적, 심리적 욕구가 충족되면 그로써 인생도 만족스럽고 괜찮게 흘러갔다. 급선무는 허기진 위장을 채우는 데 필요한 먹이를 문제없이 찾고 사냥하는 일이었다. 그보다 한 차원 높은 만족감은, 부족 사람들과 따뜻한 불가에 옹기종기 모여앉아 두어 시간 화기애애한 분위기를 경험한 다음 각자의 짝과 함께 털가죽을 뒤집어쓰고 편안히 잠드는 '상대적 안정감'으로 충당했다. 더 나아가, 부족 안에서 서열 싸움에 이겨 더 높은 자리를 차지하고 그로써 다른 구성원들에게서 더 많은 존중을 얻기라도 하면 그야말로 순수한 행복감을 경험할 수 있었을 것이다.

노마드에서 모나드로

평소 여러 면에서 의견이 갈리곤 하는 인류학자들과 진화심리학자들도 확실한 의견일치를 보이는 부분이 있다. 바로 선사시대의 인류가 누렸던 진정한 행복은 무엇보다도 사회

생활에서 비롯되었다는 사실이다. 인류가 살아남을 수 있었던 것은 서로 힘을 합쳐 연대하고 양보를 통해 수많은 분쟁을 적당히 해결할 줄 아는 특수한 능력을 발전시켰기 때문이다. 어찌 보면 진화심리학에서 비롯된 이런 견해는 몽둥이를 휘두르고 난폭하게 꽥꽥 고함을 지르는 원시인의 이미지와 어울리지 않는 것 같지만 사실 그 이미지는 함축적이고 희화적인 것에 지나지 않는다.

인류는 신석기혁명이 일어나 농경과 목축으로 정착생활을 시작하기 전에는 비교적 유순한 종족이었다. 그들은 분쟁을 꺼리기도 했지만 분쟁이 생겨도 협상을 통해 해결하려 했다. 인류가 동물계에서 우월한 자리를 차지하게 된 것은 그들이 쓰던 물리적 도구 때문이 아니라 '사회적' 지능 덕분이었다.

원시시대의 노동공동체와 목적공동체가 보였던 견고한 단결은 생존에 반드시 유용한 것이긴 했다. 그러나 그 단결이 더 공고해지고 확대되려면 긍정적인 사회 정서와 공동체 내부의 질서가 개개인을 위한 개념으로 바뀌어야 했다. 다시 말해, 단순한 품앗이가 우정이 되고, 자식을 돌보는 마음이 책임감과 가족 간의 유대감, 사랑 등으로 발전하는 식이었다. 오늘날에도 다 큰 어른들이 어린애처럼 끈끈한 유대를 그리워하고 비슷한 성향의 집단에 소속되고 싶어한다거나 우정과 온정, 일체감을 갈구하는 것도 선사시대가 우리에게 남긴 유산이다.

호모 사피엔스가 단순히 동물적인 욕구를 최대한 빨리 충족시키는 것 말고 그 이상의 무엇에서 삶의 질을 찾기 시작한 것은 아주 이른 시기부터다. 긍정적인 감정과 꾸준한 평안은 인류 초창기부터 계획과 성찰을 요하는 하나의 프로젝트나 다름없었다. 인류가 영양공급, 보온, 안전, 성, 온정에 대한 욕구를 꾸준히 채우기 위해서는 긍정적인 경험이 부정적인 경험을 능가하도록 자신의 삶을 꾸릴 줄 알아야 했다.

그러다 어느 시기쯤엔가 인류는 '미래의 그림자'를 알아차리는 능력을 소유하게 되었다. 지금 자신이 취하고 있는 행동이 앞으로의 관계와 조건 등에 어떤 영향을 끼칠지 예측할 수 있게 된 것이다. 그러려면 복잡하면서도 창의적인 적응력이 필요했고, 사고 또한 날이 갈수록 세분화되어야 했으며, 한 가지에 대해 골똘히 고민하고 성찰하는 능력도 필요했다. 그리고 마지막으로 '잘 사는 것'에 대한 개념 자체를 구체적으로 설정해야 했다.

신이 인간을 창조한 뒤부터 인류는 세대를 거듭할 때마다 매번 좋은 삶의 정의를 새로이 내렸다. 좋은 삶이라는 것이 자기 숙명에 대체로 만족하는 상태를 의미하든, 자아실현을 가리키든, 삶의 질과 풍요를 의미하든, 혹은 그야말로 가장 이상적인 개념인 성공과 충만한 인생을 뜻하든, 이상적인 삶의 개념은 인간의 모든 일상을 곳곳에서 지배해 왔다. 우리 인간은 이 개념에 비추어 자신의 경험을 측정하고 평가한다. 행복한 삶의 개념이 정해져야만 비로소 우리 삶의 깊이, 의미, 방향도 결정되는 것이다.

인류는 선사 이래 유구한 세월을 지나왔다. 인종학자인 한스 페터 뒤르Hans-Peter Dürr의 말처럼 내적 자연과 외적 자연의 합일 속에서 살던 노마드(Nomad, 유목민)는 이제 모나드(Monade, 단자單子)가 되었다. 뒤르의 눈에 비친 이 변화는 그리 반가운 것이 아니다. 오랜 문명화 과정에서 무언가 어긋난 것이 있었다. 결국 현대인은 삶을 가치 있고 훌륭하게 만드는 중요한 요소를 잃어버린 것이 분명하다.

사람들은 항상 스트레스와 허무감, 가치상실, 사회적 냉대와 고립에 대해 연거푸 한탄하고 사람 사이가 너무 삭막하다고 혀를 찬다. 하지만 비판의 대상은 항상 남이다. 그렇게 말하는 그들 스스로가 얼마나 인간적인 본능에 충실하지 못한지 알아차리지 못한다. 인간의 본능에 대한 이런 배반을 두고 뒤르는 이렇게 말한다.

"한 인간의 개인적인 정체성은 오랜 세월 유지된 가치와 규범에 단단히 얽혀 있다. 전통에서 단절될수록 고유의 정체성 역시 해체된다. 그런 정체성 상실은 근대 내내 계속 이어지고 있다. 지금은 '해피-고-럭키happy-go-lucky' 사회다. 사람들은 레이버raver들이 새로운 사회적 틀을 만들었다고 한다. 하지만 레이브rave 파티에서 춤추는 건 그저, 자신을 전시하고 그것이 남들에게 어떤 영향을 끼치는지 유심히 관찰하는 고립된 개인들일 뿐이다. 그럼 대체 무엇이 사람들 사이를 이어주느냐는 물음에 한 여성 레이버가 던진 답변은 이랬다. '이어지지 않았다는 점, 바로 그것이죠.'"

짜증 많은 시대?

진화심리학자들 역시 현대인들이 좋은 삶이라는 프로젝트를 이어받으려면 몇몇 핵심적인 진리 내지는 대물림된 능력을 되새기는 것이 좋다는 데 동의한다. 진화사 수백만 년에 걸쳐 각인된 우리의 '내적 환경'은 오늘날 더 뚜렷이 두드러진다. 지나치게 복잡한 우리의 잉여문화가 낳은 많은 문제나 고통은, 따지고 보면 아직도 선사시대와 별반 다를 바 없는 인간의 심리와 극도로 현대화된 환경 간의 미스매치mismatch, 즉 어울리지 않는 조합 때문이다.

예를 들면 인간의 사고와 행동체계는 각 개인이 파악할 수 있을 만한 규모, 즉 50명에서 최대 200명에 이르는 집단 안에서 자리잡고 있다. 이 대집단 안에서 모든 가능한 사회적 생활이 이루어진다. 친척, 배우자, 친구, 경쟁자, 심지어 적까지도 존재하는 그 테두리 안에서 충분히 사회적 지능을 발달시킬 수 있다. 그러나 지금 우리는 도시화된 익명사회에서 살고 있다. 이 안에서 무수히 많은 찰나의 만남을 가질 수는 있지만 끈끈한 유대는 다섯 손가락도 미처 못 채운다. 힘든 상황에 처해도 낯모르는 기관이나 제도에 도움을 청해야 하는 형편이다. 타인에게 도와달라고 부탁했다가는 성가시게 한다는 인상만 줄까봐 아예 엄두도 내지 못한다.

이런 생활습관은 점점 우리를 소가족이나 재혼가정 안에서 고립되어 가는 모나드로 몰아간다. 미국 진화심리학자인 데이비드 버스David Buss는 대중문화와 대중매체 탓에 우리의 심적 구조가 지나치게 혹사당한다고 말한다. 자신을 평가할 기준 자체가 무한대로 확장되었기 때문이다. 어느덧 우리는 10명 혹은 100명의 주변 사람과 우리를 비교하는 것이 아니라 수백 수천만 명에 견주어 자신을 측정한다. 그 결과 전혀 알지도 못하는 사람들이 보여주는 너무나 멋지고 이상적이기 짝이 없는 이미지와 끊임없이 맞닥뜨려야 한다.

인간적 기준을 훌쩍 뛰어넘는데다 수용하기 힘든 큰 틀에 자꾸 자신을 비교하다 보면 나중에는 내 자아 개념과 감정적 기능에 구멍이

뚫리고 만다. 기대치는 비현실적으로 높아져 나보다 더 성공하고 행복하고 근사한 수많은 사람들에게 지나친 부러움을 느낄 수밖에 없다. 그러면서도 자신이 속한 초대형 집단에 별다른 영향력과 발언권을 행사할 수 없으므로 무력감과 불안을 동시에 느끼며, 끝내 자기 존재마저 하찮게 여겨지는 우울감에 발목을 잡히고 만다.

다른 부정적 감정들, 이를테면 질투, 시기, 울화 같은 것도 이런 대중사회 안에서는 여러 미디어의 영향으로 도를 넘어설 만큼 극대화될 수 있다. 데이비드 버스는 우리 사회에 '감정의 불균형'이 엄습하고 있다고 진단한다. 우리를 고도의 지능적 존재로 발달시킨 긍정적 감정들이 우리가 겪고 있는 부정적 감정들의 다양함과 성장세를 도무지 능가하지 못한다는 것이다. 상실감이 이토록 크고 쓰라리다면 아무리 얻는 것이 있다 한들 얼마나 달갑게 여겨지겠는가?

인간의 미래는 과거에 있다?

논란의 여지없이 우리는 풍요와 안전, 개인주의와 자유, 그리고 그밖에 인간의 사고와 문화가 이룩한 모든 것에 높은 가치를 매긴다. 그런데 지금, 루소 이후 200년이나 지난 이때 새삼스레 입을 모아 "자연으로 돌아가라!"고 외쳐야 한단 말인가? 근대에는 그런 호소가 꽤 먹혀들기도 했거니와, 소위 잃어버린 낙원의 이미지가 삶의 모델로 승화되기도 했다. 요즘 역시, 현대의 특징인 사분오열이나 복잡다단함과 극명한 대비를 이룬다는 이유로 좋았던 옛 시절을 매력적인 도피처로 생각하는 사람들이 많다.

이렇듯 행복은 항상 존재하지 않는 곳에 있는 듯하다. 동화 속 낙원, 샹그릴라, 혹은 과거 속에 있는 어떤 신성한 세계 말이다. 우리는 지금까지 쟁쟁한 역사적 교훈 덕분에 내일의 '멋진 신세계'라든가 그와 비슷한 '유토피아'를 미심쩍어하는 법을 부지런히 배워왔다. 아무리 숱한 희망을 불태웠어도 번번이 잿빛 실망만 보아온 터, 미래에 대한 깊은 회의만이 가슴 속에 남았다. 더욱이 어떤 진보와 발전이든 거기엔 양면의 얼굴이 있다는 것도 우리는 꽤 잘 안다. 인간의 삶은 진보로 인해 편하고 명확해졌지만 그만큼 더 복잡해지고 더 많은 스트레스가 생겼다. 결국 많은 이들이 차갑고 물질적이고 복잡한 발전을 배척하고, 좋은 삶의 행방을 찾아나서곤 한다. 그래서 이제 좋은 삶이란 단순한 삶이 되었다. 하지만 누구도 진심으로 부족사회의 팍팍한 삶이나 근대 이전의 소도시에서 보았던 비현실적인 목가적 삶으로 돌아가고 싶어하지는 않는다.

혹여 그런 다발성 노스탤지어에 빠져들거나 잘 살기 위해 다시 친자연적으로 살아야 한다는 선전문구에 혹할 필요는 없지만, 인류 진화에 대해 최근 밝혀진 정보들을 토대로 근대의 생활방식을 한번쯤 검토해 볼 필요는 있다. 실제로도 몇 가지 기본 욕구는 인간의 생활조건을 '인간적' 기준에 맞출 때 좀더 나은 방식으로 충족될 수 있다. 사실 이 기준은 오랜 진화 역사상 하나씩 정해져 온 것이지만, 인간은 이제 그것을 거스른 대가로 과도하게 복잡하고 부담을 안겨주는 환경 때문에 고통을 겪게 되었다.

그렇다면 인간적인 기본 욕구란 대체 무엇일까? 진화심리학에서는 자신이 성공했고 영향력을 가졌다고 느끼고 싶은 욕망도 거기 포함된다고 말한다. 다시 말해, 사람은 누구나 자기 주변 환경에 최소한의 통제를 가할 수 있어야 하고, 자신을 변화시킨 장본인이 자신이라고 믿고 싶어한다. 그런데 이 포스트모던 시대에는 이 기본적 욕구를 충족시킬 기회가 점점 사라지고 있다. 익명의 것이든 정체를 익히 아는 것이든 '낯선' 권력에 속수무책으로 좌우되는 듯한 기분, 그리고 중대한 인생사에조차 영향력을 발휘할 수 없다는 무력감은 최근 들어 급증하고 있는 우울증과 불안의 주된 요인이다.

사회적인 욕구는 인간의 기본적인 욕구 가운데 하나다. 우리는 진화 역사상 상호성이라는 특색을 부여받았다. 우리는 아직도 남을 도우려는 자연스러운 충동을 느끼고, 내가 어려울 땐 남이 나를 도와주겠거니 하고 기대한다. 하지만 대중사회에서는 이런 상호작용이 고작 간접적인 교환조차도 쉽지 않다. 저 먼 나라에서 일어난 천재지변 피해자들을 위해 선뜻 거액을 쾌척하면서도, 정작 바로 옆에서 누군가 직접 도움을 청할 때는 의도적으로(종종 그럴싸한 이유까지 대가며) 시선을 피한다.

마찬가지로, 단 한 사람이 아닌 여러 사람과 깊은 친분과 온정을 나누고 싶은 욕심도 날이 갈수록 충족되기가 힘들어진다. 우정은 우리가 무척 아끼는 값진 가치 중 하나지만, 요즘 사회에서는 정말 가깝고 오래 가는 우정은 찾아보기가 쉽지 않다. 어쩌면 앞서 말한 것처럼 하나의 인간관계에 지나치게 많은 걸 요구하고 기대해서가 아닐까? 종종 우리는 상대방에게 많은 것을, 어쩌면 '너무' 많은 것을 바라는지도 모른다. 게다가 친분을 맺고 관리하는 데도 상당히 서툴다.

역설적인 것은, 현대인이 잉여사회에 살면서도 신체적이고 감각적인 쾌락을 향한 기본적 욕구를 충분히 혹은 적당한 방식으로 충족시키지 못하고 있다는 점이다. 좋은 음식, 신체적인 안락, 미학적 쾌감 등, 제공되는 것은 차고 넘치지만 그것을 제대로 즐길 줄 모르는 무능이 전염병처럼 퍼져 있다.

따라서 우리가 머나먼 원시 역사를 떠올리거나 인간이 견딜 수 있는 생물학적, 심리학적, 사회학적 부담이 어느 정도인지를 논하는 것은, 단순히 자연을 그리워하는 낭만적 향수라든지 대중인류학적인 문명비판에서 나온 것만은 아니다. DNA 이중나선구조를 발견해 노벨상을 받은 제임스 왓슨은 《슈피겔》 지와의 인터뷰에서 이렇게 말했다.

"나는 인간의 본성을 믿는다. 거기에는 자연 그대로의 도덕이 담겨 있다. 인간은 태어나면서부터 타인에 대한 감정이입과 측은지심을 갖고 있다. 울화와 격분처럼 동정과 사랑도 인간의 본성이자 우리 유전자 안에 새겨져 있는 본능이다. 우리가 남을 좋아하는 능력은 이 세상 모든 사회 조직의 밑바탕이다. 진화가 우리를 사회적 존재로 만들었기 때문에 우리는 사랑할 수 있는 것이다."

'다다익선'이라는 치명적 원칙

진화가 우리에게 선사한 특이한 행동방식이 또 있다. 처음에는 이 행동방식이 이점으로 작용했지만 최근 들어서는 오히려 단점으로 받아들여지는 추세다. 자연이 준 선물이자 화근, 인간의 생활태도 자체를 심각하게 바꾸는 이 행동방식은 바로 지금 가진 것보다 '더' 갖고 싶어하는 심적 프로그램이다. 진화심리학을 기반으로 한 최초의 자기계발서라고 부를 수 있는《왜 나는 내가 가진 것을 또 찾아다닐까How to want what you have》라는 책에서 작가 티모시 밀러Timothy Miller는 이렇게 말했다.

"인간은 평생 자기가 갖고 싶어하는 것을 거의 충분히 가졌다는 정직한 믿음 속에 산다. 그래서 아주 약간만 더 가지면 완벽한 만족감을 느낄 수 있으리라고 생각한다."

마음속에 깊이 뿌리박힌 이 다다익선의 환상은, 더 나은 것을 위해 노력하도록 인간이라는 종족을 부추기려는 자연의 트릭이다. 이 환상이 있었기에 앞세대의 유전자가 다음 세대로 확실하게 보전될 수 있었다. 이를테면 "내 자식만큼은 우리 때보다 잘 살아야지"라는 익숙한 표현도 더 높은 것, 더 좋은 것, 더 큰 것을 바라는 인간의 본능을 내포하고 있다. 한스 페터 뒤르의 말을 다시 빌리자면 그것이 요즘 시대에 들어서서는 자본주의적인 확장제국주의의 형태로 계속되고 있고 근대의 근본 원리로 작용하고 있다.

사회학자 게르하르트 슐체Gerhard Schulze 역시 이 상승욕구를 인간이 결코 벗어날 수 없는 인류학적 기본 프로그램이라고 본다. 물론 아무리 늦어도 20세기 중반부터는, 특히 서구 산업국가에서는 풍부한 물질자원을 마음껏 쓸 수 있었고 그 덕분에 수천 년 간 이어져온 '생존 지향'이 완전히 다른 지향성, 말하자면 '체험 지향'으로 바뀌긴 했다. 잘 사는 산업국가를 들여다보면 사람들의 정서가 뿌리부터 바뀐 것처럼 보이기도 한다. 아무리 거듭되는 경제 위기도 인생의 주된 동기 자체가 달라지는 것을 막을 수는 없었다. 더는 투쟁하거나 땀 흘리며 뛰어다니거나 경쟁하려는 사람이 없다. 이제 우리가 추구하는 가치의 리스트 맨 위에는 '의미 있는 삶'이 올라 있다. 게르하르트 슐체는 이런 가치 변화를 가리켜 이렇게 말한다.

"옛 가치체계에서 세상이란, '나'라는 존재가 알아서 적응해야 할 불변의 대상이었다. 새 가치체계에서는 이 관계가 백팔십도 달라졌다. 달라지지 못할 것이 있다면 겨우 나의 존재 사실 정도나 들 수 있을까. 이제 적응해야 할 주체는 세상이 되었다. 세상은, 내가 원하는 것이 무엇이든 그것을 충족할 조건을 갖춘 환경으로 눈 깜짝할 사이에 획획 변한다. 내가 원하는 것은 무엇인가? 어디서 그것을 얻을 것인가? 중요한 건 그것뿐이다."

그런데 좋은 삶의 개념과 이것이 무슨 상관일까? 앞서 말했듯, 어떤 세대든 좋은 삶의 정의는 매번 바뀌어 왔다. 특히 이른바 포스트 모더니타라고 불리는 반성적 근대성reflective modernity 안에 살고 있는 요즘 세대들은 그런 개념 정의에 각별한 정성을 쏟는다. 오늘날의 사회는 과거에는 없었던 좋은 삶을 누릴 수 있는 기회를 거의 무제한으로 보장한다. 반성적 근대성이란, 말 그대로 끊임없이 반성하고 생각하고 헤아리는 것을 뜻한다. 더 나아가, 2차대전 직후까지 모든 세대를 지탱했던 전통과 확실성을 넘어 개개인이 저마다 삶의 다양한 가능성을 모색하는 것이다. 또 모순된 정보를 처리하고 다양한 삶의 밑그림을 구상하는 것도 반성에 속한다. 서로 다른 관심사를 조율하고 합의 내지 타협을 이끌어내기 위해 꾸준히 대화하고 협상하는 것도 마찬가지다. 간단히 말해, 지금은 우리 스스로의 삶을 관리하고 우리 자신을 관리해야 하는 시대다. 그리고 그런 반성적 태도는 좋은 삶에 대한 우리의 개념에 끊임없이 영향을 미친다.

사실 우리는 형편이 괜찮은 편이다. 잘 살기 위한 수많은 방식과 모델 중에서 한 가지를 그저 고르기만 하면 되니까 말이다. 다만 선택 가능성이 많은 만큼 수많은 의문이 꼬리를 물고 딸려나온다. 지금 내가 좇는 좋은 삶의 방식이 정말 올바른 것일까? 가장 좋은 방식을 택한 걸까? 내가 고른 가치관과 목표가 내 배우자, 가족, 친구들의 것과도 어울리는 걸까?

좋은 삶을 살 기회는 여러 형태로 다양해졌다. 상대적이긴 하지만 비교적 안전하고 부를 누리며 살게도 되었다. 바라는 것을 이루기 위해 시간, 에너지, 돈을 풍족하게 쓸 능력도 생겼다. 이런 기회를 매번 다른 방식으로 이용할 자유도 있다. 우리가 어떻게 살아야 할지 저울질하려고 굳이 전통과 권위에 기댈 필요도 없다. 이젠 "내 행복을 만드는 건 바로 나"라는 경구가 사실이라는 것쯤은 마음속에 확실하게 각인되었다. 우리 시대를 어떻게 정의하고 어떤 꼬리표를 붙이든 간에 좋은 삶이라는 문제만 놓고 보면 이 시대가 근대의 권위적이고 전체주의적인 복지나 교육사업과 결별을 고했다는 것만은 확실하다.

근대는 마치 종교에 귀의시키듯 여러 가지 방식으로 인간에게 행복을 제시했고 심지어 그것을 강요하기까지 했다. 그것을 위해 근대가 택한 방법은 역설적이게도 깨어 있고 성숙한 시민을 만드는 것이었다. 자율적인 주체, 스스로 생각하는 독립적인 인격체로 계몽한 것이다. 어쨌든 그것이 근대가 추구하는 목표였고, 근대는 종말을 고했다.

나의 행복지수, 어떻게 올려야 할까?

　　　　　　　　　　　　　　현학적이고 이데올로기적인 행복 프로젝트에서 벗어났다는 점은 일단 일종의 진보로 해석해도 될 것 같다. 각종 도그마와 틀 속에 갇힌 행복 공식의 자리를 대신해 여러 대안과 다양한 시각이 생겨났는데, 그 시각은 대개 비판적이거나 반어적이거나 유희적이었다. 실용주의 철학과 거기서 유래된 수천 년 묵은 처세술들이 재활용된 것도 어떤 이데올로기적인 열정 때문이 아니라 다분히 실험적인 작업이었다.

　　반성적 근대성의 조건 하에서 올바르게 살고자 하는 노력은 몽테뉴가 《수상록》에서 묘사한 태도와 거의 일치한다. 불확실한 조건 속에서 산다는 것은 아무리 잘해봤자 실험하듯 즉흥적으로 사는 것과 다름없다. 아무것도 확실치 않으니 각자 알아서 어떻게 하면 인생이 가장 괜찮아질지 고민하고 시험해 보는 수밖에 없지 않은가. 그것이 보통이 되어버린 이상 특별하고 '위대한 지혜'보다는 '작은 영리함'이 필요하게 되었다. 즉 작은 즐거움들을 부정하지 않으면서 거기에 휘둘리지는 않는 생활의 요령 같은 것, 죽음을 기억하되 그것 때문에 살아 있음을 잊지 않는 것, 그리고 이성과 합리를 존중하면서도 꿈을 버리지 않는 것이다.

　　최근 심리학은 큰 학문적 전환을 맞았다. 이른바 '좋은 삶'을 더 강도 높게 주목할 필요가 있다고 본 것이다. 다시 말해 더 이상 심리학의 역할이, 진보된 문명사회에서 종종 입는 피해들을 고쳐주는 '수리점' 같은 것이어서는 안된다고 인식한 것이다. 미국의 긍정심리학자인 마틴 셀리그먼은 문제 중심적 심리학에서 행복 지향의 '긍정적 심리학'으로 넘어가는 패러다임 변혁을 주도한 선구자이다. 그는 새로운 황금기, 하나의 르네상스를 불러일으켰다. 서구 문명의 대다수 인구는 급박한 물질적 빈곤에서 벗어났고 드디어 자신의 심리적 만족을 추구할 여유가 생겼다.

"한 문화가 전쟁이나 사회적 위기에 맞닥뜨렸을 때에는 피해를 최소화하고 손상을 치유하며 잘못된 점을 수정하는 것이 관건이다. 페리클레스 시대의 아테네나 르네상스 시대의 플로렌스 같은 문화의 융성기는 아주 드문 예외에 속한다. 현재 서양의 부국들도 비슷한 상황에 놓였다. 물질적 풍요 덕분에 우리는 긍정적인 물음에 몰두할 수 있게 되었다. 이제 피해를 줄이는 건 중요하지 않다. 내 상태를 가리키는 바늘이 마이너스 8에서 마이너스 2로 올라가게 만드는 것이 아니라 플러스 2에서 플러스 5로 가게 만드는 것이 목표다. 인생을 살 만한 가치가 있는 것으로 만드는 것은 무엇인가?"

미국 심리학자들이 긍정적 심리학을 수단으로 이른바 '페리클레스 식 황금기'를 부활시키는 데 제대로 성공한 때는 아이러니하게도 1999년이었고, 딱 2년 뒤인 2001년 9·11 사태가 터지고 말았다. 일이 그렇게 되었으니, 앞으로 심리학이라는 학문이 바랐던 대로 '살 만한 가치가 있는 인생'에 더 집중할 것인지, 아니면 다시 문제 해결과 트라우마 극복에 눈을 돌려야 할지는 미결의 숙제로 남았다.

그러나 테러와의 전쟁으로 뚜렷이 드러난 '문명의 충돌'과 새로운 세계질서가 행복 프로젝트에 걸림돌이 된 것은 아니었다. 오히려 이런 극적인 역사적 사건들은 최소한 단기적으로나마 좋은 삶과 인생경영에 대한 태도에도 영향을 끼쳤고, 때론 그 과정이 역설적인 적도 있었다.

실제로 2001년 9월 11일 테러가 일어난 뒤 사람들 마음속에 자리했던 확신과 세계에 대한 신뢰감이 흔들릴 것이라는 우려가 팽배했다. 하지만 대중 사이에서 심리학적 상식 수준으로 예측되었던 불안, 냉소, 절망 등의 부정적 감정은 어디에서도 확산되지 않았다. 오히려 정반대였다.

2002년 초 여론조사기관인 알렌스바하 연구소가 실시한 설문조사에서 "인생의 의미가 어디에 있다고 보는가?"라는 질문에 응답자의 68퍼센트가 "내가 현재 행복과 기쁨을 느끼며 산다는 점"이라고 대답했다. 2001년 1월, 그러니까 9·11테러가 있기 전에는 같은 질문에 동일한 대답을 한 사람이 64퍼센트였다. 뒤이어 2위를 차지한 답변은 "인생은 그것을 즐기는 데 의미가 있다"였는데, 1974년만 해도 이 가치를 높이 산 사람은 많지 않았다.

말하자면 불행해질 가능성이 바로 눈앞에서 펼쳐질수록, 그리고 자신의 존재가 하루아침에 사라질 수도 있다는 절박함이 클수록 삶에 대한 욕구는 더 강해진다는 것이다. 충격과 위험의 압박을 더 직접적으로 느낄수록 '빨리' 그리고 '강렬하게' 삶을 즐기고 싶은 욕망이 고개를 든다. 하지만 그런 상황에서야 비로소, 의미 있고 복된 인생을 살고 싶다는 동경도 함께 커진다.

행복을 속속들이 파헤치고 더욱 장려하는 것을 목적으로 하는 긍정의 심리학에는 근대의 유산이 반영되어 있다. 바로 과학기술에 대한 낙천주의다. 그래서 많은 것을 인위적으로 만들어낼 수 있다는 믿음은 행복을 하나의 심리학적 개념으로 바꾸는 데에도 성공했다.

행복이 무엇보다도 하나의 감정상태인 이상, 그리고 어떻게 하면 감정이 생기고 기능하는지 점점 잘 알아갈 수 있다면, 심리학 기술만 적당히 잘 응용하면 감정을 인위적으로 조정하고 바꾸는 것이 가능하다는 뜻도 된다. 그러면 감정적 상황이란 것도 날이 갈수록 정확히 조절이 가능한 수치에 불과해질 수 있다. 알맞은 트레이닝 프로그램, 잘 짜인 놀이체험, 심지어 약물이나 정신의약물만 있으면 행복해질 수 있다는 얘기다.

물론 이런 기술들은 올더스 헉슬리가 쓴 미래소설 《멋진 신세계》에 나오는 행복의 알약 소마보다는 조금 더 차별화된 기능을 발휘할 터이다. 어쨌든 긍정적 심리학을 대표하는 상징은 빙그레 웃고 있는 노란 스마일 아이콘으로 대변되며, 여기서 하고 싶은 말도 결국 "Have a nice day!"라는 한 마디로 압축되는 것 아니겠는가.

이 인위 지상주의와 낙천주의에 단호히 반대 입장을 취하는 철학자가 바로 오도 마르크바르트Odo Marquard다. 그는 "인간은 자신이 삶을 이루어가기보다는 자신의 의지와 상관없이 '당하는' 삶을 산다"고 말했다. 즉 주도적으로 움직인다기보다는 고통받고 끌려다니는 존재에 더 가깝다는 것이다.

"자신의 의지보다는 약점에 더 좌우되는 것이 인간이다. 말하자면 인간은 목표를 추구하는 존재라기보다 화와 불행을 피해 도망쳐 다니는 존재이다. 승리에 승리를 거듭하는 것이 아니라 실패와 약점을 보완하기 위해 뛰어다닌다. 인간은 승전고를 울리지 못하고 그저 무마하고 상쇄하느라 쉴 틈이 없다."

즉 좋은 삶이란 것도 본질적으로 운명이나 예기치 못한 사건, 닥쳐

올 불행에 맞서는 것에 지나지 않는다는 뜻이다. 그렇다면 심리학적 낙천주의자들이 수시로 암시하는 사실, "내 행복을 만드는 건 바로 나 자신"이 아닐 가능성도 높다. 좋다. 마르크바르트의 말이 정말 맞고 또 그의 가설이 수치와 근거를 통해 입증되고 증명된다고 치자. 그렇더라도 그가 지적하는 인간상이 반드시 행복의 가능성을 근본적으로 뒤흔드는 것은 아니다. 행복은 가능하다. 능동적으로 만들어서 얻은 것이든 불가사의한 힘이 선사한 것이든 혹은 불행을 무마시켜 얻어낸 것이든 상관이 없다.

좋은 삶이란 결국 기교와 지략을 동원해 다양한 수단과 방법을 강구하고 활용하는 과정이자 결과물이다. 어떤 때는 삶의 고초를 하루하루의 긍정적인 경험들로 무마하는 것이 최선인 날도 있고, 또 어떤 때는 인생 전체를 의미 있고 흡족한 것이 되게끔 설계하는 것이 관건인 날도 있다. 그리고 그런 모든 노력은 때론 능동적이고 때론 수동적인(혹은 손실을 무마하는 차원의) 전략을 수단으로 삼는다.

때로는 주어진 기회를 단순히 솜씨 있고 영리하게 잘 쓰는 것만으로 행복이 가능할 때도 있다. 최대한 즐기기 위해 그냥 시선을 주기만 하면 되는 소소한 행복도 있는 것이다. 이따금 계획에 따라 취한 행동(부단히 노력해서 사업적으로 성공을 거둔다든지 취미 생활에 한껏 몰입한다든지)으로 행복을 맛볼 때도 있다. 심지어 갑자기 '당한' 일을 무사히 해결했을 때에도 우리는 행복감을 느낀다. 위기와 우연과 불행을 극복했을 때의 뿌듯한 쾌감이 행복이 아니고 무엇이겠는가.

풍요에서 평안으로

좋은 삶을 다루는 심리학이라면 감정의 진화뿐 아니라 그 진화를 이끌어낸 시대의 흐름까지도 주목해야 한다. 이것은 "역사의 추이와 일반적인 행복관이 급격하게 변화한 사실은 어떤 중요한 의미를 갖는가?"라는 질문으로 이어진다. 21세기 초는 2차대전 후인 20세기 후반으로부터 큰 영향을 받았다. 1945년 이래 세계는 근대에서 반성적 근대로 크나큰 전환을 겪었다. 미국 사회학자 로널드 잉글하트Ronald Inglehart는 자신의 연구를 담은 기념비적인 저서 《근대화와 후기근대화》에서 이 전환을 처음으로 묘사한 바 있다.

어떤 문화든 특정 기간 동안에는 변화에 저항하는 성향을 지닌다. 영속성이야말로 귀한 것으로 취급받기 때문이다. 한 문화의 구성원들은 처음엔 가정, 학교, 종교, 국가 등의 사회적 제도가 제시하는 신념이나 약속을 기꺼이 받아들인다. 그러나 개인이든 세대 전체든, 인간의 세계관이란 각자 직접 경험한 것에 따라 달라지고 새로 형성되게 마련이다.

사회로부터 전달받은 것과 자신이 직접 체험한 것이 충돌하면 한동안은 후자 쪽, 그러니까 자신이 몸소 경험한 것이 더 설득력을 발휘한다. 전후에 태어난 첫 세대들, 이른바 베이비붐 세대가 더 이상 자신들의 생존이 전쟁과 결핍으로부터 위협받지 않는다는 사실을 깨달았을 때 바로 그런 충돌이 일어났다. 풍요는 양적으로나 질적으로나 계속 흔들림 없이 지속될 것임을 그들은 잘 알고 있었다. 전쟁과 뒤이은 냉전에 따른 경험을 많이 한 그 전 세대들의 불안과 그 불안에서 생겨난 세계관은 더 이상 전후 세대에 영향을 끼치지 못했던 것이다.

어쨌든 서구 산업사회에서 50년대, 60년대, 그리고 뒤이은 70년대에 걸쳐 지속된 번영과 평화의 시기는 지금까지의 역사상 어떤 세대도 겪지 못한 초유의 경험이었다. 그 경험을 겪으며 성장한 세대들은 세계를 바라보는 시각이 완전히 달랐다. 안전과 상대적인 부가 지배하던 수십 년 동안, 이 세대들은 경제성장이 아무리 극대화된다 해도 단순히 그것만으로는 주관적인 행복감이 늘어나지 못한다는 것도 알아차렸다. 결핍과 물자부족 속에 살아온 그들의 부모 세대에게는 너무나 당연하게도, 이제야 누리는 물질적 풍요가 좋은 삶을 가능케 하는 결정적 요인이었다.

가치관과 라이프스타일의 변화는 대개 무의식적으로 일어나는데, 처음에는 한 세대의 소수에서 시작되었다가 결국 다수로 퍼지는 것이 보통이다. 새로운 생활양식은 그렇게 점진적으로 생겨난다. 그리고 그것이 개인의 주관적인 행복감을 극대화하는 데 기여할 때 비로소 성공적으로 자리잡았다고 볼 수 있다. 특히 종전 직후, 좋은 삶에 도달하는 길은 반드시 미식행렬과 여행붐으로 대변되는 물질적인 부와 성장을 동반해야 했다. 그리고 그 세대는 높아지는 '삶의 질'을 향해 곧게 나아갔다. 하지만 그 길은 결국 전혀 새로운 시대, 즉 후기 물질주의적 가치의 시대에서 끝이 났다.

기본적인 빈곤과 생존 문제가 해결되고 나자 사람들은 더 이상 생활수준을 올리는 데 급급하지 않았다. 이제 좋은 삶을 이루는 새로운 가치로서, 심리적인 평안이 중심 테마로 떠올랐다. 자신의 개성을 펼치고 자아를 실현하는 데 눈을 돌리기 시작한 것이다. 결국 전후 수십 년 사이에, 프로테스탄티즘에서 파생된 근면의 윤리, 절제의 윤리를 떠난 극적인 가치의 반전이 일어났다. 소위 근면, 절약, 질서, 복종과 같은 고전적인 미덕은 더 이상 주목받지 않게 되었다.

잉글하트가 처음 언급한 이 포스트모던화 과정은 새로운 가치와 목표를 끌어들여, 근대가 오랜 세월 의심의 여지없이 사용해 온 전략, 즉 신속한 경제성장이라는 목표를 완전히 무너뜨렸다. 이전의 근대는 생산수단을 개선하고 임금과 수입을 가파르게 상승시켜 생활 수준을 극적으로 향상시키는 데 성공했다. 다만, 전후 세대들이 겪은 바로는 그런 경제적·기술적 진보가 아무리 뛰어나도 주관적으로 느끼는 삶의 질까지 올려주기에는 역부족이었다. 그리고 그 한계는 지금도 여전하다. 오늘날 부와 풍요에 동참하기 위해(혹은 그저 조금이라도 그것을 나눠 갖기 위해) 심리적으로, 그리고 육체적으로 지불해야 하는 비용은 나날이 상승세를 치닫고 있다. 스트레스, 탈진, 고립, 정신의 피폐가 풍요 대신 치러야 하는 대가인 셈이다.

풍요와 안녕의 유일한 보증수표로 불렸던 성장 전략은 실제로 한계에 부딪힌 듯하다. 그 한계란 생태적, 사회적, 혹은 심리적 차원의 한계였다.

인간은 경제성장이 곧 행복 제조기라는 논리에 의문을 품기 시작했다. 그것의 파급효과를 도무지 종잡을 수 없기 때문이었다. 신경제New Econmy가 무너져 위기가 닥치고, 고급 인력조차 피해갈 수 없을 만큼 실업률이 드라마틱하게 치닫자 사람들은 물질적인 부와 주관적인 행복의 관계를 더욱 첨예하게 의식했다. 적어도 잉글하트 같은 후기물질주의적 전위파만큼은 그랬다. 좋은 삶을 영위하려면 최소한의 소득은 필요하다. 그러나 역으로 소득이 많아진다고 해서 심리적인 삶의 질까지 높아지는 것은 아니다. 삶은 여전히 의식을 결정하지만, 한번 어떤 인식단계에 도달한 사람이라면 삶의 조건이 나빠진다고 해서 금세 종전 직후 못 먹고 못 살던 시절의 의식으로 회귀하지는 않기 때문이다.

인생은 꿈같은 크루즈 여행?

유사 이래, 지금처럼 행복에 대한 맹신이 보편적이고 강도 높게 만연한 적은 없었다. 글자 그대로 우리는 사회학자 게르하르트 슐체가 말한 것처럼 '행복의 무대'에 세워진 배우들인 셈이다. 좋은 삶에 대한 약속은 어느덧 모든 상품 광고에 등장하는 주된 구매 요인이 되었다. 우리는 휴가를 계획할 때도 일 년 중 가장 멋진 날을 만들려 안간힘을 쓴다. 행복에의 상상을 더 완벽하게 꾸미고 싶어 매주 로또도 산다. 당연히 광고인들은 아무리 보는 이가 그 단조로움 때문에 맥이 빠진다 해도 여전히 야자수, 해변, 손 하나 까딱하지 않는 달콤한 게으름을 소재로 삼는다.

우리의 문화는 좋은 삶의 모델과 본보기들로 점철되어 있다. 멋진 삶이란, 표면에 드러나지 않지만 미디어, 소비문화 등 때와 장소를 막론하고 어디든 존재하는 영원한 테마로 자리잡았다. 이제 단지 휴식을 취하기 위해서나, 짜맞춘 패키지여행 혹은 교양·어학연수여행을 위해 휴가를 써버리는 경우는 드물어졌다. 누구든 자기가 꿈꿔온 좋은 삶의 축소판으로서 휴가를 즐기려 한다. 대형 크루즈, 테마공

원, 사파리, 올인클루시브 형 휴양지 등에서는 휴양객들이 품은 욕구의 스펙트럼이 모두 펼쳐진다고 해도 과언이 아니다. 그곳에서는 비록 한시적일망정 '인생의 원래 모습'이라는 이상에 가까워지는 것이 목표다.

평상시에도 마찬가지다. 수백 종의 잡지가 저마다 좋은 삶이라고 부를 만한 온갖 형태를 다 등장시킨다. 거기엔 모든 애호와 열광적 취미가 집결되어 있다. 주거생활지, 패션지, 원예잡지 등은 독자가 저마다 누리는 생활양식과 그것에 필요한 부속품과 환경을 완성하기 위한 갖가지 조언을 제공한다. 미식잡지, 여행지도 세련되고 고급스런 향락문화에 대한 최신 정보를 전하느라 여념이 없고, 넘쳐나는 대중잡지는 부자나 연예인, 스타들의 생활을 쫓아다니며 대리만족이라도 제공하려 애쓴다.

〈앨리 맥빌〉, 〈섹스 앤 더 시티〉, 〈프렌즈〉 등의 텔레비전 연속극은 그것들을 보는 각 주요 시청자 그룹에게 오락만 제공하는 것이 아니다. 이 드라마들은 좋은 삶의 다양한 모델도 '판매'한다. 거기에서는 예를 들어, "요즘 같은 시대와 조건에서 개인적인 행복, 성적 욕망, 직업 계획, 자아실현은 어떤 식으로 서로 조절되고 타협될 수 있을까?" 같은 고민도 다뤄진다. 일부 연속극은 특정 세대 구성원들에게 인생의 한 시기에 중요한 영향력을 미치는 동반자 구실을 톡톡히 한다. 때로는 시청자 자신의 충족되지 못한 욕망을 투사하는 스크린이 되기도 하고, 이런저런 인생 문제를 극복하는 데 가이드 구실을 해주기도 한다. 더욱이 그 범위는 언어, 패션, 대인관계 방식까지 실로 다양하다.

출판시장을 채우는 수많은 도서 중 자기계발 분야는 하나의 든든한 축으로 자리잡았다. 그런 책들은 인생에서 중요한 일들을 모두 제대로 하고 싶다는 욕심을 충족시켜 주기 때문이다. 이제는 더 이상 딱히 구속력 있거나 기준이 되는 인생 모델이 없다. 그로 인해 육아, 성, 연인 및 부부관계, 교육, 커리어, 건강, 의미 추구 등이 모두 우리의 행복을 망치거나 선로를 잘못 택해서 낭패를 볼 수도 있는 문제성 영역이 되고 말았다. 당연히 독자들은 가이드라인, 충고, 위안이 될 만한 것을 찾고 싶어한다.

거기에 덧붙여 철학, 심리, 영적인 면에서 '완벽한' 삶의 모델까지 손에 넣는 것이 목표다. 지금 불고 있는 철학적 처세술, 웰빙, 다수의 행복 공식, 혹은 외국에서 수입한 삶의 지혜와 영적 의식을 재발견하려는 열풍은 한마디로 인생에서 올바른 방향과 깊이를 찾고 싶다는 열망, 즉 행복해지고 싶다는 욕구에서 비롯된 것이다.

나는 과연 행복한가?

그래서 요즘 사람들은 거의 모든 상황마다, 과연 지금 내가 즐겁고 행복할 수 있는지의 잣대로 모든 것을 고르고, 찾고, 계획한다. 약간의 판타지만 있으면 어떤 것이든 재미와 쾌락의 원천으로 만들 수 있다. 이처럼 쾌락주의로 모든 상황을 조절할 수만 있다면 미리 만들어진 인공세계에 사는 것이 가장 편리할 것이다. 온갖 프로그램으로 가득한 텔레비전, 다양한 체험을 제공하는 요식업체들, 웰빙 호텔, 올인클루시브 리조트, 테마파크, 문화 이벤트, 모험과 스릴을 만끽할 수 있는 익스트림 스포츠, 가상 혹은 실물 연애시장이 그런 것들이다.

갈수록 늘어나는 여가도 좋은 삶의 범위를 넓히기 위한 필수 요인으로 손꼽힌다. 직업이나 노동은 그저 진짜 삶을 위한 서곡, 혹은 선결조건일 뿐이다. 진짜 삶이란 곧 여가다. 여가일 때 비로소 우리는 자기 자신이 된다. 아니 그렇지 못하더라도 최소한 그것을 기대할 수 있다. 심지어 경제 불황 때문에 여가가 줄어들었는데도, 오히려 일과 후 파티After-work-Partys, 회식, 인센티브 여행 등의 형식으로 대안책은 늘어나고 있다. 가족계획 역시 좋은 삶을 위해 철저히 계산된다. 아이를 낳음으로써 인생의 스펙트럼이 풍부해진다고 판단되면 낳고, 방해만 된다고 생각되면 배제한다.

잘 살아보려는 시도는 항상 성장 논리를 따른다. 차선책이란 없다. 완벽만이 목표다. '멋지게' 사는 것만으로는 부족하다. 요즘엔 '더 멋지게' 살아야 명함을 내밀 수 있다. 차별화가 극도로 발달하다 못해 아예 상상불가능한 절대적인 체험의 깊이와 양이 좋은 삶의 화신처럼 되어버렸다. 아주 잠깐 멈춰 있어도 좀이 쑤시고 불편하다. 어딘가 더 좋은 것, 더 많은 것이 있다는 걸 알기 때문이다. 지금막 체험한 것보다 금세 더 나은 것이 제공된다. 그래야 퇴보하지 않고 밀려나지 않을 것 같으니까.

이토록 쾌락주의적인 것들이 수없이 제공되고 향유거리, 체험거리가 무궁무진한데도 '멋진' 삶을 살기는 정말 어렵다. 왜냐고? 무엇이 멋진지 기준도 없고 절대적 비교대상이 없기 때문이다. 어떤 잣대로, 어떤 단위로 좋은 삶을 잴 수 있겠는가? 어떤 때 무엇이 정말 좋은지 안 좋은지 구분할 수 있겠는가?

저마다 기호가 다르고 주관적인 느낌도 다른 행복을 명확하게 측정할 수 없는 판국이니, 객관적인 잣대로 도피하는 것밖에는 방법이 없다. 확실히 파악할 수 있고 볼 수 있는 것, 그래서 물질적으로 좋은 삶임을 표시할 수 있는 무언가가 필요하다. 이제 신분의 상징이 필요한 것이 아니라 행복의 상징이 필요한 것이다. "나는 부자이고 권력이 있다"가 아니라, "다들 봐. 내가 얼마나 '잘' 사는지! 내 집, 내 자동차, 내 펀드매니저와 패션 코디네이터를!"이 대세인 시대다.

인간의 기본 욕구가 충족되고 집, 식생활, 전화, 교통수단 등이 갖춰지면 더 이상 돈은 큰 의미를 갖지 못하고 대신 다른 가치들이 우선순위로 떠오른다. 사회심리학자인 프리츠 슈트락Fritz Strack은 응답자들에게 다음 두 가지 가능성을 묻고 그 중 하나를 선택하게 하는 실험을 했다. "남들이 모두 120만 원을 벌 때 당신은 100만 원을 버는 게 나은가, 아니면 남들은 하나도 못 버는데 당신은 80만원을 버는 게 나은가?" 신기하게도(혹은 당연하게도) 모든 응답자가 두번째를 선택했다.

이미 17세기에 몽테스키외 남작은 이렇게 썼다. "그냥 행복하고 싶다면 그 소원은 금세 이루어진다. 하지만 남보다 더 행복하고 싶다면 그건 어렵다. 우리는 실제로 어떻든 간에 늘 남들이 더 행복하다고 여기기 때문이다." 이런 기준은 요즘에도, 아니 요즘 들어 특히 문제가 된다. 현대는 좋은 삶의 기준이 워낙 다양한데다 행복과 만족은 주관적으로만 측정되는 가치이다. 그러니 어떤 수단을 동원하든 내가 과연 행복한가에 대한 불안과 의심은 끊이지 않을 수밖에 없다.

행복을 추구하는 현대인은 그래서 누구나 끊임없이 실망할 공산이 크다. 자기 감정을 요리조리 자르고 짜맞춰 '장밋빛'으로 재단하려 든다 해서 그게 다 성공하란 법이 어디 있는가? 오히려 성공률은 점점 낮아지기만 한다. 컬트무비는 볼수록 지겨워지고, 각종 하이퍼 이벤트도 그냥 무미건조한 리메이크에 불과하며, 꿈만 같을 거라 믿었던 휴가여행도 짜증스런 사건만 몇 번 겪으면 어서 집에 가고만 싶어지고, 환상의 테너 3인조는 허구한 날 같은 노래만 불러댄다.

근사한 체험을 하고 싶어도 수포로 돌아가는 일이 허다하다. 여가는 스트레스가 다분한 골칫덩어리다. 휴가니 기념일이니 하는 날 지나친 기대를 하다 보면 '행복'이라는 이름하에 판에 박힌 형식을 모방하게 되는 일이 잦다. 지루할까봐 불안한 마음, 주말에 밀려드는 우울감. 영원히 살 것처럼 한껏 요란을 떨다가도 일요일에 비만 와도 어쩔 줄 몰라 하고 낭패감에 빠진다. 사회 여기저기서 모두가 환상에서 깨어난 '숙취'를 경험한다. 성장의 압박은 점점 강해지고 그럴수록 우리는 불행해진다. 최고와 최대란 결코 다다를 수 없을 뿐 아니라 행복을 쫓아다니는 것도 하루 이틀일 뿐, 싫증나거나 제풀에 지쳐 나가떨어지게 마련이기 때문이다.

쾌락주의 vs. 금욕주의

'흥미 본위 사회'라는 문화염세주의적인 꼬리표야말로 지금 이 시대의 분위기를 묘사할 때 가장 자주 쓰이는 말일 것이다. 이 개념은 대중문화의 피상성과 덧없음, 달리 말해 오락과 즉흥적인 웃음거리가 좋은 삶의 잣대가 되어버린 비문화의 역겨움을 조금 점잖게 표현한 말이다. 특히 흥미란, 잠시도 진지하지 못한 태도를 꼬집는 말이며, 근면성실이 최고의 미덕이었던 시절에 대한 부정이다. 흥미 본위 사회에서는 일 년 365일이 항상 꼬마들 생일날 같아야 한다. 재미지상주의자들은 조금만 생각이라는 걸 하면 머리에 쥐가 날 것 같아하고 도덕적인 고민 따위는 철저히 사절한다. 'easy' 그리고 'fun'이 곧 그들의 키워드다.

흥미 본위 사회를 비판하는 이들은, 공과 사 양면에서 삶의 규칙이 파괴되는 한편 맹목적이고 분별없이 쾌락과 자극만 찾는 세태 때문에 책임, 배려, 성실성 등의 다른 가치들이 와해된다고 지적한다.

흥미 본위 사회가 정말 현재 상황을 적확하게 묘사하고 있는지, 혹은 이 개념이 단지 우후죽순 생겨나는 오락산업에 대한 불편함을 은근히 드러내는 것뿐인지는 잠시 접어두자. 어쨌든 흥미 본위 사회는 인간이 항상 원해왔고 늘 바라는 공간을 현실에 실현한 것이다. 불쾌감을 일으키는 것을 모두 피할 수만 있다면 정말 끝내주지 않겠는가? 삶의 노고와 궁핍, 걱정근심 따위를 철저히 몰아내고 그저 쾌락과 향유로만 가득하다면 정말이지 환상적이지 않겠는가? 그러나 아쉽게도 꼬마들이 읽는 동화책만 봐도 그런 공식이 성립되지 않는다는 교훈이 등장한다. 좋은 것도 지나치면 더 이상 좋지 않다. 쾌락과 향유가 존재하려면 아주 조금일지언정 결핍과 노동이라는 버팀대가 반드시 있어야 한다.

흥미 본위 사회 내부에서 벌써 자기 부정과 자기 비판의 목소리가 흘러나오고 있다. 다름 아닌 성장논리 때문에 그 어떤 좋은 기분도 점점 빛바래고 무미건조한 오락이 되어버리기 때문이다. 너무나 역설적인 변화다. 자꾸 더 강렬한 유혹이 제시되는 바람에 그나마 느끼던 재미가 더 감소된다니. 흥미 본위 사회에 속한 사람에게는 좋은 기분을 소비하는 것 자체가 하나의 노동이다. 그래서 끔찍한 지루함에 시달리거나 심한 스트레스를 받는다.

더욱이 그것만으로는 부족하다는 듯, 소위 문화를 직업으로 삼는 스포일러들까지 가세해 고약한 짓을 한다. 그들은 향락과 즐거움에 노동의 유령과 노고의 미덕을 몰래 불러들인다. 그들은 방만을 일로, 유머를 수고로, 쾌활함은 전문 스포츠로 바꾼다. 우리 문화는 두 가지 모순된 메시지를 구성원들에게 끊임없이 주입한다. 재미있게 지내라! 단, 양심의 가책도 받아라! 먹고, 마시고, 여행하고, 웃고, 마음껏 호화롭게 살아라! 단 그 대가는 반드시 치러라! 이렇듯 쾌락주의적이고 금욕주의적인 호소가 쉴 새 없이 각축을 벌인다.

이런 혼란은 재미와 쾌락만이 좋은 삶을 구성하는 요인이라고 오해하는 데서 생긴다. 그래서 사회는 그런 양극을 오가며 몸살을 앓는다. 마치 조증과 울증 사이를 오가며 심적 장애를 겪는 사람처럼 쾌활과 침울을 번갈아 왕복하는 것이다. 한번은 쾌락을 배척하는 문화를 연출했다가 돌연 얼굴을 바꿔 쾌락을 경배하는 꼴이다. 초기 산업사회의 유산인 쾌락 원리를 저주하는 관습, 그러나 동시에 소비자본주의가 몰고 가는 끊임없는 쾌락으로의 유혹, 이 두 가지는 동전의 양면과도 같은 우리 사회의 얼굴이다. 흥미 본위 사회, 소비사회, 잉여사회는 양심의 가책을 동반하며, 그것은 바로 행복 추구를 놓고 끊임없이 반복되는 토론 주제가 된다. 프랑스의 비평가 파스칼 브루

크너Pascal Bruckner는 그의 책 《행복에의 저주》에서 이렇게 말했다. "우리가 살고 있는 이 사회만큼, 인간이 스스로 행복하지 않다는 사실에 심히 불행해지는 때는 없었다."

행복이라는 강박관념에 사로잡힌 이 시대를 비판하며 같은 목소리를 낸 동료 비평가들도 있다. 미국의 칼럼니스트 거드 베렌스Gerd Behrens는 1999년 7월 19일자 《타임》지에 '건강하게, 부유하게, 그리고 불행하게'라는 에세이에 이렇게 썼다. "어째서 그토록 많은 부가 그토록 적은 만족밖에 생산하지 못하는가?" 그는, 1998년에 실시한 한 조사를 통해 등장한 이른바 '희망지수'를 아울러 인용하며 "유럽인들은 지구상의 어떤 지역 사람들보다 유난히도 염세적이고 비관적"이라는 사실을 지적했다. 그래서인지 유럽 문화에서 행복하고 쾌활한 사람들이 나오는 소설이나 영화가 성공한 사례는 많지 않은 듯하다. 유럽인들은, 불안이나 초조, 회의의 성향을 지닌 심오한 사상가들을 가장 우러러보고 숭앙한다. 유럽에서는 문제를 푸는 계급이 그 문제를 스스로 조달해야 한다. 그래야 그들의 존재가치를 입증할 수 있기 때문이라고 베렌스는 말한다. 잘 사는 나라에서 지적으로 가장 수준 높다고 여겨지는 라이프스타일은 예나 지금이나 노동, 스트레스, 근심을 기반으로 하고 있다는 인상마저 든다.

하지만 대다수의 사람들은 그와는 정반대로, 즉 생각 없는 쾌락주의에 젖어 산다. 긍정 심리학의 창시자 중 한 사람인 미하이 칙센트미하이도 어쨌든 그렇게 믿는다. 그러나 칙센트미하이 역시 소비의 결과를 생각하지 말고 일단 소유물을 축적하고 즐기는 것에 몰입하자고 하는 걸 보면 그다지 정당한 소리를 한다고 볼 수 없다. 한 사회의 심리적인 상태를 나타내주는 사회적 지표, 즉 자살률, 우울증 환자 수, 이혼 빈도, 합·비합법적 약물복용 규모 등만 봐도, 물질적 부와 뒷일을 생각하지 않는 무모한 쾌락주의가 우리를 그다지 행복하게 하지 못한다는 걸 유추할 수 있기 때문이다.

놓쳐버린 행복에 대해 불평할 권리

소비사회에는 은밀한 강령이 존재한다. 그것은 바로 "항상 최상의 기분을 유지하라!"다. 온갖 광고들은 갖가지 방식으로 행복의 모델을 홍수처럼 쏟아낸다. 한 시간만 텔레비전을 쳐다보라. 행복에 관한 미사여구와 로망을 두루 섭렵할 수 있다. 텔레비전 광고 화면에는 너무도 행복한 가족들이 아침식탁에 둘러앉아 쾌활하기 그지없는 대화를 나눈다. 귀여운 아이들은 그림책에서나 등장할 법한 다정한 할머니 할아버지와 놀거나, 봄내음 가득한 파릇파릇한 풀밭에서 개들이랑 뛰어다닌다. 매일 밤 파티만 하면서 사는 듯한 젊은이들은 또 왜들 그리 외모가 출중한지. 그뿐인가. 행복은 심지어 돈만 내면 사서 마실 수도, 먹을 수도, 입을 수도, 바를 수도 있다. 이런 마케팅이 주는 메시지는 확실하다. "당신은 이 모든 것을 다 가질 수 있다." 초록 풍경 속에 들어앉은 집이며, 끝내주는 섹스, 꿈의 해변에서 보내는 꿈같은 휴가, 직업적 성공과 출세, 끝없는 모험과 흥분! 행복하지 않다고? 그렇다면 당신이 이상한 것이다!

미국의 경제학자 폴 크루그먼Paul Krugman은 삶의 절대적인 질적 수준만이 주관적인 행복감을 좌우하는 것은 아니며, 상대적인 수준 역시 큰 영향을 끼친다고 했다. 미국의 경제 칼럼니스트 로버트 새뮤얼슨Robert Samuelson 역시 자신의 책《좋은 삶과 욕구불만The Good Life And Its Discontents》에서 상대적 빈곤에 대해 언급했다. 아주 잘 살고 있는 사람이 오히려 더 욕심을 내고 원하는 것이 더 많아진다는 것이다.

행복의 시스템이 계속 작동되려면 끊임없이 새로운 욕구가 있어야 한다. 그래서 행복은 우리의 자존심을 자꾸 변형시키고, 완벽한 행복을 추구할 권리가 있다고 우리 귀에 속삭인다. 불만은 곧 행복에 대한 기대감의 다른 표현이다. 낙원, 샹그릴라로 가는 비행기 안에서 고객불만 카드를 적고 있는 격이라고나 할까. 승무원이 공손하게 갖다 바친 샴페인이 원하는 만큼 시원하지 않다, 이렇게 불행한 일이 어디 있나! 하고 외치는 셈이다. 또한 꽤 즐거운 휴가를 보낸 후 완벽하게 즐겁지 못했다고 불만을 토로하는 격이다.

좋은 삶에 대한 관념 역시 점점 금전적인 성공과 라이프스타일의 문제로 축소되는 경향이 있다. 예전에는 목표로 삼을 만한 충만한 삶 혹은 의미 있는 삶의 모델이 훨씬 다양했고 선택의 폭도 더 넓었다. 남자로 태어났다면 성직자가 될 수도 있고, 단순한 한량이나 학자, 처세술가, 솜씨 좋은 장인, 자선가 아니면 참여정신이 높은 시민이 될 수 있었다. 이 모든 직업으로 저마다 좋은 삶, 충만한 삶을 누리는 것이 가능했다.

하지만 이 시대에는 통장의 잔고가 모든 것의 척도가 되었다. 옛날에는 그 자체만으로도 충분한 동기이자 최종 목표였던 권력조차도 이제는 부를 쌓기 위한 수단으로밖에 간주되지 않는다. 칙센트미하이가 말한 "물질적 보상의 헤게모니"가 사고와 노력을 지배한다. 이 현상은 좋은 삶을 위한 다양한 가능성들을 제한하고, 그저 이 사회에서 바람직하게 간주되거나 요구하는 일에 대가를 지불하는 것만 허락하고 있다.

행복 불감증

안헤도니아Anhedonia, 말 그대로 쾌감을 못 느끼는 상태, 혹은 행복할 능력이 없는 것을 뜻하는 무쾌감증은, 현대 심리치료에서 가장 빈번히 두드러지는 두 가지 증상 중 하나다. 불감증과 즐길 줄 모르는 무능력은 거의 항상 자아장애, 감각상실, 우울증, 불안증에서 나온 증후군의 일부이다. 그러나 안헤도니아는 단순히 상담치료사들의 진료실 안에서만 볼 수 있는 현상이 아니다. 안헤도니아는 우리의 일상 곳곳에 침투해 있다. 사무실과 매장 등의 일터에서 자주 나타나는 만성적 기분저하 형태, 이를테면 스트레스, 공격성, 신경질적 태도, 무력감, 침울함, 답답증 등으로 그 모습을 드러낸다.

철학자 페터 슬로터다이크Peter Sloterdijk는 《냉소적 이성비판》에서, 오늘날 형편이 괜찮은 사람들, 그러니까 물질적으로 잘 갖추고 사는 사람들조차 '난파 선원의 정서'를 갖고 살며 염려문화에 감염되었다고 본다. 특히 현재의 풍요가 존속할 것이냐 하는 걱정이 행복할 기회를 통째로 집어삼키고 있다.

안헤도니아는 기쁨을 만끽할 줄도, 삶을 즐길 줄도 모르는 결정적인 무능력들의 합산이다. 하필 요즘처럼 수많은 자유와 행복의 기회를 제공하는 시대에 그런 무감각과 불감증에 시달린다는 건 치명적인 약점이다. 한 사람이 팔십 평생 누릴 수 있는(혹은 보내야 하는) 여가는 무려 25만에서 30만 시간에 달하는데 말이다.

오직 쾌락에만 초점이 맞춰진 생활방식에서 오는 지루함과 삭막함에서 벗어나기 위해 많은 사람들이 좋은 삶의 또다른 형태를 찾아 나서고 있다. 건강, 몸매, 개인적인 성숙과 발전에 가치와 의미를 두는 이들이 많아지고 있는 것이다. 그들은 무지막지한 흥미 위주의 문화와 거리를 두는 한편, 쾌락주의적인 상품 소비를 포기했다. 그들에게 좋은 삶이란 하나의 물물거래다. 그들은 인생이라는 시간을 위해 수고와 노동을 대가로 지불한다. 일정량의 금욕과 포기만 감내하면 자존감과 자기 만족이 주어진다. 이 행복은 일종의 각성 경험에서 자라나는 것이며, 무언가를 옳게, 더 잘 했다는 만족에서 오는 행복이다. 그래서 돈까지 지불해 가며 몇 시간씩 땀흘려 스텝퍼를 밟고, 러닝벨트 위에서 뛰고, 웨이트머신을 밀고 당긴다. 멋지게 잘 가꾼 몸매야말로 이 시대 고급 직장인 문화의 새로운 신분 상징이 되었다. 약간의 고행을 통해 자기 변신에 성공했을 때의 깊은 만족감과 뿌듯함을 얻는 것이다.

이 새로운 이상은 진화학적인 성격 모델의 하나이다. 이 유형의 인간은 단지 자신을 위한 노동과 평생에 걸친 학습의 필요성만 받아들인 것이 아니라, 대부분 그 과정에서 진보와 자기계발의 기회를 확실히 포착한다. 안식년을 십분 활용하고, 창의적인 휴식 기간을 가지며, 자신을 키워줄 워크숍과 교육연수 프로그램에 적극 참여한다. 그런 사람에게 행복은 밸런스와 전체성holism의 문제다. 밸런스와 전체성은 둘 다 의학, 대중심리학, 생활철학에서 마법의 주문처럼 쓰이는 개념들이다.

인간은 생물학적, 심리적, 사회적인 존재이며 동시에 영적이고 신화적인 욕구를 지녔다. 그리고 이런 요소들이 모두 어우러져 인간의 행복을 좌우한다. 밸런스와 전체성이 중요한 의미를 지니는 이유다. 따라서 지나치게 '머리'에만 의존하거나 일중독에 걸리거나, 아니면 출세만 바라보고 살거나 해서 오랜 기간 이 요소 중 한 가지라도 소홀히 하면 병, 혹은 정서적이고 사회적인 결핍을 겪어야 한다. 요즘처럼 삶이 극도로 복잡해지고 조각조각 나뉘고 분류되는 시대일수록 사람들은 총체적인, 그러니까 조화롭고 균형 있는 삶을 더욱 갈구한다.

밸런스도 새로운 주문처럼 쓰인다. 여기서 밸런스란 개인의 삶에 관해 생기는 여러 가지 요구와 욕망을 균형 있게 조절하고, 결함이 보이면 적당히 수정하고, 편협한 부분을 바로잡는 것을 뜻한다. 때론 오랫동안 등한시했던 가족이나 연인의 중요성을 재발견하고, 직장생활 이외의 취미나 소질 등을 계발하는 것이 그런 과정일 수 있다. 일과 사생활만 균형을 찾아야 하는 것이 아니라, 한 개인의 성격 안에서 서로 상충하고 모순되는 요소를 융화시키는 것도 밸런스의 일종이다. 많은 사람들이 달라이 라마를 본받아야 할 성격 모델로 보는 것도 그 이유다. 달라이 라마야말로 몹시도 다른 특질들이 공생할 수 있다는 것을 몸소 보여주는 존재이기 때문이다.

여유 있는 쾌활함과 깊이 있는 사고, 불굴의 끈기, 정치적 참여와 느긋한 방임, 유머와 진지함. 불교가 서구 사회에서 유행하는 종교가된 것과, 풍수니 태극이니 하는 동아시아 문화가 빠르게 구미 각국에흡수된 것도 어쩌면 밸런스에 대해 부쩍 늘어난 갈망 때문일 것이다. 더 이상 실적을 높이거나 목표를 철저히 완수한다고 해서 행복해지는 건 아님을 깨달은 것이다. 이제 창의적이고 사회적이고 정서적인 욕구를 모두 고려한 인간성을 계발하는 것에 행복이 있다는 확신이 생긴 것이다. 좋은 삶은 말하자면 수고로움과 게으름이 균형을이루었을 때의 성과물이다. 적어도 반성하는 문화를 가진 사회 일원에게는 이것이 새로운 기준이 되었다.

좋은 삶은 필경 온갖 즐거움의 단순한 합산, 그리고 풍요와 안보이상의 그 무엇이다. 비교적 쉽게 접근할 수 있는 쾌락주의적인 행복을 택하고 상대적인 기대치를 낮춰봤자, 우리가 쾌락의 극대화라는 지극히 단순한 경제학에 몸을 맡기는 한, 잘못된 길로 들어설 것은 불 보듯 뻔하다. 그런 의미에서의 좋은 삶이란, 말초적인 쾌감만생산하는 자동판매기 정도에 그치고 만다. 토미 웅거러(Tomi Ungerer, 프랑스의 환상동화 작가 – 옮긴이)의 자위기계, 그리고 다른 인공적인 낙원들은 효율과 최소한의 것만 남기고 나머지는 모두 제거해 버린, 껍데기뿐인 행복의 상징들이다.

행복해지고 싶은가?

우리의 실제 인생에서는 대부분 좋은 삶의 각양각색 모델과 형태가 뒤엉켜 존재한다. 그렇더라도 최근 긍정의 심리학에서는 그런 다양한 행복 추구의 성격을 크게 두 가지로 분류해서 보는 경향이 있다.

첫번째 관점은, 좋은 삶이란 즐거운 순간의 합이며, 그것이 지극히 정당하다는 시각이다. 어차피 인생에서 커다란 행복은 극히 드물거나 아예 불가능하다. 그래서 맛볼 것 다 맛보고 감각을 호강시키고 재미를 좇으며 찰나의 행복을 찾아다니는 편이 어쩌면 더 현명할지도 모른다. 문제는 이 행복심리학의 쾌락주의 진영이 힘주어 표방하듯, 순간의 행복을 누리는 기술을 연마하고 언제 어디서든 행복한 순간을 자기 것으로 만들 줄 알아야 한다는 데 있다. 행복은 항상 우리 주변을 맴도는 기회, 즉 즐거운 감정을 만끽할 기회를 용케 포착하는 소질이라고 해도 과언이 아니다. 다만 유일한 제한으로서, 앞으로의 즐거움이 방해받지 않을 정도로만 향락의 질과 양을 조절해야 한다는 에피쿠로스적인 이성은 필요하다. 지나친 향락은 병을 불러오거나 자기 해악을 초래할 수 있으니까.

식도락, 미학, 성性, 아니면 그밖의 어떤 종류의 향락이든 간에 거기엔 고도의 주관성과 함께 민주주의에 입각한 실용주의가 전제되어야 한다. 행복한 사람이란, 스스로를 행복하다고 '여기는' 사람이다. 그리고 자신을 행복하게 만들 줄 아는 사람이다. 자기만의 기호에 맞추고 또 마땅히 개인적인 행복을 누릴 권리, 그것을 쾌락주의 이론가들은 진정한 성공이라 부른다. 게다가 한편으로 이것은, 우리에게 무엇이 가장 좋은지 앞다투어 제시하는 행복 전문가들로부터의 독립선언이기도 하다. 내가 행복한지 아닌지, 얼마나 어떤 식으로 행복한지 판단하는 유일한 심판자는 다름 아닌 나 자신인 것이다.

한편 유데모니즘(eudemonism, 주로 '행복주의'라고 번역한다 – 옮긴이)에 해당하는 진영에서는, 참된 행복이란 쾌락의 합 이상이며 하나의 계획을 완성하는 것이라고 본다. 그래서 인간이 행복을 추구하는 행위 자체도 평생에 걸친 큰 계획, 즉 삶 전체 혹은 미학적인 작품을 완성하는 프로젝트로 이해한다. 유데모니즘이란 아리스토텔레스가 촉구한 것처럼 완성과 미덕을 추구하는 것이거나, 60년대 인본주의 심리학자들이 천명한 것처럼 자아실현과 자기계발을 위한 의식적인 선택이자 결정이다. 좋은 삶을 살았고 행복했다고 자찬할 수 있는 사람은, 지난 생을 되돌아보고 그것이 살 만한 가치가 있었다고 판결을 내리는 사람, 자신의 가치와 이상에 적어도 가까이 다가갔다고 만족하는 사람이다. 결국 유데모니즘에 입각한 행복은 흡족한 회상에서 샘솟는다.

그래서 이 행복은 감각을 초월하며 복합적이다. 또한 자기 점검을 통해 스스로의 모든 행위와 의도했던 계획에 대해 대체로 긍정적인 평가를 내리는 것을 행복이라고 칭한다. 물론 그 안엔 쾌락주의적인 즐거움도 분명히 포함되지만, 불행을 극복하는 것이라든지 인생의 그늘에 직면해서 창의적이고 의연하게 대처하는 것 역시 포함된다.

고대로부터 철학은 '자신에 대한 염려'를 언급해 왔다. 근대에 들어서는 프랑스 철학자인 미셸 푸코도 '자기 염려'라는 개념이 곧 가치 있는 삶의 전제조건이라고 보았다. 나 스스로 적당한 선에서 나 자신, 건강, 자율, 능력과 욕구 등을 조절할 줄 알아야 삶이 고귀해지고 책임의식도 유지된다. 현대에서 통용되는 용어로 바꾸자면 이 자기 염려는 곧 자기 관리 프로그램, 즉 이성적인 자기 평가나 자기 조정과 거의 일치한다.

유데모니즘적 목표에 입각한 자기 관리는 자신의 능력에서 최선을 끌어내고 최대한 숨은 잠재력을 펼쳐 보이는 일이며, "어떤 조건에서 내가 시도하는 일이 이루어질 수 있을까?"라는 자기 관찰에서 시작된다. 능력과 자질을 똑똑하게 발휘해야만 옆길로 새거나 좌절하거나 실망할 가능성을 최소한으로 줄일 수 있다. 또 자기 자신을 효과적으로 조정하려면, 방향 제시도 해주고 의의도 마련해 줄 궁극적인 목표가 필요하다. 다만 그 도중에 자신의 역량을 확인하고 성취감을 느낄 수 있는 중단기적인 목표도 있어야 한다.

우리는 먼 과거에서 온 이주자들이며 우리 안에는 심리적이고 사회적인 욕구와 특질이 깊이 뿌리 박혀 있다. 이런 특질과 욕구가 진화학적인 유산이고 그것이 우리 안에 존재한다는 사실을 납득해야하며, 고도로 기술화되고 복잡한 환경에서 방향을 잃지 않아야 한다. 우리가 이룩한 문화적 성과와 기술의 진보는 굉장한 자유와 행복의 기회를 열어주었다. 하지만 우리 스스로 만들어낸 인공적인 환경은 오히려 우리를 혹사시키는 한편, 본질적인 심적·사회적 욕구를 해결하지 못하도록 우리를 방해한다. 따라서 우리에게 필요한 것은 '전망의 지능'을 발달시키는 일이다. 곧 나의 능력, 과거, 현재, 미래를 모두 고려하는 것이다. 나는 어떻게 생겨났나? 개체로서 그리고 집단 안에서 나는 누구인가? 역사가 남긴 것들과 앞날에 대한 기대는 나의 현재를 얼마만큼 규정하는가? 그리고 앞으로 나는 어떻게 살고 싶은가?

그래서 행복이란 무엇인가?

심리학은 — 예컨대 삶의 기술에 대한 철학적 밑그림에 비해 — 복된 인생의 윤곽을 체계적으로 관찰하고 연구해서 해답을 구한다는 점에서 유리한 입지를 차지한다. 경험주의적 인식 가운데 중요한 것 하나가 이것이다. 우리가 스스로의 인생을 성공한 인생, 만족스런 인생, 행복한 인생으로 값어치를 매기느냐 혹은 일상의 체험들을 긍정적으로 분류하느냐 부정적인 것으로 치부하느냐는, 유전형질이나 기질이나 '행복해지는 재주' 등에 좌우된다기보다는 지금 현재 한 개인으로서 기초적인 심리적 욕구가 충족되고 있느냐 그렇지 못하느냐에 따라 달라진다. 이 기초적인 욕구는 마음의 양분으로서도 필수불가결하지만 몸에도 적잖이 중요한 영양소로 작용한다. 이 욕구들이 충족되지 못하면 정신적인 성장, 흠 없는 인격, 정서적인 건강은 기대할 수 없다.

미국의 심리학자 에드워드 L. 데시Edward L. Deci와 리처드 M. 라이언Richard M. Ryan은 사람에게 필요한 필수적인 마음의 '영양소'로 다음 세 가지를 꼽았다.

첫째가 자율autonomy이다. 인간은 자신이 할 일을 스스로 선택하고 자신만의 중요한 가치와 관점에 맞게 살 수 있어야 한다. 내적·외적 자유는 정체성을 이루는 중요한 근간이기 때문이다.

둘째, 역량competence도 중요한 기본 욕구다. 사람은 스스로를 능력 있고 영향력 있는 존재라고 믿고 싶어한다. 다시 말해 스스로 세운 목표를 달성하고 자신의 주변 환경에 어느 정도 영향력을 행사할 수 있어야 한다. 그러려면 최소한의 수고와 노력, 학습 의지 등이 필요하다.

셋째는 관계relatedness다. 사람은 누구나 타인과의 정과 유대를 필요로 한다. 친밀감, 소속감, 그리고 남에게서 받는 인정 등은 기본적인 행복 요인이다. 대인관계가 만족스럽고 행복하다고 여기려면 사회지능과 선한 의도가 함께 선행되어야 한다.

살면서 이 세 가지 인생 목표를 실천할 기회가 충분하기만 하다면, 우리의 주관적인 행복감 역시 자동으로 올라간다. 반대로 이 영양소들이 결핍되면 불편함, 불만족, 우울감, 고립감, 무력감 등이 우리를 괴롭힌다.

결국 행복한 삶은 유리한 성격적 특질이나, 딱히 노력하지 않아도 수동적으로 소비만 하면 되는 재미 위주의 경험으로 가능한 것이 아니다. 행복한 삶은 삶의 핵심이 되는 심리적 욕구와 가치관이 생활에서 실현되었을 때 비로소 얻을 수 있는 산물이다.

이 세 가지 기본 욕구는 나아가 이 책에서 앞으로 이야기할 것들의 틀을 제공하기도 한다. 먼저 2장에서는 첫번째 언급한 '자율을 향한 욕구'를 자세히 다루면서 스스로와 일치감을 느끼며 사는 법, 스스로 선택한 행동이나 목표와 조화를 이루는 법이 무엇인지 알아볼 것이다. 따라서 2장은, "나는 진심으로 내 계획과 내게 주어진 소명에 맞게 살고 있는가?" "내 삶은 하나의 맥락 안에서 서로 연결되는 의미 있는 이야기를 엮어내고 있는가?" 이런 질문에 대한 답을 찾는 과정이 될 것이다.

둘째, 나 자신을 영향력 있고 힘 있는 사람으로 느끼려는 욕구는 3장에서 다룬다. 나를 둘러싼 환경에서 살아남고 나 자신이 그래도 쓸모 있는 사람이라고 여기기 위해서는 어떤 각별한 실력과 능력이 있어야 할까? 어떻게 해야 내가 만족할 만한 능력 수준에 다다를 수 있을까? 4장에서는 여기에 덧붙여 세상에서 만나는 난관과 고비에 맞서 자신을 지키는 방법을 소개한다.

관계와 소속감에 대한 욕구는 우리가 맺은 사회적 관계와 직결된다. 5장에서는, 어떻게 우리가 '감정이입'과 '배려'라는 두 가지 기본적인 능력을 배워서 끈끈한 사회적 유대를 맺을 수 있는지 알아본다. 또 그 유대와 관계는 왜, 어떻게 '용서'라는 중요한 능력을 통해 유지되는지도 이야기할 것이다. 6장에서는 힘든 일에 처했을 때 이런 심리적인 기본 욕구를 어떻게 충족할 수 있는지를 살펴본다. 불행을 극복하는 데서 행복을 발견할 수 있으려면 위기와 실패, 운명의 소용돌이와 정면으로 대결하고 난관을 헤쳐나가는 법을 배워야 한다.

마지막 7장에서는 우리가 품은 행복관과 욕망의 가설을, 인간의 기본 욕구에 관한 심리학적 지식으로 시험해 보고자 한다. 어떻게 하면 짧은 긍정적 경험을 좋은 삶이라는 긴 목표에 되도록 많이 접목시키고 부합시킬 수 있을까? 어떻게 하면 즐기고 싶고 누리고 싶은 욕망을 행복이라는 포괄적인 관념과 일치시킬 수 있을까?

2장 이게 나야! 정말 이게 나일까?

내 마음이 보내는 신호

운명이 보낸 소환장

인간이 받은 온갖 저주는 과학을 통해 빠르게 풀리고 있다. 게놈 프로젝트, 복제공학, 재생의학 등이 발달하면서 가까운 미래에는 인체를 맞춤 제작하는 것도 가능해질 전망이다. 질병과 성격적 결함도 모태에서 미리 제거될 수 있다. 심리적인 문제가 생겨도 효과가 뛰어난 정밀 정신의약품으로 지워 없애면 그만이다.

그러나 이 멋진 신세계는 우리에게 희망보다는 오히려 불안을 안겨준다. 미래에는 성격조차 관심품목을 주문하듯 혹은 건축설계하듯 이리저리 짜맞추게 될지 누가 아는가? 인간의 고유한 개성은 어떻게 되는 걸까? 과학만능주의에 대한 무의식적 거부라도 하듯, 수백만의 독자와 관객들이 실존 인물의 사연에 유난히 관심을 보인다. 영화와 책 역시 개인의 인생사를 시시콜콜 다룬 것일수록 인기가 높다. 그것도 유명인에만 국한된 일이 아니다. 만약 책과 영화의 주인 공이 한 시대의 정서와 전형적인 삶의 형태를 드러내주는 경우라면 그냥 보통 사람의 생애라도 상관없다. 평전이라는 장르는 수십 년 전부터 제일 잘 팔리는 비소설 분야이다. 게다가 지나칠 정도로 가 벼운 텔레비전 토크쇼에서조차 출연자의 개인사를 만천하에 알리고 싶어하고(자의든 타의든) 또 알려도 된다는 욕망이 노골적으로 보이곤 한다.

타인의 삶에 끼어들고 싶어하는 마음은 단순한 관음증을 넘어선 것이다. 우리는 기꺼이 한 사람의 비밀과 성격적 특징에 매혹된다. 우리 자신 또한 이 세상에 하나밖에 없는 독특한 존재라고 느끼고 싶 기 때문이다. 진정한 나는 누구인가? 내 운명은 무엇인가? 내가 가진 소질과 재능으로 무엇이 될 수 있을까? '나의 일'은 대체 뭘까? 왜 나 는 그것을 (아직) 하지 않고 있을까? 내 소명은 무엇일까?

나는 진정한 '나'인가?

소명召命. 언뜻 듣기엔 종교나 옛날이야 기, 예술계 쪽에서 들어봤을 법한 낡은 개념으로 여겨진다. 그렇다면 요즘도 소명을 받는 사람이 있을까? 도대체 무엇을 위해서 그런 '부 름'을 받는 걸까? 오늘날에는 직업을 그저 하나의 '일job'일 뿐 더 이 상 천명이니 부름이니 하는 뜻으로 이해하는 사람은 없다. 게다가 대체 이 시대에 우리를 부르는 '누군가'가 어디 있단 말인가?

그렇지만 우리의 운명을 일깨우는 어떤 목소리가 어딘가에 있음은 분명하다. 귀를 잘 기울이기만 하면 누구나 무언가로부터 소명을 받았다는 것을 알 수 있다. 이 부름을 흘려듣거나 '나의 일'이 무엇인지 알아채지 못하는 사람, 자신의 천직을 거부하거나 그것을 회피하는 사람은 호된 대가를 치르게 된다. 인성 발달의 요소 가운데 소명을 알아차리는 과정은 지금껏 과소평가되어 온 감이 있다. 자신의 내적인 임무, 자신의 성격과 재능, 소질에 맞게 산다는 것은 좋은 삶의 중요한 조건 중 하나인데 말이다.

세상 누구도 평범한 '표준형' 인간으로 태어나지 않는다. 사람은 누구나 적어도 한 가지 영역에서만은 특별함을 발휘할 잠재력을 지니고 있다. 우리는 이 자질을 펼치고 자기만의 계획을 완수하고 이 세상에 살다 간 흔적을 남기기 위해 산다. 이것이 융 학파 심리치료가인 제임스 힐먼James Hillman의 생각이다. 운명심리학의 대가인 그는 우리에게 각자의 고유성을 재발견할 것을 촉구한다. 인간은 태어나면서부터 그 누구와도 혼동되지 않는 특성, 재능, 소질의 개인적인 혼합체, 바로 독특한 개성(캐릭터)을 지니고 있다는 것이 이 학파의 신념이다. 좋은 삶, 충만한 삶을 살고 마음과 몸을 건강하게 유지하려면 이 인격을 자신의 운명으로서 존중해야 한다.

인간의 개성은 원래 한 인간이 가야 할 방향을 여러 가지 루트를 통해 제시해 주는 이정표와 같다. 그러나 살다 보면 종종 궤도에서 이탈하는 일이 생긴다. 우리에게 있는 특별한 소질을 등한시하거나, 힘들다며 거부하고, 잠재력을 아무렇게나 써버리고, 품어왔던 꿈을 적당히 타협의 손에 넘겨버리기도 한다. 조금이라도 편한 쪽을 택하는 경우가 너무 잦다. 그러다 보면 결국 자신에게 주어진 천명을 시야에서 놓치고, '원래' 되고 싶었고 될 수 있었던 것과 전혀 다른 사람이 된다. 내가 '나'가 아닌 낯선 존재가 되는 것이다.

정체성과 삶의 목표를 찾기 위해 개성과 성격의 수수께끼를 풀겠다는 시도는 새로운 것이 아니다. 어떻게 그리고 왜 한 인간이 지금의 모습이 되었는가를 알아내는 것은 오래전부터 심리학의 주요 목표이기도 했다. 다만 지금까지는 대체로 원인과 결과를 두 축으로 하는 인과 모델이 주요 연구대상이었고, 그로 인해 무엇이 한 인간의 본질을 만들었는가에만 지나치게 시야가 국한되었다. 거의 모든 심리학 학파가 어렸을 때의 경험, 그것도 어린 시절에 겪은 고통이 그 뒤의 인성 발달을 좌우한다고 가정하기 때문에 콤플렉스나 증상, 상처가 주된 관찰 대상이었다.

그러니 심리학의 눈으로 보면 거의 모든 사람이 다 피해자요 상처투성이 환자였다. 생활을 이루는 모든 것이 거의 예외 없이 문제 있는 요소가 되었고 이런저런 태도와 행동이 모두 병원에서 진단받을 대상이 되었다. 무슨무슨 장애니 증후군이니 하는 것들이 폭발적으로 증가한 것도 그 때문이다. 바야흐로 피해자 의식이 사람을 지배했고, 기능장애가 일상다반사가 되었다. 툭하면 평범한 한 사람의 인생이, 정신적 외상이니 환경적 장애니 따위를 입은 환자의 병리학 사례로 둔갑하기도 했다. 세상 누구나 '마음속 아이'를 놓아주고, 콤플렉스를 극복하고, 잘못된 양육이 낳은 상처와 그밖의 외상을 바로잡기 위해 평생토록 죽을 만큼 노력해야 하는 것이 당연해 보였다.

그러나 그런 발달과 성장에 대한 종전의 심리학적 관습을 완전히 뒤집은 이가 힐먼이었다. 그에 따르면 인간의 숙제는 위를 향하는 것이 아니라 아래로 캐어 내려가는 것이기 때문이다. 사람은 자신이 '무엇이 될지'보다 '이미 무엇이 되어 있는지' 알아내야 한다. 예컨 대 피카소가 "나는 발전하지 않는다. 나는 그냥 있다!"라고 말한 것 과 비슷한 맥락이다. 오직 자신의 바탕, 자신의 근원을 찾아낸 사람 만이 스스로의 개성을 펼칠 수 있다. 참된 '사람 되기'는 내 운명에 맞게 살고 운명의 부름인 소명을 따를 때 비로소 가능하다.

이 운명은 하나의 이념, 단순히 말해 처음부터 주어진 삶의 '프로 그램'이기도 하다. 우리는 누구나 어떤 계획을 갖고 세상에 태어난 다. 그렇더라도 이 계획이 우리 삶을 규정하는 것은 아니다. 단지 하 나의 가능성이자 '정해진' 가능성으로 존재한다. 그리고 이 계획을 따라가기 위해서 우리 곁에 존재하는 것이 바로 데몬demon이다. 데 몬은 플라톤이 창조신화를 서술하면서 다이몬daimon이라는 이름으 로 고안한, 영혼의 동반자 같은 형상이다. 고대 그리스 철학의 입장 에서 그는 인간을 게니우스genius라는 영적 존재로 승화시켰다. 즉 인간은 누구나 눈에 보이지 않는 도플갱어, 즉 쌍둥이를 달고 세상에 태어나는데 이 쌍둥이가 평생 그를 따라다니며 그의 숙명과 변화를 이끈다는 것이다. 말하자면 데몬은 인간이 심각한 추락을 겪어도 무 사히 살아남게 해주는 '수호신'이자, 우리가 오래전에 잊어버린 것 을 퍼뜩 깨닫게 해주는 '우연'이기도 하며, 엄청난 실수를 저지르기 전에 우리를 저지하는 '육감'이며, 옳은 것을 선택하게 하는 '직관' 이자 '본능'이기도 하다.

오늘날에는 이 데몬이 힘을 발휘할 기회가 거의 없는 것이 사실이 다. 대체로 사람들은 데몬의 목소리를 무시하거나 그것의 메시지를 읽는 법을 잊어버렸다. 많은 이들이 오히려 소명을 아무 짝에도 쓸모없는, 거치적거리는 고물처럼 여긴다. 심지어 요즘처럼 유연성이 최고의 덕목으로 손꼽히고, 프로테우스(Proteus, 그리스 신화에 나오는 신으로, 마음대로 모습을 바꾸는 능력이 있다 - 옮긴이)에 맞먹는 철저한 적응능력을 요구하는 세상에서는 소명을 아예 타파 대상으로 보기도 한다. 너무나 당연한 듯 수많은 '파경'이 난무하는 인생, 그래서 '짜깁기 인생'이니 '짜깁기 성격'이니 하는 말이 등장하게 된 현대인의 삶에서 '개성'은 이제 어떤 의미를 가질 수 있을까? 소명과 개성은 그런 식의 인생 설계와는 완전히 대립되는 개념이다. 소명과 개성은 삶에 핵심적 동기를 부여하고, 나아갈 길을 확정하게 하고, 한 사람만의 남다른 고집과 독특함을 유지하게 해주는 요인이다.

비록 이 시대 사람들의 인성이 아무리 액체 같고 휘어지기 쉬운 비정형이라 해도, 여전히 그 안에는 데몬의 존재가 뚜렷이 살아 숨쉬고 있다. 아니, 바로 이렇게 자의성이 넘쳐나는 시대이기 때문에, 우리가 소명을 거스르며 살 때마다 자꾸만 우리를 어떤 다른 방향으로 몰고 가는 무언가가 있다는 걸 자주 느낀다. 마음속에서 이렇게 말하는 목소리를 들어본 적이 없는가? "넌 '그걸' 해야 해! '그게' 너의 길이야! 네 인생의 역할이 바로 '그것'이야!"라고 말하는? 제임스 힐먼은 심리학 전문지 《오늘의 심리학》과의 인터뷰에서 이렇게 역설했다.

"우리는 패러다임의 변화를 겪고 있습니다. 사람들은 더 이상 자신의 개인적인 인생사를 인과법칙에 따른 결과로 보려 하지 않습니다. '엄마'가 유년심리학과 발달심리학의 중요한 결정인자로 작용하는 그런 맥락 말이지요. 그런 관찰 방식은 내가 왜 여기 있는지, 이 인생에서 무얼 어떻게 시작해야 하는지, 나만의 운명이란 것이 무엇인지를 알아내는 데 하등 쓸모가 없습니다. 기존의 시대는 귀결의 심리학이 대세입니다. 끝에 가선 우리가 그저 하나의 '결과' 말고는 아무것도 아니라는 말이지요. 그러나 금세기에 우리가 인생을 설명하는 데 주로 사용했던 이 모델은 해체되고 있습니다. 하나도 소용이 없었으니까요. 그보다는 오히려 세계 어딜 가든 만날 수 있는 보편적인 신화의 숨은 진리에서 답을 찾아야 합니다. 한 아이가 소명을 받고 이 땅에 태어납니다. 자기만의 운명을 안은 채 말이지요. 이 신화야말로 인생을 새롭게 조명하는 데 도움을 줍니다. 누구나 이런 신화를 접하는 순간 즉각 이해하고 받아들이는 것도 그런 이유에서죠. 그것이 원형이기 때문입니다. 그 신화는, 운명을 유전학적인 관찰법이나 환경적 접근법으로 다루었을 때 충족되지 않았던 우리의 근본적인 욕구를 채워줍니다. 세계 어느 문화를 보더라도 이 신화가 인간의 존재에 타당한 근거를 제시한다는 점이 입증됩니다. 당신은 독창적인 피조물이며, 이 독창성은 유전으로 물려받은 것도, 가족을 통해서도, 혹은 큰아들이냐 셋째 딸이냐 같은 사실에서 유래한 것도 아닌 것입니다."

데몬의 신호를 해독하라

우리가 데몬의 목소리를 들을 자세가 되어 있다고 치자. 대체 그 목소리는 어떻게 들릴 것인가? 사방에서 들려오는 수백 수천의 소음 속에서 그것의 신호를 어떻게 알아볼 수 있을까? 그렇다. 하루도 빠짐없이 우리에게 쏟아지는 정보와 신호의 홍수 속에서 '운명의 부름'을 알아차린다는 건 지극히 어려운 일이다.

맞다, 어렵다. 하지만 불가능한 일은 아니다. 한 사람의 개성이 원초적인 힘을 보이는 순간도 있다. 예컨대 한 아이가 완전한 백지 상태에서 갑자기 뭔가를 할 수 있게 되거나, 별다른 심리적 이유가 보이지 않는데도 특정한 것에 열정을 보일 때, 그리고 어떤 것에 눈에 띄는 의지를 드러낼 때가 그런 순간이다. 아이가 하나의 버릇을 갖거나 유달리 두드러진 행동특성을 고수하는 것도 개성이 처음 드러나는 순간일 가능성이 높다. 고집, 강박행동, 떼, 소심함, 괴짜 같은 행동 등, 어쨌든 부적응의 형태로 해석할 수 있는 온갖 행동방식이 나타날지라도 곧장 장애니 증후군이니 하는 증상으로 판단할 필요는 없다. 도리어 그것이 데몬의 한 표현방식이라고 생각하면 문제는 쉬워진다.

한 사람의 독특한 개성은 환경이 부여한 궤도를 부단히 이탈하려 하며, 거기서 그의 소명이 겉으로 드러난다. 전설적인 바이올리니스트 예후디 메누힌은 네 살 때 바이올린을 갖고 싶어했다. 어른들이 알루미늄으로 된 장난감 바이올린을 사주자, 어린 메누힌은 펄펄 뛰면서 그것을 산산조각 내 버렸고, 진짜 바이올린을 얻을 때까지 지칠 줄 모르고 부모를 졸랐다.

목소리를 저당 잡힌 데몬의 존재를 가장 주관적으로 직감하는 형태가 바로 '원초적인 고독'이다. 아무리 수많은 사람에 둘러싸여 있을 때나 심지어 환희를 맛보는 순간이라 해도, 갑작스럽게 우리를 덮치는 설명하기 힘든 고립감과 박탈감, 별다른 이유도 없는데 문득 느껴지는 울적함과 그리움, 그리고 공허감. 아주 어린 아이들도 이런 실존적인 고독을 이따금 경험한다. 가족과 친구 사이에서 온정과 끈끈한 유대의 혜택을 입으며 자란다 해도 그런 순간에는 누구든 낯설고 외롭다. 어른이 되어서도 이런 생경한 탈개인화 시기가 종종 나타난다. 나 홀로 세상에서 떨어져 나온 듯한 그런 순간들 말이다.

대체로 그럴 때마다 우리는 불안을 느낀다. 그리고 그 경험에 숨은 수수께끼를 해독하려 하는 대신 거기에서 어서 빨리 벗어나려고 애를 쓴다. 그것이 끈질기게 우리를 따라다닐 때면 소외니 잘못된 삶의 양식이니 해결되지 못한 유년의 트라우마니 하는 사회학 혹은 심리학적인 이론으로 해명하려 든다. 그러나 운명심리학의 관점에서 고독이란 우리 영혼이 아직 뿌리에 가닿지 못했고 우리 소명을 따르지 않고 있다는 명확한 증거이다.

우리를 소명의 길로 이끄는 힘을 강하게 느낄 수 있는 신호는 의외로 많다.

- 자꾸 반복되는 꿈
- 목 뒤를 내리누르는 중압감, 뒤통수가 간지러운 느낌, 머릿속이 텅 비어버린 것 같은 아찔함 등 비유적인 성격이 다분한 신체적 현상
- 비슷한 패턴으로 갈등, 마찰, 위기 등이 끊이지 않고 반복된다면 지금 수렁에 빠져서 중요한 무언가가 꽉 막혀 있다는 뜻이다. 직장이든 남녀관계든 이른바 결단이 필요한 시기다. 갈 것인가, 아니면 머물 것인가?
- 침체감과 내적인 공허감이 괴롭게 느껴질 때. 이 지루함이란 뭔가 새

롭게 시도하고 변화를 감행해야 한다는 신호일까, 아니면 외적인 조
건을 바꿔야 한다는 뜻일까?

- 어떤 최종 선택을 해야 할 때, 또는 모든 것이 내가 어떤 결정을 내리
기를 기다리는 것처럼 보일 때. 어떤 일자리를 원했다가 거절당했다
면 거기에 내가 적합하지 않다는 뜻일까, 아니면 지금이야말로 그 자
리를 얻기 위해 더욱 노력해야 하는 걸까?
- 진부한 유행가 가사, 흔해빠진 경구, 어느 시에서 읽은 한 줄의 글귀
가 머릿속에 딱 '꽂혀서' 떠나지 않을 때
- 나 스스로 혹은 남들에게 무언가를 증명해야 한다는 생각이 강하게
들 때. 그것을 명백하게 입증하는 자신의 모습이 선명하게 상상될 때
- 어떤 우연이든 그것은 우연이 아니다. 그냥 우연히 선택한 책에서 한
동안 열심히 찾아 헤매던 해답을 찾기도 한다. 명상하고 관조하는 태
도를 유지할 때면 더더욱 이 '우연'을 빨리 간파할 수 있다.

생활 속에 숨은 그런 계시를 해독하기 위해서는 꾸준한 자기 관찰
과 성찰이 필요하다. 마음속의 목소리를 들으려면 내적으로나 외적
으로나 안정된 상태에서 정신의 촉각을 민감하게 작동시켜야 한다.
주의를 흐트러뜨릴 만한 것을 모두 차단하고 혼자서 조용한 환경에
둘러싸여 보는 것도 좋은 방법이다. 이를테면 일정 기간 각종 미디
어와의 접촉을 끊고, 나아가 자신의 소통욕구와 대화에 대한 의지를
최소한도로 줄인다. 이처럼 능동적으로 감내하는 태도를 취하다 보
면, 자신의 소망과 동기가 어떻게 변화해 가는지 관찰하고 희미한 직
관의 소리를 듣는 데 필요한 최소한의 집중력과 주의력을 얻을 수 있
다. '시적詩的 시선' 역시 데몬이 보내는 신호를 읽는 데 도움이 된

다. 그 시선이 영상, 비유, 상징 등을 포착하는 예리함을 키워주기 때문이다.

더욱이 예술행위를 통해 무의식에서 오는 신호를 더 잘 받아들일 수도 있다. 일종의 영혼 레이더를 설치하는 셈이다. 그림을 그리다 보면 꿈과 감정에서 튀어나오는 형상을 얻을 때가 많다. 글을 쓰고 무언가를 기술할 때에도 종종 신기한 맥락과 통찰이 담긴 이야기가 술술 풀려나오기도 한다. 춤추고 연극을 하는 것도 몸의 신호를 포착해 그것을 해독하는 방법에 속한다.

그러려면 반드시 예술가적인 소질을 타고나야 할까? 그렇지 않다. 인간은 누구나 어떤 형태로든 자신을 예술적인 방식으로 표현할 수 있는 능력이 있다. 어린 시절 우리는 모두 즐겁게 그림을 그리고 춤추고 연기를 했다. 시간이 흘러 자신의 자질과의 끈을 놓치고 재능을 썩히게 된 것뿐이다. 감각은 무뎌지고, 인간을 획일적인 틀에 고정해 버리는 문화 탓에 다들 안 좋은 물이 들었다. 다른 여러 가지 것들이 그랬듯 우리가 가진 창의성조차 해당 전문가나 프로들에게 전권을 넘겨줘 버렸다.

나의 꿈과 소망, 자질에 표현적이고 예술적으로 접근하는 순간, 우리는 중요한 인식에 '스스로' 도달하게 된다. C. G. 융은 인간이 아무리 비싼 돈을 지불한다 해도(예컨대 심리치료를 받을 때처럼) 남이 말해주는 것은 우리의 설득체계에 아주 가끔씩만 편입된다고 쓴 적이 있다. 그와는 반대로 자기 스스로 찾아낸 것, 혹은 자신의 무의식에서 수령한 메시지 같은 것은 오래도록 명료한 인상을 남긴다.

'나의 일'을 찾아서

지금 내가 어떤 부름이나 소명을 제대로 듣고 있는 건지, 아니면 그냥 일시적인 충동이나 욕망을 따라가고 있는 건지는 어떻게 구별할 수 있을까? 미국의 신화학자 조셉 캠벨은 그것을 가리는 가장 중요한 기준으로 '갑작스레 샘솟는 활기'를 가리켰다. 자신의 길을 알아차리는 순간, 우리에겐 생명력과 에너지가 물밀듯이 차오른다. 또한 제임스 힐먼은 사로잡힘, 매혹, 한꺼번에 드는 확신 등을 식별 기준으로 꼽았다. 갑자기 삶의 커다란 틀이 움직이고 변화하기 시작한다! 소명은 생활의 시시콜콜한 일들을 제어하는 것이 아니라, 인생의 커다란 밑그림에 영향을 끼친다. 잠재된 열정과 자질을 발견하면서 자신에게 주어진 궁극적인 사명을 알아차리게 되는 것이다.

그렇다면 데몬이 말해주는 것은 정확히 무엇일까? 데몬은 구체적인 목표들로 우리의 손을 잡아끈다. 우리가 천명을 받았다고 느끼는 일은 여러 가지다. 예술적인 재능일 수도 있고, 학문적인 자질일 수도 있고, 아니면 손발을 부지런히 놀려서 무언가를 만드는 것일 수도 있다. 또 남을 돌보거나, 웃기거나, 심지어 일가를 이루는 것이 업일 수도 있다. 어떨 땐 천명이 특정 지역에서 살도록 이끌거나, 어떤 생활방식을 고수하게끔 명령하기도 한다.

이따금 추상적인 가치와 이상을 실현할 소명을 타고나는 사람도 있다. 그럴 땐 '내 일'이 자유, 평화, 정의 같은 원리를 실현하는 것이 된다. 미국의 모티베이션 연구가 스티븐 라이스Steven Reiss는 경험주의에 입각한 방대한 연구조사를 토대로, 사람마다 하나씩 갖고 있는 동기 열여섯 가지를 다음과 같이 추려냈다.

- 권력 : 성공, 영향력, 지도력에 대한 추구
- 독립 : 자유, 자기 만족, 아우타르키(자급자족)에 대한 추구
- 호기심 : 진리, 지식, 확실성의 추구
- 인정 : 사회적인 승인과 소속감에 대한 추구
- 질서 : 명확성, 조직화, 존속성에 대한 추구
- 저축 : 소유와 물질적 재화에 대한 추구
- 명예 : 도덕적이고 인격적인 고결성과 품위에 대한 추구
- 이상주의 : 공평무사와 정의에 대한 추구
- 관계 : 우정, 긍정적인 유대에 대한 추구
- 가족 : 가정생활과 자녀들에 대한 노력
- 신분 : 공공에게서 받는 인정과 의미의 추구
- 앙갚음 : 경쟁, 투쟁, 보상에 대한 추구
- 낭만 : 에로틱, 성, 아름다움에 대한 추구
- 신체활동 : 운동과 몸매, 건강에 대한 추구
- 식생활 : 음식과 향락에 대한 추구
- 안정 : 이완과 감정적 평안에 대한 추구

때때로 어떤 사명을 띠고 있다는 감정이 부풀려져서 자칫 과장된 사명의식이나 심지어 과대망상이 되기도 한다. 따라서 소명을 찾아 자기 탐구를 계속하는 와중에도 스스로를 점검하는 일을 멈춰서는 안 된다. 또한 비판적인 시각을 통해 자신과 거리를 두는 일을 결코 게을리 하지 말아야 한다.

요나 콤플렉스

내면의 목소리가 우리에게 요구하는 것들이 때로는 아주 불편하게 다가올 때도 있다. 많은 이들이 인생의 특정 시기에 자신의 소명을 알아차리지만, 그렇지 못한 사람들은 머릿속에서만 꿈을 좇거나 '원래는 이랬어야 했는데'라며 아쉬워하기만 한다. 데몬의 신호를 따르지 않는 데는 그야말로 수많은 이유가 있지만, 소명을 등한시하는 태도는 심리적인 자기 훼손에서 나올 때가 많다. 자기에게 있는 가능성 뒤에 일부러 숨는 것, 비뚤어진 겸손, 게으른 타협이나 지나친 조심, 소극적인 태도, 자기 비하 등이 모두 자기 부정의 다양한 형태들이다. 자아실현 심리학의 창시자인 에이브러햄 마슬로프Abraham Maslow는 이것을 '요나 콤플렉스'라는 개념으로 요약했다.

성경에 나오는 요나는 니느웨로 가서 그들을 회개시키라는 신의 부름과 명을 거부하고는, 자신이 설교하는 데 영 소질이 없다는 핑계를 대며 배를 타고 멀리 길을 떠난다. 그러나 그가 탄 배는 폭풍에 휩싸이고, 그는 선원들을 돕는 대신 웅크리고 숨을 생각만 한다. 결국 선원들은 그를 갑판 너머 바다 속으로 던진다. 이윽고 큰 물고기가 나타나 그를 삼키고 사흘이 지난 다음에야 한 바닷가 뭍에 뱉어놓는다. 요나의 '행선지', 바로 그 니느웨의 해변에.

요나 콤플렉스는 사실, 어렵게 보이는 일에 일단 신중히 대응하려는, 어찌 보면 인간이 가진 자연스런 본능에서 유래한다. 누구나 천명에 따라오는 위험요소와 힘든 점을 먼저 발견하고 그것에 대한 방호벽을 찾는다. 다만 그 벽 뒤에 너무 자주, 오래 머무른다는 점이 문제다. 천명을 따르기 위해서는 변화와 성장을 위한 노고를 감수해야 하므로 당연히 불안하다. 익숙했던 역할과 조건을 버리는 것은 큰 대가를 요하기 때문이다. 그러느니 차라리 소명을 피해 도망치고 자기 부정을 하는 편이 마음 편한 것이다. 어떻게든 천명에 뒤따라오는 것들을 따져볼 시간을 벌고 싶어하는 건 물론이요, '네'라는 말을 하지 못하는 두려움을 조금이나마 줄이고 거부에 따르는 양심의 가책에서 벗어나고 싶어한다.

자기 인생사에 해석을 다는 것 자체가 소명을 피해가기 위해 만들어낸 대단한 핑계일 때가 많다. 살아온 얘기를 전기로 엮을 때조차도, 그렇게 할 수밖에 없었던 이유 아니면 그렇게 하지 못했던 타당성을 확보하는 데에만 여념이 없다. 자신의 개성과 앞으로의 여정을 명확히 하기 위해서는 수정주의자가 되어야 한다. 지금까지 산 날을 되돌아보고 기꺼이 그것을 고치고 개선하려는 태도를 지녀야 한다.

내가 기억하는 것이 정말 다 진실일까? 아니면 스스로 지어낸 허구와 자기 기만은 아닐까? 내 인생의 큰 방향전환은 언제 누구에 의해 이뤄졌는가? 무엇이 지금의 나를 만들었는가? 지금까지 내가 주로 떠올리고 기억해 온 사연들과 철석같이 믿었던 판단들이 어쩌면 하나도 들어맞지 않는 건 아닐까? 정말 나는 손재주가 제로일까? 숫자나 어학, 운동에는 영 감각이 없는 걸까? 진로, 직업교육, 학과, 직장도 모두 나 스스로 결정해서 고른 것인가? 정말 나는 천상 의사가 맞고, 선생이 체질인 걸까? 아니면 정작 나는 다른 것에 마음이 가는데도 부모나 선생이 그렇다고 하니까 맞겠지 하고 믿어버린 건 아닐까?

타인의 간섭과 영향, 허구가 끼어든 부분을 샅샅이 뒤지다 보면 우리 인생사를 다른 눈으로 보게 되고, 진로 수정도 가능하며, 그리고 비로소 소명에 충실하게 된다. 자신에게 질문을 던져보자. 지금까지 가보지 못한 길로 들어서기에 진정 늦은 걸까? 지금이야말로 잊었던 혹은 애써 외면했던 자질에 숨을 불어넣을 시기는 아닐까? 인생이라는 영화를 편집과 검열이 일체 없는 '디렉터스 컷'(Director's Cut, 극장에서 개봉된 영화와는 달리 감독이 자신의 본래 의도를 살려 재편집한 영화 – 옮긴이)의 시선으로 바라보자. 새로운 방향을 잡는 데 큰 도움이 될지도 모른다.

물론 지금껏 실행해 보지 못한 일에는 대체로 불안과 두려움이 따른다. 기존의 진로를 수정하는 것부터가 혹독한 난기류를 몰고 온다. 마음속 목소리의 외침에 따라 인생을 전면 뒤집는 것이 과연 잘하는 짓일까? 좀 솔직하게 살겠다는 애매한 바람 때문에 익숙한 것과 결별하고 불편함을 택하는 일, 그리고 지금껏 힘겹게 도달했던 합의와 여러 장치를 하루아침에 버린다는 것이 과연 옳은 일일까?

결정을 망설이거나, 미루고 기피하거나, 멍하니 손놓고 있거나, 일을 마무리 짓지 않거나, 가짜로 다른 일을 만들어 바쁜 척하는 등 천명을 받아들이기 싫은 사람이 취하는 행동은 실로 다양하다. 노동 또한 눈가림의 좋은 수단이다. 일중독자들 중에는 원래 따라야 할 소명을 피하기 위해 비교적 사회적으로 존중받는 기피 수단인 '일'로 도망치는 경우가 심심치 않게 있다.

죽을 때까지 천명을 따지고 고심하는 경우도 있다. 무엇이든 결과를 세심하게 고려하고 어떻게든 정보를 많이 수집하는 게 뭐 그리 나

쁘단 말인가. 다만 그러다 보면, 할 것인가 말 것인가 사이의 고민은 영원히 끝나지 않는다.

데몬의 메시지를 들었는데도 '적당한 때'를 기다리다 허송세월하는 사람도 많다. 그런 사람은 시간, 돈, 형편, 자유, 정력이 다 궁합이 잘 들어맞을 때를 기다렸다가 천명을 따르겠다고 결심한다. 한마디로 죽을 때까지 안하겠다는 말이나 다름없다.

그야, 위험성이 적은 병행의 길이 있긴 하다. 소명을 따르고 어쨌든 올바른 방향을 택하되 '끝'까지 가지는 않는다. 그래서 화가가 되기보다는 미술평론가가 되고, 정치가가 되는 대신 무슨무슨 협회 회장이 되는 데 만족한다. 스스로 환경운동에 뛰어드는 대신 그냥 그린피스에 기부금을 낸다.

그럴 때 자기 태만의 미묘한 버전도 발생한다. 너무 운이 나빠서, 그리고 몸이 아프거나 상황이 안 받쳐준 탓으로 책임을 돌린다. 하필 중대한 시험을 망쳐서, 혹은 가장 결정적인 면접시험에서 실수를 해서 그런 것이지 열정이 부족해서 그런 것은 아니다. 그래서 그 힘든 일자리를 꼭 얻지 못해도 죄책감을 느낄 필요가 없다. 아니면 단순히 원서를 제때 보내는 걸 잊어버리고도 자기 책임이 아니라고 생각하는 사람도 있다.

그런 경험을 여러 번 반복하다 보면 그는 결국 자기 기만의 달인이 된다. 자신을 속이는 행위는 대개 견딜 수 없는 어떤 사실로부터 자아를 보호하기 위한 자동조절장치 같은 것이다. 하지만 때로는, 마음속에서 끊임없이 들려오는 요구를 피하고 스스로의 가능성을 부정하는 걸 정당화하기 위한 도구로도 자주 쓰인다. '난 재능이 없잖아', '나에게는 인맥이 딸려', '자본금이 부족해' 혹은 '나한테는 한 번도 기회가 안 왔어'까지.

소명을 따르는 데 가장 큰 지장을 주는 것 중 하나가 '남들이 뭐라고 하겠어?' 같은 남들의 이목에 대한 두려움이다. 우리가 인정하는 것보다 훨씬 더 자주, 빗나간 배려나 소심함, 조화와 순응에 대한 강박관념 때문에 정말 자기가 하고 싶고 옳다고 생각하는 것을 하지 못하는 경우는 생각보다 훨씬 많다.

혹시 우리는 지나치게 남의 기대에 부응하려 하고, 그들이 벌이는 권력게임이나 통제에 너무 쉽게 휘말려드는 것은 아닐까? 우리는 남들이 저지르는 무리한 행동들을 눈감아주는 데 너무 길들여져 있다. "튀지 마! 평범하게 살아! 배려 좀 해! 이기적으로 굴지 마! 그런다고 떡고물이 너한테 떨어질 것 같아? 넌 특별하지 않아!" 같은 메시지가 착실하게 내면화되었기 때문이다.

충격적인 분석은 또 있다. 소수의 사람들이 우리에게 터무니없는 권력을 휘두르고 우리의 행동을 제어하는 것을 우리 스스로 용인한다는 사실이다. 우리가 전권을 준 사람들이 부지불식간에 마음껏 우리를 조종하고 부려먹는다. 남들이 동의하는지 안하는지, 나를 인정할지 안할지에 목을 매고, 그들이 던지는 비판이나 거부가 무서워 벌벌 떠는 것이다. 그럴 때 우리가 팔아넘기는 것은 다름 아닌 자신의 개성이다. 자신이 갈 길도 가지 못한 채 어중간한 정체의 늪에 빠져 평생을 살아가야 하는 것은 물론이다.

마음이 보내는 신호

자신의 소명을 등한시하는 사람은 정신적, 육체적으로 큰 대가를 치른다. 심신상관의학자인 빅토르 폰 바이체커는 1950년 '살아보지 못한 인생'이라는 주제의 연구보고서에 이렇게 썼다. "불가능한 계획, 하지 못한 일 등은 이미 일어난 일보다 더 큰 효력을 발휘한다." 바이체커는 많은 환자들의 사연을 예로 들며, 이루지 못한 일이 뒤늦은 죄책감, 회한, 자책의 빌미가 되어 결국 몸에 나쁜 영향을 미친다고 밝혔다.

원인이 뚜렷이 밝혀지지 않는 절망감, 울적함, 따분함, 혹은 억눌린 분노 등은 자기 부정에서 유래된 전형적인 심리적 증상들이다. 살면서 가장 사람을 기운 빠지게 하고 좌절시키는 일은, 마음속의 부름에 반해 살면서 진심으로 하고 싶고 잘하는 일을 하지 못하는 것이다.

미국의료협회American Medical Association는 1999년 발간한 통계집에서 월요일 아침 9시에서 10시 사이에 심장마비가 가장 자주 발생한다고 밝혔다. 수백만 명의 사람들이 주말을 보내고 난 뒤 다시 그곳, 근본적으로 자기를 부정하는 데 노력을 기울여야 하는 곳, 재미없고 징글징글하고 혹사당하고 일 같지도 않은 일을 하며 따분함을 달래야 하는 일터로 돌아가야 하는 '출근' 시간과 정확히 일치한다.

신체적인 증상은 마음이 내보내는 중요한 메시지가 겉으로 드러난 것일 때가 허다하다. 미국 물리학자 데이비드 봄David Bohm은 이것을 가리켜 '소마Soma 신호'라고 일컫기도 했다. 그래서 불면증, 등과 허리 통증, 위통 같은 증상이 나타날 때면, 치료 전에 먼저 그것이 제대로 생명을 얻지 못한 잠재력 때문에 데몬이 저항하는 것은 아닌지 숙고해 보아야 한다.

내 운명을 가능성으로 인식하고 내 안에 잠자는 인생의 밑그림을 찾아내고 그것을 제대로 '읽는' 것은 성찰, 자기 반성, 용기, 자기 스스로에 대한 정직성을 요하는 자기 인식의 한 행위다. 다만 소명 혹은 데몬에 감화된 삶이라고 해서 재능과 소질만으로 결정되는 것은 아니다. 개성이 반드시 직업적 실력이나 예술가적 자질이 발휘되어야 드러나는 것이 아니듯 말이다. 중요한 것은 '어떻게'이다. 이 '어떻게'가 개성의 핵심이자, 그 누구와도 똑같지 않은 한 사람의 스타일을 정하는 요인이다.

우리가 사는 '방식'이 곧 우리가 누구인지를 말해준다. 살면서 얼마나 잘 극복하고 어떤 가치에 집중하고 살았는가를 따진다면 굳이 성공이냐 행운이냐 명성이냐 따위로 모든 것을 판단할 수는 없을 것이다. 그래서일 것이다. 비록 눈에 띄지 않는 소소한 일상이지만 그 안에서도 지극히 평범해 보이는 일을 자신만의 스타일과 품격으로 해내는 사람들에게서는, 마음의 소리를 따르며 묵묵히 '내 일'을 하는 독특한 개성이 엿보인다. 그런 사람들은 용기, 끈기, 원칙을 지키는 마음, 그밖의 다른 미덕을 삶으로 증명한다. 자신이 받은 천명을 흔들림 없이 따르고 있기 때문이다. 그런 의미에서 좋은 삶은 스타일의 문제이기도 하다. 그리고 나만의 개성을 끊임없이 갈고 닦는 노동의 과정이기도 하다.

나를 채찍질하라

"스스로를 더 몰아붙여, 이 녀석아!" 1997년 투르 드 프랑스(프랑스 전역을 일주하는 사이클 대회 - 옮긴이) 때 우도 뵐츠가 팀 주장인 얀 울리히에게 외친 말이다. 얀이 결정적인 경사구간의 최종 지점을 유리하게 스타트할 수 있도록 우도가 유도해 준 직후였다. 울리히는 누가 뭐래도 최근 몇 년 간 사이클 계에서 두각을 드러낸 최고의 선수였지만, 동시에 그 재능을 끝까지 발휘하지 않는 것으로도 유명했다. 안일한 성격 탓에, 미숙한 태도 때문에, 명예욕이 별로 없어서 등 이유는 여러 가지였다.

자신이 소중한 존재라는 자각의 중요한 원천은 바로 보통 이상의 뛰어난 성과를 냈다는 자부심이다. 이럴 때의 행복은, 어떤 것을 내가 생각한 것보다 더 잘했고, 남들의 기대에 비춰볼 때도 더 잘했으며, 한계를 뛰어넘어 나 자신을 극복한 데서 오는 행복이다.

반대로, 내가 가진 재능을 썩히는 것, 나의 잠재력을 끌어내려 하지 않는 것은 곧 나를 좀먹는 불만족의 원인이요 패배감과 수치, 자괴감의 근원이다. 취미로서의 공작工作과 명작名作의 경계, 아마추어와 전문가 사이의 선, 고만고만한 성과와 최고 기록 사이의 벽을 넘고 허무는 것은 오직 무엇을 목표로 하고 얼마나 자신을 채찍질하느냐에 달려 있다. 흔히 "흥, 땀 흘려 노력한다고 누가 알아주나? 순전히 출세욕 아냐?" 하는 식으로 노력과 성과를 폄하하고 회의적인 태도를 보이는 것이 현대사회의 한 시류일 수도 있지만, 정작 그 뒤에 숨은 것은 단순한 무사안일주의일 때가 많다. 어쩔 수 없는 상황 때문이라는 말 역시 우리가 자주 들먹이는 단골 핑곗거리다.

최고가 되어야 할까?

　　　　　　　내가 할 수 있는 일이 있는데도 자꾸 뒤로 숨기만 하다 보면 언젠가는 재능과 목표를 배반한 대가를 치르게 된다. 그저 그런 상태에만 머물러 있는 자신에 대해 어렴풋하게라도 언짢아지거나 낙심하게 된다. 그럴 때마다 우리는 스스로를 이렇게 달랜다. '최고가 되는 게 뭐 그리 중요하다고.' 그러나 분명히 자신의 재능 범위의 것인데도 그것을 포기하려 들 때 생기는 희미한 불만족과 불편한 감정은 점점 마음을 갉아먹는다.

　어떤 이는 글쓰기, 그림, 음악에 재능이 있어서 되도록 그 능력을 펼치고 싶어하지만 몇 번 시도하다 그냥 주저앉아 버린다.

　컴퓨터 다루는 법을 조금 배우긴 했지만 아직도 몇몇 기능은 여전히 수수께끼로 남아 있다. 더 노력해서 그 기능을 터득하기만 하면 펼쳐질 놀라운 세상은 끝까지 경험하지 못한다.

　언젠가는 꼭 일본어나 영어를 제대로 배워서 다음 해외여행 때 제대로 실력을 발휘하고 싶다. 그러나 일 주일에 두 번 동사무소 교양 강좌에 나가는 게 전부다.

　테니스 실력이 늘 거기서 거기다 보니 항상 부족함을 느낀다. 그래도 그냥 '꽤 잘 치는 일반인' 수준에 머무르는 편을 택한다.

　피아노를 일찌감치 그만둔 게 후회되지만 명절이나 식구들 생일 때 잠깐 노래 몇 곡 치는 것에 만족한다.

　직장을 잘 다니고는 있지만 왠지 제자리걸음만 하고 있고 실적도 나아지지 않아 마음 한구석이 늘 찜찜하다.

　물론, 왜 내가 훌륭한 가능성을 놔두고 이렇게 주저앉아 있는지 설명할 수 있는 이유는 허다하다. 시간이 없거나, 기회를 못 만났거나, 인생에서 다른 더 중요한 것들이 있으니까. 우리는 늘 그런 피상적인 평계와 자기 위안으로 무장하고 살지만, 사실은 힘든 게 싫은 것이고 진짜 뛰어난 수준에 도달하기 위해 겪어야 하는 지난한 길이 두려운 것이다.

무언가 배우기 시작한 사람은 누구나, 그것이 직업이든, 외국어든, 문화 예술이든, 명상이나 요가든, 공예든, 운동이든, 기술이든, 악기든 간에, '머리에 피도 안 마른' 초보자 신세다. 배움을 시작하기 전에 우리는 늘 이렇게 자문한다. 어느 정도 잘하게 되는 데 얼마나 걸릴까? 여행 가서 어려움 없이 다닐 정도로 영어와 중국어가 '괜찮은 수준'이란 어느 만큼일까? 진정으로 어떤 문화를 이해하고 거기에 대해 대화를 나눌 수 있는 수준이란 어떤 것일까? 언제쯤이면 가능한 한 자주 상대방에게 패싱샷을 안겨줄 만큼 포핸드 스트로크를 잘 치게 될까? 얼마만큼 해야 완벽한 타구가 가능할까?

아리스토텔레스 역시 완벽함을 추구하는 '분발의 철학'이 좋은 삶의 전제조건이라고 말했지만, 이제는 더 이상 만인이 그것을 주된 동기로 삼지 않는다. 특히, 어딘가에 성공을 위한 쉽고 빠른 길이 있다고 쉴 새 없이 광고하는 그런 문화에서는 더더욱 불가능하다. 각급 학교와 대학교뿐만 아니라 회사와 온갖 조직에서도 적당주의가 판을 친다. 공명심과 성과에 대한 욕심은 과잉욕구이며 '쿨'하지도 않고 세련되지도 않다. 이른바 말쑥한 '메뚜기'들이 '일벌'보다 더 득세하는 시절이다.

서서히 우리는 낙제생들의 왕국을 만들고 있다. 그것은 자신의 가능성 이하에 머물러 있는 사람들의 왕국이다. 분명 재능은 존재하는데 아무도 그것을 요구하지는 않는다. 자신을 채찍질하지 않고, 몸을 사리고, 되도록 힘들이지 않고 어영부영 일을 무마하는 것이 정상으로 보인다.

최고의 경지에 이르기까지 무언가를 배워서 완벽하게 터득하고 싶은가? 최고의 성과에 다다르고 싶은가? 그렇다면 먼저 이것 하나를 명심해야 한다. 아무리 재능과 소질이 충분해도 뛰어난 경지에 오르는 길은 멀고 험난하다. 거기엔 지름길도 없고 편법도 없다. 그저 꾸준히 노력하고 때로는 후퇴와 지체도 감수해야만 결국 목적지에 도달할 수 있다.

아무것도 제대로 하지 못하는 세 가지 방법

뛰어난 전문성을 얻으려면 여러 단계의 과정을 거쳐야 한다. 전혀 나아지지 않고 모든 것이 멈춰 있는 듯 보이는 플래토plateau 단계와 갑자기 능률이 오르면서 눈에 띄게 상승하는 단계가 서로 교차한다. 역량의 새로운 차원에 도달하려면 그보다 낮은 수준에서 끈기 있게 연습하고 실력을 갈고 닦는 수밖에 없다. 그리고 어느 순간 실력 곡선이 가파르게 상승하는 시기가 올 때까지 기다려야 한다. 신들은 인간을 위해 플래토 단계에서 겪는 고생을 성공의 전제조건으로 심어두었다. 외워지지 않는 불규칙동사를 쉴 새 없이 중얼거리고, 피아노 앞에서 끊임없이 연습곡을 반복하고, 수백 번이나 백핸드 스윙을 휘두르고, 같은 문장 하나를 가지고 수십 번을 고쳐 써야 그 고비를 넘길 수 있다.

학습은 늘 계단식으로 진행된다. 어떤 분야든 꾸준히 상승곡선을 그리며 순조롭게 나아가는 일은 거의 없다. 오스트리아 빈 태생의 미국 신경심리학자 카를 프리브람Karl Pribram은 이 패턴을 다음과 같이 설명한다. 새로운 것을 배울 때면 온전히 집중하고 몰두해야만 지각 패턴, 인지 패턴, 행동 패턴이 새롭게 바뀐다. 그래서 차츰 습관적인 행동체계를 형성하고 나면 그것이 의식적인 사고와 행위보다 더 깊고 넓게 영향을 미치게 된다. 말하자면, '연습, 연습, 연습'이 낳은 일종의 자동화된 반응이 자리잡는 것이다. 그렇게 중추신경계에 생긴 반사회로가, 매번 무엇을 어떻게 해야 할지 생각할 틈을 주지 않고 거의 무의식적으로 백핸드를 치게 만들고 외국어로 길을 묻게 한다는 것이 프리브람의 이론이다.

달인들, 그리고 최고의 실력자들은 그 과정을 끝까지 밟은 사람들인 데 반해, 딜레탕트(Dilettante, 애호가)들은 낮은 단계의 플래토, 즉 학습고원에 눌러앉았거나 아예 목표를 포기한 이들이다.

딜레탕티즘은 세 가지로 나뉜다.

첫번째는 변덕쟁이 딜레탕트이다. 이들은 무언가를 성취하는 것보다는 시작하는 데 매력을 느끼는 사람들이다. 새 운동, 새 취미, 새 관계에 쉽게 빠져들고, 커리어도 초반에는 쑥쑥 키우고, 교육연수도 열정적으로 참가하고, 새로운 것이라면 무엇이든 매력을 느낀다. 하지만 그것도 다 처음이 안겨주는 흥분일 뿐이다. 그들에게는 최초의 큰 추진력 덕분에 종종 초반부 진전이 빠르고 모든 것이 환상적으로 보인다. 그러다 처음으로 퇴보의 조짐이 나타나기만 하면 그 순간

열광은 사라진다. 플래토 단계에서 겪어야 하는 정지의 시간이 딜레탕트에게는 힘겹기만 하다. 그러면 어디선가, 강좌나 수업에 빠질 만한 이유, 시작한 지 얼마 되지도 않은 일을 놓아버릴 만한 이유, 새로 얻은 직장이나 학과를 손바닥 뒤집듯 바꿔버릴 그럴싸한 이유가 기다렸다는 듯 나타난다. 나에게 맞는 게 하나도 없어, 너무 힘들어, 너무 따분해 등등. 남녀관계 역시 막 상대를 알게 된 초창기에는 누구보다 뜨겁게 타오른다. 쉽게 이성을 유혹하기도 하지만, 상대의 유혹에 기꺼이 응하기도 한다. 열심히 자기를 과시하고 자기 얘기를 거리낌 없이 풀어놓는다. 하지만 처음 느낀 마법이 점점 풀리고 나면 언제 그랬냐는 듯 모든 것은 따분해지고 슬슬 새로운 상대를 찾아 눈을 돌린다. 이런 사람은 C. G. 융의 말마따나 영원히 놀이만 즐기는 어린아이와 같다.

그에 비해, 두 번째 유형인 집착·강박성 딜레탕트는 자만심이 강하고 항상 최고가 되고 싶어한다. 빨리 성공하기 위해서라면 뭐든 다 한다. 첫 시간부터 제일 열심히 수업에 달려드는 학생인 동시에, 선생이 다른 일을 못할 정도로 수많은 질문 공세를 퍼붓는다. 예습과 복습도 알아서 척척 해온다. 다만 그렇게 초반부의 성과가 두드러진 다음, 드디어 아무도 피해갈 수 없는 플래토 단계에 봉착하면 어떻게 할까? 이 타입의 딜레탕트는 자기가 원하는 진전이 도무지 나타나지 않는다는 이유로 노력을 두배 세배로 끌어올린다. 집착과 강박에 빠져, 진짜 숙련된 실력은 천천히 쌓이는 것임을 인정하지 못한다. 승부욕이 워낙 강해서 되도록 단기간에 성과를 보는 일도 자주 있지만, 정력 소모가 심하다 보니 오래 견디는 힘이 부족하다. 그러니 당연히 제풀에 꺾여 제자리에 주저앉는 일이 태반이다. 이렇듯 심한 기복을 지그재그 반복하다 보면 종국에는 낙담과 체념만이 남는다.

마지막으로 쉽게 만족하는 딜레탕트도 있다. 이 타입은 자기 스스로에게 너무 기대치가 낮아서 문제다. 어떤 성과를 이루긴 하지만, 그 뒤에 오는 플래토 단계에서 더 앞으로 나가지도 처지지도 않는다. 얼마간의 기초지식을 습득해서 그럭저럭 헤쳐갈 정도만 되면 그 자체로 만족해 버리기 때문이다. 더 이상 초보자는 아니지만, 터득과 숙달의 경지와는 거리가 먼, 전형적인 반#기능자이다. 그래서 외국어 한 가지 정도는 몇 마디 입에 올릴 줄 알고, 일은 규정에서 벗어나지 않을 만큼은 하고, 남녀관계도 그냥저냥 편한 방식으로 유지한다.

그렇다면 이렇게 잘못 들어선 길, 막다른 골목에서 어떻게 빠져나올 수 있을까? '보통' 때문에 겪는 소리 없는 좌절을 어떻게 피할 수 있을까?

첫째, 최고의 스승을 만나라. 무엇을 배우든 최적의 조건을 갖춰야 한다. 여기서 최적의 조건이란 한마디로 압축하면 최고의 스승을 찾아서 그의 제자가 되는 일이다. 독학도 이따금 탁월한 결과를 가져오지만 그러다 보면 불필요한 우회도 하고 남들이 해놓은 것을 충분히 활용할 수 있는 기회를 놓치기도 한다. 딱 맞는 스승을 찾으려면 자기가 점찍은 사람이 제자들을 어떻게 대하는지 유심히 살펴봐야 한다. 스승의 실력은 기본이자 핵심사항이다. 그러나 그 외에도 스승에게 공감능력이 충분한지, 제자의 발전을 진심으로 반기는지, 비판할 때와 격려할 때 어떤 방식을 취하는지도 중요하다. 그러나 특정 스승을 찾는 것만 중요한 게 아니라, 그 스승에게서 언제쯤이면 더 이상 배울 것이 없는지, 즉 언제쯤 또다른 스승을 찾아야 할 때인지를 정확히 파악하는 것도 중요한 일이다.

둘째, 반복을 통해 피학적 쾌감을 얻어라. 길고 긴 단련과정은 힘들고 지루하기 짝이 없다. 그런 수고는 참된 달인의 경지에 오르기 위한 수업료인 셈이다. 반복과 연습을 통해 조금이라도 변화를 이끌어내는 사람만이 전진과 성공을 맛볼 수 있다. 쉼 없이 되풀이하라! 달인으로 가는 길이 조금씩 보이기 시작한다.

셋째, 인내와 겸양을 단련하라. 달인으로 가는 길에서는, 맨 처음으로 다시 돌아가야 하는 시간들이 줄기차게 반복된다. 기존에 이룬 진전에 안주하지 않을수록, 자신이 모르는 것이 없다는 거짓된 확신에 무게를 두지 않을수록, 능력의 폭을 넓히고 새로운 것을 추가하는 일이 쉬워진다.

넷째, 목표를 결코 눈에서 놓치지 말라. 달인이 되려면 집중이 필수다. 끝까지 한 길을 걷고 자신을 스스로 엄격히 관리하고 다스리겠다는 단호함이 있어야 한다. 그러려면 마음과 목표가 하나가 되어야 하고 머릿속에서 그 긴 연습과 배움의 의미, 목적을 부단히 고민하고 되새겨야 한다.

다섯째, 한계에 도전하라. 그리고 가능하다면 그것을 뛰어넘어라. 경험이 많고 강한 확신을 가진 달인과 명인은 자신의 한계를 시험하는 일도 마다하지 않는다. 그래야 그것을 뛰어넘어 한층 성장할 수 있기 때문이다. 다만 그 순간 위험을 감수할 용기와 지나친 만용 사이에서 아슬아슬한 줄타기를 해야 함은 물론이다.

미국의 지능전문가 하워드 가드너Howard Gardner는 비범한 최고 실력자가 되는 과정을 연구한 바 있다. 그에 따르면, 인류 역사상 문화와 학문 분야에서 특출한 재능을 보인 창의적인 천재들 중에는 가장 이상적이고 전형적인 대가형(모차르트), 창조자형(새로운 이론을 일궈낸 프로이트), 성찰자형(버지니아 울프 같은 자기 통찰의 천재들), 그리고 발의자 및 지도자형(마하트마 간디)이 각기 존재한다. 그리고 이런 천재들에게는 공통되는 세 가지 특징이 있다.

첫째, 최고들에게 실수란 그저 하나의 괜찮은 배울 기회다. 안 좋은 결과가 나왔다고 해서 그 경험을 지워버리거나 묵살하지 않고 오히려 세심하게 따지고 파헤친다. 실수나 실패 때문에 가려던 길을 포기하는 것이 아니라 오히려 거기서 배우는 사람은, 위기를 한 번씩 겪을 때마다 더 강하게 단련되어 거듭난다.

둘째, 달인들과 창의적인 천재들은 자신의 진전과 퇴보를 꼼꼼히 기록한다. 예술이나 지성을 갈고 닦는 과정에서 자신의 현 상태를 비판적으로 평가하는 일은 필수조건이다. 지금 나는 어디에 서 있는가? 무엇이 성공했고 무엇에 실패했나? 일기나 메모는 이런 분석을 하기에 가장 적당한 도구다. 그러나 일정 시간 여유롭게 쉬거나 성찰의 시간 갖기, 몇 시간이고 묵묵히 걷기, 아니면 이런저런 형태의 타임아웃도 자신에게 거리를 두고 지나온 길을 돌이켜보는 데 쓸모가 있다.

셋째, 최고들은 자신의 강점과 약점을 정확히 파악한다. 그래서 자신의 잠재력을 찾아내고 그야말로 온 힘을 쏟아 그것을 발전시킨다. 최고들은 자기가 특별히 잘하고 능력을 발휘할 수 있는 틈새를

볼 줄 안다. 반면 다른 분야에서는 어처구니없을 정도로 허점이 많고 취약할 수도 있다. 그런데 그 약점들을 무마하려고 절대적으로 많은 에너지를 쏟아부으면 어떻게 되겠는가? 기껏 중간 수준에 겨우 도달할 수 있을 것이다. 차라리 자신의 강점에 모든 것을 투자해 그 분야의 최고 자리에 올라가는 편이 그들에겐 더 쉽고 유리하다.

운동선수에게 배워라!

평범과 비범을 가르는 또 하나의 차이는 무엇일까? 그것은 바로 정확한 시점에 한 치의 오차도 없이 성과를 끌어낼 수 있는 능력, 즉 정신적 강인함이다. 이 차이는 또한, 비범한 능력을 가졌으되 심리적인 나약함 때문에 승자가 되지 못하는 '가짜' 실력자들을 가려내는 차이이기도 하다. 그리고 이 차이가 가장 두드러지는 분야가 스포츠다. 전문 스포츠 선수들은 '이상적인 수행 가능 상태ideal performance state'에 이르는 방법을 배운다. 이것은 선수가 지금까지 배운 최선의 것을, 다른 때도 아닌 가장 필요한 순간에 성공시키는 정신적인 상태를 일컫는다. 다시 말해 경기가 한창 진행 중인 때, 스트레스가 최고조에 달했을 때 경쟁자의 눈앞에서 자신의 최고 능력을 펼쳐보여야 한다. 연습 때는 누구보다 좋은 기록을 내다가도 정작 필요한 때 제대로 실력을 발휘하지 못하는 이른바 '훈련 챔피언'들은 스포츠계뿐만 아니라 다른 여러 분야에도 흔히 존재한다. 똑같은 신체적 소질과 건강상태, 똑같은 훈련방식, 똑같은 시합조건이라면 당연히 정신적으로 더 강한 사람이 연습 때만 잘하는 사람을 이기고 승리하게 마련이다.

아무리 명망 있는 스포츠심리 전문가들이라 할지라도 그들의 기술은 결코 특별한 것이 아니다. 검증된 이완훈련, 집중훈련, 이미지 훈련을 끊임없이 반복하는 것, 그것뿐이다. 그 중에서도 가장 핵심적인 능력은 하나의 점에 포커스를 맞추고 집중하는 힘, 즉 터널 시각 tunnel vision이다. 축구선수는 골문 11미터 앞에서 프리킥을 찰 때 그 어떤 불안도 느껴서는 안된다. 스타디움에 가득 찬 관중들의 함성, 지난날의 승리 혹은 패배, 동료들의 기대감 같은 건 그 순간 프리킥을 차는 선수의 머리에서 철저히 배제되어야 한다. 이 선수의 뇌 속에서 일어나는 민감한 화학작용과 거기서 파생되는 수행능력에 부정적인 영향을 끼치는 생각은 털끝만큼도 용납되어서는 안된다.

이 집중을 쉽게 만드는 데는 일종의 의식, 일명 루틴routine도 도움이 된다. 테니스 선수나 농구 선수들은 서비스를 넣거나 슛을 하기 전에 세 번씩 공을 팅기곤 한다. 숨쉬기를 조절하는 기술도 스멀스멀 올라오는 스트레스의 기운을 가라앉히는 데 도움이 된다. 동작을 하나하나 머릿속에서 그려가며 수없이 상상하면 실제 움직이는 근육과 정신이 하나가 된다. 이 시대 최고의 골퍼 타이거 우즈는 어떻게 해야 3미터 거리의 퍼트를 목숨을 걸 만큼 확실히 성공시킬 수 있는지 터득했다. 공을 날리기 전 그는 머릿속에 켜진 스크린에서, 자기 공이 어떤 모습으로 홀 안에 떨어지는지를 생생하게 '목격'했다. 이제는 아예 스포츠심리학에서 이미지 트레이닝을 기적의 무기로 공공연히 인정하는 분위기다. 특히 비교적 호흡이 길고 복잡한 운동에서는 더 자주 이 도구가 쓰인다.

미국 하버드대 심리생리학자인 스티븐 코슬린Stephen Kosslyn은 여러 차례의 다양한 실험을 거쳐, 정신훈련으로도 근육 기능을 직접 향상시키는 것이 가능하다는 사실을 입증했다. 동작을 시각화하는 것, 이를테면 손가락 근육을 움직인다고 시각적으로 상상하는 것만으로도 뇌의 운동피질이 자극을 받고, 그로 인해 근육군도 실제로 더 잘 활성화되고 수행능력이 올라간다. 다른 실험에서도 비슷한 결과가 나왔다. 한 실험군에게는 실제로 피아노를 주고 연습곡을 치게 하고, 다른 그룹에게는 머릿속으로만 연습하게 했다. 그랬을 때 첫 실험군뿐 아니라 다른 그룹 역시 두뇌 속에서 손가락 운동에 관계된 부위가 일제히 발달했음은 물론이고, 그 발달 정도 역시 거의 일치했다고 한다.

스포츠심리학 테크닉 가운데 스포츠 너머의 다른 영역에 응용할 만한 것들은 무척 많다. 스포츠든 다른 분야든 기대효과는 같다. 존 zone에 도달하는 것, 즉 완전한 집중과 자기 망각의 상태에 도달하는 것이다. 그런 면에서 존은 플로우'flow, 곧 철저한 열중, 극단적인 에너지 긴장상태에서의 '행위에의 몰입'과 비슷하다. 이 상태를 발견하고 주목한 미하이 칙센트미하이는 다만 플로우 상태에서의 몰입과, 성공을 노리고 하는 정신적인 준비 사이에는 엄연히 차이가 있다고 말한다.

"문제는, 왜 이런 이상적인 준비 자세를 취하려 애쓰느냐이다. 그냥 그 상태가 좋아서? 아니면 이기기 위해서? 그저 승리가 목적인 경우엔 행위 자체의 기쁨이 언젠가는 저절로 사라질 게 뻔하다."

다른 말로 하자면, 자신의 존재조차 잊는 몰입과 오랜 기간 한 가지에 정신의 초점이 모이는 상태에 이르려면, 행위(그것이 무엇이든 간에)가 곧 목적이어야 하고, 그 자체로서 즐거워야 한다는 것이다.

마음으로 그려보기

미국의 사회심리학자인 셸리 테일러Shelly Taylor
는 앞으로 일어날 사건을 머릿속에서 그려보는 시뮬레이션이 성공
이나 성과에 어떤 영향을 미치는지 연구했다. 그리고 일련의 조사를
통해 시뮬레이션, 즉 의도적으로 시나리오를 상상하고 구성하는 행
위야말로 어떤 문제를 해결해야 할 상황, 시험, 검증과정 등을 준비
하는 데 가장 이상적인 테크닉이라는 결론을 내렸다.

시뮬레이션은 단순히 뭔가를 바라는 생각이나 긍정적인 사고("보
란 듯이 최고 성적으로 시험에 합격해 주겠어!")와는 구별된다. 효과적인 시
뮬레이션이란 목적지에 대해서도 상상하지만 무엇보다도 도달하기
까지의 과정에 한층 더 중점을 두기 때문이다. 그래서 도중에 발생
할 수 있는 난관을 예측하고 마음속으로 시나리오를 그려보면서 그
것을 타개할 해법을 구체적으로 계획해 두기도 한다.

이른바 이 '정신의 예견'을 잘 훈련하기만 하면 감정적인 위기에
도 미리 대비해 둘 수 있고, 실제로 그런 일이 발생했을 때 비교적 그
위기를 잘 통제할 수 있다. 한 가지 사건을 자세히 상상하면 거기 연
결된 감정도 함께 불러오는 게 원리다. 그리고 상상 속에서 한번 그
감정을 겪고 난 다음에는 실제 상황이 닥쳐도 좀더 쉽게 통제력을 발
휘할 수 있다. 의외의 상황에 깜짝 놀라거나 주눅이 들 필요가 없어
지는 것이다.

이런 방식의 테크닉은 고대로 거슬러 올라가 스토아학파가 행한 '상상의 예견'에서 그 기원을 찾을 수 있다. 마르쿠스 아우렐리우스는 이렇게 충고했다. "아침마다 이렇게 되뇌어라. 오늘 나는 무분별하고, 건방지고, 간악하고, 시기심 많고 역겨운 인간을 만나게 되리라." 그렇다고 스토아 식 여유가 체념에 가깝거나 염세주의적인 것은 아니다. 마음속으로 예측을 해둔 덕분에 성가신 감정에 머리를 물들이지 않을 수 있고 시간을 유리하게 쓸 수도 있으며 매순간을 십분 즐길 수도 있다.

생각으로 어떤 일을 준비할 때는 반드시 해피엔딩이나 목적지에 도달하는 것에만 주의를 기울여서는 안된다. 거기까지 가는 중간 과정과 매 단계를 되도록 세부적으로 꼼꼼히 상상해 봐야 한다. 그 점이 바로 이 '정신적인 준비'가 단순한 긍정적 생각이나 동기부여의 대가들이 구사하는 자기 감화 테크닉 등과 다른 점이다. 긍정적 사고나 자기 감화 테크닉은 오직 성공이라는 트랜스에 취하는 것만이 최고라고 본다("일단 원하기만 하면 다 해내리라!" 같은). 동기부여도 중요하지만 거기엔 그것에 불을 붙이고 자극을 줄 구체적인 계획이 따라야 한다. 그래야 비로소 갈고 닦은 실력을 발휘할 때가 왔을 때 그 동기부여가 진정한 추진력을 발휘하기 때문이다.

스스로를 믿는 이, 산도 옮긴다

미국의 심리학자 앨버트 밴두라 Albert Bandura는 자기를 믿는 사람, 특히 자기 능력을 믿고 꾸준히 그 신뢰를 키우는 사람의 신념을 가리켜 자기 효능감Self efficacy이라 명명했다. 자기 효능감은, 실제로 능력이 있는지 없는지의 사실 여부를 떠나 스스로가 수행능력이 있다고 믿는 확신과 어떤 과제를 감당할 만큼 성숙했다는 신념과 동의어다. 이런 '자기 스스로에 대한 긍정적 견해'를 결정적인 성공의 발판으로 삼은 사람은 무수히 많다. 능력이 실제로 있다는 '사실'은, 그것이 나한테 있다고 믿는 '마음'보다는 별로 중요하지 않다. 우리 주변을 둘러보자. 그저 평범한 소질을 가진 사람이 자기 신뢰만으로도 최고의 대가로 거듭나는 반면, 굉장한 재능을 지닌데다 교육도 잘 받고 양식이 풍부한 사람이 스스로를 믿지 못해 번번이 실패하는 경우를 얼마나 많이 보아왔는가.

어떤 이가 능력 발휘를 해야 하는 상황에서 어떤 식으로 행동할지, 과연 성공할 수 있는지 등은, 실제 그 사람이 가진 능력보다 자기 확신의 강약에 따라 훨씬 더 명백하게 판가름된다. 왜 그럴까? 앨버트 밴두라는 하나의 중요한 이유를 언급했다.

"강한 자기 효능감을 발동시킬 줄 아는 사람은 주의력과 에너지를 상황에 맞게 투입하고, 장애가 나타나면 스스로 더 노력한다. 스스로를 무능하다고 여기는 사람과는 생각도 감정도 행동도 명백히 다르다. 자기 효능감은 미래를 자기 손으로 만들어내는 자신감이다."

반대로 자기 효능감이 부족한 사람은 스스로 일을 망치는 경우가 많으며, 분명 재능이 풍부한데도 툭하면 회의와 불만에 휩싸인다. 더욱이 자기 일에 지나치게 까다로운 잣대를 들이대는 버릇이 있어서 단념과 체념을 남발한다. 이런 사람은 주위에서 아무리 인정하고 칭찬해 주어도 별 소용이 없다.

자기 효능감은 여러 가지 측면에서 행동에 영향을 미친다. 첫째, 목표를 선별하는 데 일정한 방향을 제시한다. 자기 효능감을 가진 사람은 나에게 맞는 과제, 내가 역량이 되는 일을 선택하고, 실패를 유도할 만한 실수를 사전에 배제한다.

둘째, 자기 효능감은 목표를 달성하기 위해 투입하는 에너지와 끈기를 몇 배로 늘려준다. 스스로에 대한 믿음이 강하면 후퇴 혹은 작은 실패가 일어나도 더 지구력이 강해지고 훨씬 더 정력이 넘친다.

셋째, 자기 효능감은 우리의 사고 스타일까지 형성한다. 스스로가 역량 있다고 느끼는 사람은 자기 회의를 느끼는 사람과는 달리 성공과 실패의 인과관계를 바라볼 줄 안다. 즉 성공은 자신의 능력 덕분에 가능했다고 보는 반면, 실패의 원인은 외부의 (불리한) 조건 탓이라고 믿는다.

넷째, 자기 효능감을 발휘하는 사람은 성공의 소용돌이를 타고 상승한다. 다시 말해, 한 번 성공한 경험 때문에 자기 실력과 재능을 더욱 확신하게 되고 다시금 또다른 일에 도전할 동력을 얻는다.

소설 같은 내 인생

우리는 갈수록 우리가 사는 이 세계를 더 복잡하게 만들어간다. 그러니 세계를 이해하려면 어떻든 더 열심히 언어로 그것을 표현해야 한다. 우리를 둘러싼 일들을 설명하고 이야기해야만, 이 세계는 의미와 존재 이유를 지니기 때문이다. 특히 자기 자신에 대한 일일수록 우리는 더 많은 낱말과 표현과 문장을 동원하게 되는데, 그러다 보면 꽤 지난 일도 끄집어내야 하고 시시콜콜 그 배경을 설명해야 할 때가 많다. 게다가 내가 겪은 일을 묘사하는 데 적합한 표현방식부터 찾아야 한다. 삶의 외적인 혼란을 '이야기'라는 방식으로 다스리지 못하면 내적인 삶 또한 혼란스럽고 무의미하게 망가지기 때문이다.

다행히도 우리는 자신에 대해 이야기하기를 좋아하기 때문에 꾸준히 이야기를 연습할 기회가 많다. 누군가 슬쩍 청하기만 해도, 혹은 아주 작은 기회만 있어도 충분하다. 기다렸다는 듯 우리 입에서는 봇물처럼 이야기가 쏟아져 나온다. 누군가 내 얘기를 조금이라도 관심 있게 들어준다는 기분이 들면 우리는 과하다 싶을 만큼 적극적으로 자기 인생을 낱낱이 드러내 보인다. 최근에 겪은 일화는 물론이고 한참 전에 일어난 사건, 휴가 때 있었던 일, 사무실에서 벌어진 온갖 사건사고까지 시시콜콜 풀어놓기 시작한다. 인생의 어떤 시기를 처음부터 끝까지 자세히 묘사하는가 하면, 아예 탄생부터 현재까지 평생에 걸친 이야기를 장황하게 늘어놓기도 한다. 인생 자체가 이야기를 늘려가는 과정이라 해도 과언이 아니다. 아니, 삶 자체가 아예 이야기요, 때로는 흥미진진하고 때로는 맥 빠지는 장편소설이다. 우리는 모두 자기 인생을 하나의 훌륭하고 완성도 높은 이야기, 좋은 삶을 사는 데 필요한 멋진 스토리로 꾸미고 싶은 강렬한 욕구를 지니고 있다.

하지만 정말 그게 진실일까? 아니면 '소설 같은 인생'이라는 문구 자체가 그저 듣기 좋으라고 곧잘 갖다 쓰는 비유에 지나지 않는 걸까? 우리는 누구나 자신의 인생을 처음, 중간, 미래, 혹은 되도록 근

사한 결말이 있는 괜찮은 한 편의 이야기로 보길 좋아한다. 그리고
세상에 존재하는 모든 다른 스토리처럼 인생 이야기에도 역시 일정
한 서술 관점, 다른 이야기와 '다른' 줄거리, 주인공과 적 등이 존재
한다. 하지만 정말 이 이야기가 '우리'인 걸까? 맞다! 우리가 누구인
지, 우리가 무엇인지, 우리가 어떻게 사는지, 이런 것들은 그런 꾸준
한 자기 창조, 자기 서술로 결정되는 것이 사실이다.

이야기의 힘

　　　　한 인간에 관한 액면 그대로의 정보, 즉 출생 정보나
성장 과정, 학교, 직업, 결혼, 은퇴, 사망 같은 단순한 사실관계를 넘
어서면, 그제야 비로소 인구통계학의 범주를 벗어난 개인 고유의 특
성, 누구와도 혼동되지 않는 진정한 개체로서의 모습이 드러난다. 즉
말로 표현된 이야기가 있어야 자아 형성이 시작되는 것이다.

많은 경험이 서로 연결되고 융화하여 의미 있는 이야기가 되면 그
것이 곧 하나의 맥락이요, 우리가 '좋은 삶'이라고 믿으며 추구하는
것의 소설적인 표현이 된다.

이야기라는 형태로 우리 삶을 관조하고 의미를 부여하는 행위는
오늘날 특히 더 큰 의의를 갖는다. 우리는 사실 '개인In-dividual', 즉
분리divide 불가능한in 개체가 아니다. 우리의 자아는 다시 서로 다른
역할과 가치체계로 조각조각 나뉘고 쪼개진다. 서로 무관한 여러 개
의 부분 성격을 가지고 사는 것이 현실인 셈이다. 자기 서술은 이런
분리된 존재의 조각과 부분들을 다시 하나로 끼워맞추기 위한 테크

닉이다. 그러기 위해서는 기존의 방식으로 돌아가 수많은 서술 방식 중 하나를 택할 수도 있다. 현대 문학의 가치는 무엇보다도 예술적 기교가 넘치며 본보기가 될 만한 서술 형태를 제시한다는 데 있다. 이리저리 차이고 찢겨진 삶의 도정, 혼란 그 자체인 여러 관계 속에서도 어떻게 하면 의미 있고 충만한 삶을 살 수 있는지 보여주는 최신 사례들이 현대 문학이기 때문이다.

한편 자기 서술은 인간의 미학적인 본능을 표현하는 수단이기도 하다. 하나의 경험을 이야기로 서술하는 데 극적인 요소와 서사의 원칙이 고려되었다면, 비록 그것이 단순하고 원초적인 수준이라 해도 그로써 예술에 가까운 형태가 되는 것이다. 그리고 자기 창조의 시학poetics이라는 표현을 쓰는 것도 정당할 듯하다. 또한 자전적인 기억은 자아 개념의 기틀이 되기도 한다. 나 자신에 대한 전달과 서술은 비록 이야기할 시간이 충분치 않다 하더라도(상대방이 내 얘기에 "아, 고맙지만 됐습니다. 더 말씀 안하셔도 됩니다"라며 사양할 수도 있으니까) 어쨌든 내 삶의 정수이다. 맥락을 가진 자기 서술 능력을 상실하는 것은 곧 정체성을 상실하는 것과 비슷하다. 알츠하이머병이 서서히 인격을 상실하게 만드는 것처럼 자기 서술 능력의 상실 역시 두뇌의 퇴보이다.

우리는 두 가지 기본적인 사고 양식을 지닌다. 하나는 논리적이고 틀을 따라가는 생각이고, 다른 하나는 서술적인 사고다. 단순히 말해, 전자가 정보를 축적하고 처리하기 위한 도구라면, 후자는 사실을 의미 있는 이야기로 풀어내는 데 쓰인다. 고도의 지능을 갖춘 인공지능 컴퓨터는 논리적 사고를 넘어 서술적인 능력을 구사하는 컴퓨터다. 인공지능이란, 인간과 유사하게 지식, 지능, 기억이라는 세 가지 요소로 하나의 맥락을 가진 이야기를 지어내는 능력을 뜻하기 때문이다.

이야기할 줄 모르는 사람들

이야기하고 싶은 충동과 서술 지능이 비록 인간의 본능에 속하는 듯 보이지만, 요즘에는 자기 얘기를 조리 있게 이야기할 줄 모르는 사람이 의외로 많다. 아무래도 그런 사람들은 자신의 삶 속에 존재하는 여러 '원료'와, 일련의 사건들을 뛰어넘는 깊은 의미를 전혀 보지 못하는 것 같다. 그러다 보니 자기 서술이란 것이 몇 개의 동영상을 나열하는 것과 다를 바가 없게 되었다. 아니면 그것이 실적, 성과, 단기 목표 달성 따위의 기록에만 한정되기도 한다. 현대인의 이야기는 대부분 외적인 면에 쏠려 깊이를 잃어가고 있다.

한편 분명히 자기 인생을 이야기하고는 있는데 마치 자신이 주인공이 아닌 것처럼 말하는 사람도 있다. 그들은 그저 살아야 하니까 살았고, 이야기의 줄거리에 작은 영향력도 행사할 여지가 없다고 느낀다. 말하자면 자기가 어떤 정체 모를 큰 힘에 무력하게 내맡겨진 꼴이라고 여기는 것이다.

또다른 사람들은 자기 인생사를 극도로 사적이고 고립된 것으로 보기도 한다. 그런 사람은 오로지 자기 인생만 이야기한다. 말 그대로 '연관성'이 빠져 있어서 그들의 인생에는 타인의 인생과 얽히는 부분이 없다.

이 시대에는 진솔하고 타인에게 감흥을 줄 수 있는 인생 이야기는 사라지고 정처없이 흘러다니는 표류하는 삶, 오직 찰나의 순간에만 영향을 받는 삶만 남은 듯하다.

현대사회가 되면서 기억을 대하는 인간의 태도 역시 '표류'라는 말로 표현할 법하다. 수천 장의 사진과 몇십 시간에 걸친 비디오 녹화물에는 인생 최고의 순간들, 중요한 경험과 사건이 고정되어 있다. 태어나서 받은 첫 세례, 백일, 돌, 입학, 결혼, 경조사, 기념일, 회갑, 여행 등. 마치 정해진 루트를 따라 순회하며 일정 장소마다 내려 사진 찍고 올라타고 또 내려서 사진 찍고 올라타기를 반복하는 일본 단체 관광객들과 흡사하게 삶의 여정마다 사진과 증거를 수집하는 데만 여념이 없다. 집안 경사가 있을 때도 같이 축하하고 즐기기보다 사건을 기록하고 녹취하는 사관史官처럼 행동한다. 그 사건이 현실로 다가오는 때는 일이 끝나고 기록물을 다시 들여다볼 때이다. 당시에는 현장에서 체험하기보다 그저 수집하고 저장하는 데 연연하기 때문이다.

그렇게 우리는 차츰 과거를 대하는 능력을 잃어가고 얼굴 없는 사람이 되어간다. 한 장의 사진과 그것에 얽힌 사건을 기억에 저장시키기 위해서는, 단지 사진 한 장이 아니라 당시에 경험한 감각이 있어야 하기 때문이다. 정말 '거기' 있었던 것이 아니었으므로 체험의 감각이 무뎌진 사람은, 결국 정체감뿐 아니라 공동체로서의 의식마저 잃어버린다. 우리의 기억은 원래 허점이 많고 주관적이다. 그래서 남들과 함께 기억을 재구성하는 것이 불가피하다. 함께 이야기하는 순간 비로소 나의 이야기도 입체성과 생명력을 얻으며, 불완전한 기억도 보완 수정되고 힘을 얻는다. 그렇게 생겨난 결과물은 나 자신에 대한 흥미롭고 진솔한 이미지이며, 그것이 곧 괜찮은 이야기가 된다.

말하자면 나의 이야기를 훌륭히 서술하기 위해서는 공동 저자가 필요하다. 철학자 한스 게오르크 가다머Hans Georg Gadamer가 말한 것도 자신의 인생사 엮기에 해당되는 말로 해석할 수 있다. "진실과 진정성을 잃고 싶지 않다면 우리가 해야 할 것은 대화이다. 여기서 대화란 우리 자신에 대한 이야기지, 독백이나 단순한 자기 표출이 아니다."

이야기의 재해석

요즘 들어 '이야기'에 대한 관심이 다시 활발해지고 논의의 중심이 되고 있다. 역설적이게도 이 현상은, 지금껏 자주 거론되어 온 '거대 담론의 실종'과 그 못지않게 자주 언급되어 온 '새로운 불명확성'에서 기인하는 듯하다. 자기 확인과 의미 추구에 대한 인간의 욕구가 커지다 보니, 그것을 실천하기 위한 전통적이고 일반적인 수단들도 사라졌다. 평전과 자서전이 유행하고 젊은 나이에 회고록을 펴내는 것이 지극히 자연스런 일처럼 확산되고 있는 것도 그런 욕구의 표현이다.

부조리하고 유치하게 보이기까지 하는 이런 현상들, 이를테면 갓 스물다섯이 된 팝스타의 자서전이 출간되거나 텔레비전 토크쇼에서

전시효과를 노린 발표와 고백들이 넘쳐나는 것을 보면 내러티브가 일대 르네상스를 맞긴 맞은 모양이다. 구전 역사Oral History가 붐을 이루고, 시대의 산증인들이 기꺼이 과거를 밝히려는 태도, 사건에 대해 갖는 그들의 시각 등은 지금 시대에 서술에 대한 의지가 얼마나 큰지를 알려주는 지표이다.

발터 켐포브스키는 자신의 일기인 《알코르Alkor》에서, 다른 이들이 쓴 1943년에서 1949년 사이의 기록문, 앨범, 일기들을 어떻게 수집했는지 그리고 그것을 어떻게 문서 콜라주로 만들어 독창적인 한 편의 시사기록물인 〈음향측심기〉를 탄생시켰는지를 묘사했다. 그는 자신들이 겪은 전쟁 이야기와 전쟁 후의 경험을 기필코 한 번은 얘기하고야 말겠다는 수많은 사람들의 억제할 수 없는 욕구를 생생히 묘사했다.

자기 이야기를 한다는 것은 고무적이고 용기를 북돋워주는 경험이다. 이야기를 하다 보면 삶에 개입하는 여러 영향력과 힘에 대한 의식이 예리해진다. 우리는 거기서 예전에 겪은 경험의 힘도 인지하지만, 동시에 지금의 생활에 얽힌 당면한 현실의 힘도 느낀다. 나의 자아 개념, 나의 삶의 밑그림이 어떻게 진화했는지 체감하는 것이다.

역사학에서 방식이 많은 것을 좌우하듯, 한 개인의 자기 서술 역시 그것을 어떤 방식으로 풀어내느냐가 중요한 문제다. 사건과 그것의 해석, 그리고 분석은 어떤 관계에 있는가? 나의 현실은 어떤 다양한 방식으로 이야기될 수 있는가?

인간의 언어는 그림과 비유로 이루어져 있고 누구나 평생에 걸쳐 즐겨 쓰는 몇 가지 비유가 있다. 하나의 이야기, 특히 인생사를 해석

하고 분석할 때는 이 비유의 의미와 범위를 가리고 밝히는 것이 관건
이다.

　하나의 인생 이야기가 중립적이거나 공평무사한 일은 결코 없다.
중립은 고사하고 거기엔 온갖 가치관, 이념, 갈등이 점철되고 항상
어떤 도덕, 정곡, 뼈가 들어 있기 일쑤며, 이것 역시 한쪽으로 치우치
게 마련이다. 삶의 이야기는 결코 삶 자체만 다루는 것이 아니며, 더
욱이 자서전은 어디까지나 '텍스트'다. 따라서 다른 텍스트처럼 인
생사 역시 분석하고 풀이하고 윤색하고 재해석하고 수정하는 것이
가능하다.

　자기 서술을 수정한다는 것은, 인생 이야기가 시험대에 올려지고
비판 대상이 된다는 것을 뜻한다. 이야기가 옳은가, 아니면 보완, 교
열하고 방향을 다시 잡아야 할 필요가 있는가? 극적인 강조점을 어
디에 두어야 하고 왜 그래야 하는가? 이전 텍스트에 미처 언급되지
않은 것은 무엇인가? 무엇보다도, 이 삶의 이야기가 좋은 삶을 위해
얼마나 도움이 되고 쓸모가 있으며 미래지향적인가?

　자신의 인생사를 이야기하는 행위는 결코 끝나지 않는 창조적인
과정이다. 특정 시점이나, 특정 연령, 관습에 따라 행하는 통과의례
등을 거치면서 우리는 자신의 역사를 되짚어보는 계기를 갖는다. 중
간 평가를 내려보고, 남은 시간을 어떻게 쓸지 고민도 해본다. 그렇
게 삶을 회고하는 계기들은 대개 중년이나 노년쯤에 찾아온다. 또한
이렇게 회고하고 수정하려는 경향은 (당연히) 성인기에 강하게 드러난
다. 자기 앞으로 계산서를 써서 제출하고, 자기 삶의 전체적인 모양
새를 보고, 중요한 곳에 방점을 찍는 일은 하나의 창조적인 행위다.

회고를 통해 시각이 달라지고 새로운 관찰 방식이 생기며 관점이 바뀌기도 한다. 자기 삶을 분석하면서 색다른 서술 방식으로 옮겨갈 수도 있다. 달리 말하면, 서술은 서술이되 수정과 성찰의 서술이 가능한 것이다. 그런 의미의 재해석은 가필加筆, 즉 의도적인 위조와는 구별된다. 또한 헨릭 입센이 일찍이 '인생 기만'이라는 개념으로 표현했듯, 현재의 심리적 욕구에 따라 과거를 기능적이되 무의식적으로 각색하는 행위와도 철저히 구분되어야 한다. 수정이란 사실을 왜곡하는 것이 아니라 그저 재해석하는 것을 말한다. 장 폴 사르트르가 우리를 지배하는 '사실성'과 '이 사실성에 우리만의 의미를 부여할' 자유에 대해 말한 것처럼 말이다.

말 못할 고민을 말로 하라

이처럼 삶의 이야기가 좋은 삶을 만들기 위한 하나의 요소라면, 그 이야기가 내 현재 삶에 긍정적인 반작용을 할 수 있게끔 그것을 꾸미고 해석해야 한다. 거기엔 내 삶에 미치는 온갖 영향들, 즉 나를 약하게 만들고 가야 할 방향을 흐리게 하고 가치와 목표에서 멀어지게 하는 악영향을 알아차리는 것도 포함된다. 내 삶 어느 부분에 문화, 정치, 경제의 미묘한 힘이 미치고 있으며, 내 삶의 어떤 부분에서 시장사회, 소비사회가 나를 유혹하고 내 정신을 빼앗고 있는가? 내 삶은 얼마나 이데올로기의 각본에, 그리고 진짜 나의 마음이 내는 것이 아닌 거짓된 '내면의 목소리'에 조종되고 있는가?

내면화된 목소리나 각본, 규범, 기대치 따위는 대부분 비건설적이며 우리의 저항력을 약화시키고 자존감을 빈약하게 만든다. 현대 대중사회와 미디어사회 또한 우리의 정체감 형성에 종종 부정적인 영향을 미치는데, 은밀하고 무의식적인 방식으로 우리를 둔하고 무능력하게 만든다.

예컨대 급증하고 있는 섭식장애, 일명 거식증은, 사회적 선전 문구가 된 얼짱이니 몸짱이니 하는 전형들이 얼마나 개인의 행동에 큰 영향을 미치는지를 잘 보여주는 증거다. 젊음을 광적으로 예찬하는 우리 사회가 나이 드는 것에 대해 규정해 둔 각본들도 비슷한 힘을 발휘한다. 나이먹는다는 말만 나왔다 하면 우리는 흔히 추락이니 끝이니 퇴락이니 하는 각본을 떠올린다. 게다가 요즘 들어서도 노인을 다룬 각본은 파괴적이고 편협한 줄거리 일색이다. 이런 각본을 자기 인생 이야기에 집어넣고 싶은 사람이 어디에 있을까?

자신의 삶을 이야기를 통해 되돌아보고 점검할 준비가 되었다면, 그것은 자기 확인이나 자기 반성에서 끝날 일이 아니다. 특히 내 이야기를 누군가에게 풀어놓을 때는 더욱 그렇다. 나를 표현하고 공개하는 행위는 적지 않은 심리적이고 사회적인 결과를 낳는다. 또 나의 사적인 영역과 내면세계를 전달함으로써 듣는 이와 특별한 관계를 쌓고 나아가 친밀감과 유대감을 형성할 수 있다.

게다가 내가 말한 것에 대한 상대의 반응을 관찰하면서 사회적인 비교도 가능하다. 이를테면 나에게 일어난 일을 반어적으로 혹은 비극적으로 알려줬을 때 상대가 그것을 어떻게 받아들이는지, 혹은 내 경험이 상대에게 충격을 주는지, 기쁘게 하는지, 아니면 상대의 이야기를 이끌어낼 수도 있는지 시험해 볼 수 있다.

결국 인생사를 이야기한다는 것은 카타르시스를 얻기 위한 것이다. 이야기는 생리적으로나 심리적으로 배설행위이기 때문이다. 자기 공표를 주제로 선도적인 연구를 계속하고 있는 제임스 펜네베이커 James Pennebaker는 이렇게 말한다. "트라우마나 자기를 압박하는 경험에 대해 얘기하지 못한다는 사실이, 그 사건 자체보다 더 강한 트라우마를 준다." 자기 스스로에 대한 잘못된 견해, 즉 잘못된 혹은 힘든 인생의 이야기야말로 굉장한 에너지를 소모하게 만든다는 것이다. 충분한 이해심을 갖춘 청자에게 그런 견해나 경험을 밝히고, 그로써 그것을 상대화하고 수정할 수 있다면 그 순간 어깨에 놓인 무거운 짐은 상당 부분 가벼워진다.

지금껏 말하지 못했던 것을 이야기와 생각을 통해 정리하고 구분하는 행위는 감정적인 부담을 현저히 덜어준다. 자기가 겪은 경험을 말로 풀어낼 수 있다면 자신이 힘있고 쓸모 있는 사람이라는 긍정적인 감정을 보상으로 얻는다. 이름이 없던 것에 이름을 붙이는 순간, 환자에게 걸려 있던 마법은 스르르 사라지고 만다. 이른바 심리상담사들이 '룸펠슈틸츠헨의 원칙'이라 부르는 효과다(그림동화 중 한 편. 한 처녀가 신분상승을 하면서 난쟁이의 도움을 받지만, 도리어 나중에는 그에게 아기를 빼앗길 운명에 처한다. 난쟁이가 자기 이름을 알아맞히면 약속을 지키지 않아도 된다고 하자, 왕비는 갖은 애를 써서 그의 이름이 룸펠슈틸츠헨이라는 걸 알아낸다. 이름을 들킨 난쟁이는 더 이상 해코지를 하지 못하고 자멸한다 - 옮긴이).

자기 서술의 목적은 자신을 받아들이기 위해서이다. 스스로의 경험에 '말'이라는 옷을 입혀 남에게 전달할 수 있다면 '말 못할 괴로움'에서 벗어난다는 의미다. 이야기를 하면서 예전의 일과 화해도 하고 말 그대로 그것을 외면화하여 마음속에 담아둔 것을 밖으로 내보내면 우리는 한층 홀가분해진다. 자신을 받아들이는 것은 똑똑한 방식으로 '자신을 염려'하기 위한 전제조건이다. 자신을 사랑하는 것이 곧 이웃과 남을 사랑하기 위한 전제조건이듯 말이다.

내가 주인공이 될 것인가?

미시담론으로서의 자기 서술은 빽빽하게 이어지는 사건들 위주로 구성된다. 휴가여행, 승진 같은 긍정적인 경험도 있지만, 사고나 상실의 경험처럼 힘들었던 사례도 있다. 그뿐인가. 결혼생활이나 연애관계가 위태로웠던 일 혹은 회사나 학교에서 왕따당했던 경험도 들어간다. 우리는 살면서 이런 미시담론의 상당 부분을 거시담론, 즉 인생 전체의 주된 모티브와 연결시킨다 ("난 예전부터 항상 아웃사이더였어, 가정적인 남자였어, 우유부단했어" 등등).

소소한 에피소드와 인생의 큰 줄거리 사이에는 종종 모순도 있지만, 자신의 이야기를 따뜻한 시선으로 비평하고 성찰하는 과정에서는 간혹 이것도 유용하게 쓰일 때가 있다. 말하자면, 작지만 긍정적인 이야기를 의식적으로 떠올리고 그것을 강조하다 보면 바뀔 수 없을 것처럼 보이는 크고 부정적인 이야기들도 충분히 수정할 수 있기 때문이다. 아니면 크고 긍정적인 이야기가 부정적인 작은 에피소드, 이를테면 남녀관계나 교우관계에서 있었던 불미스런 일들을 가공하는 데 도움이 되기도 한다. 상대가 나를 배신했다고 보이는 사건, 혹은 실제로 있었던 배신도 거시적인 이야기의 틀로 보면 일회성의 일탈에 불과하거나 약간 특별했던 상황 정도로 귀결되기도 한다.

또 유난히 외부 요인을 강조하며 하나의 사연을 이야기하는 경우도 있다. 기자가 어떤 사건을 보도할 때처럼 되도록 자세하고 정확하게 사건 정황을 묘사하는 것이다. 그 방법을 통해 화자 스스로도 예컨대 짜증났거나 불편했던 사건의 경위를 다시 한 번 기억 속에서 불러내려고 하는 것이다.

혹은 자기 서술이 내적인 변화에 치중하는 경우도 있다. 화자가 어떤 일이 일어났을 때 자신이 겪은 감정적이고 정신적인 반응에 주목하고 그것을 다시 재구성하는 일도 있기 때문이다. 내 속에 어떤 것이 느껴졌는가? 어째서 나는 그토록 공격적이었나? 왜 모욕감을 느끼고 반응했는가?

결국 한 편의 사연은 반성의 색채를 띠고 서술되는 것이 보통이다. 서술이라는 행위가 한 사건을 다른 사건들과 비교하거나 다른 미시담론과 병합하여 정리 분석하는 계기가 되는 것이다. 우리는 이야기를 하면서 위기의 의미, 힘들고 괴로웠던 경험의 의미를 파헤치기도 하고 반성과 함께 나만의 해결방안을 찾아보려는 마음도 있다. 내가 잘한 것은 뭘까? 무엇이 쓸모없는 일이었나? 거기서 무엇을 배울 수 있을까?

이렇듯 이야기 속에서 우리는 자신이 능동적으로 행위를 취할 수 있는 존재였다는 점, 그리고 그때도 충분히 대안과 선택의 여지가 있었다는 점을 서서히 깨닫는다. 더욱이 아직도 그 여지가 남아 있다는 것까지도.

우리가 하나의 이야기를 서술하는 데에는 몇 가지 요소가 필요하다. 첫번째가 줄거리, 즉 사건에서 이야기를 만들어내는 플롯이다. 줄거리는 긴장감과 호기심을 자극하는 요소이다. "그래서? 그뒤에 어떻게 됐어?"라고 묻게 만드는 힘 말이다. 그리고 역시 중요한 것이 좋은 줄거리 '선택'이다. 무엇을 말하고 무엇을 말하지 않을 것인가? 진짜 기술이란, 빼야 할 것은 빼고 중요한 것에 초점을 맞추는 것이다. 더욱이 사람의 마음을 끄는 줄거리는 중구난방 흐르지 않고 한 방향을 향해 나아간다.

원칙적으로 하나의 이야기는 결말부터 시작해서 거꾸로 틀이 잡히는 게 원칙이다. 따라서 그 모든 이야기가 다 무엇을 향해 달려가고 있는가에 집중해 보자. 이야기는 앞으로 흘러가지만 그것을 이해할 때는 거꾸로 한다. 이야기에 무엇이 덧붙여지든 앞서 서술된 것(하나의 축)을 강화하는 것이어야 한다. 하나의 방향이, 이야기의 축을 이루는 핵심 갈등을 이용해 스토리를 지탱한다. 갈등이 없으면 이야기도 없다. 삐걱대는 것이 아무것도 없다면 잘되는 일도 전혀 없다는 얘기다. 해피엔딩도 좋고 해피비기닝도 좋지만, 이야기의 중간까지 천편일률적으로 해피하다면 영 지루하고 따분한 이야기가 되고 만다.

어떤 플롯이든 내적인 맥락, 즉 비교적 깊은 의미를 담고 있어야 한다. 그 맥락이란 것이 굳이 연대기적인 질서나 논리적인 경위여야 하는 것은 아니다. 그보다는 일련의 사건이 연결되어 의미를 생산해내는 것이 중요하다. 자기 서술은 어떤 시기에 있었던 서로 무관한 우연의 사건들을 죽 나열한 것이 아니라 하나의 단일 의미로 요약되어야 한다. 예를 들어 '전화위복', '내가 하고 싶은 것이 무엇인지 몰랐던 그 시절', 아니면 '지난 몇 달 간은 뒤죽박죽이었어' 같은 테마가 있어야 한다. 그런 종류의 의미 통일 덕분에 과거라는 시간이 하나의 뼈대를 얻게 된다. 결국 이야기로 표현된 것, 그것만이 화자 자신이든 청자에게든 하나의 핵심으로 오랜 기간 남는다.

우리가 스스로에 대해 이야기할 때면 자신과 주변 인물들을 캐릭터화해서 일종의 문학적 변형을 가하는 것이 불가피하다. 말하자면 곁가지는 쳐내고 핵심적인 것만 남겨서 묘사하는 것이다. 다만 좋은 이야기가 되려면, 그 와중에도 이런저런 인물을 깎아내리거나, 격상시키거나, 희화화하거나, 죄악시하는 등의 덧씌우기를 부지런히 해야 한다. 스테레오 타입화 하면서도 한편으로는 '스토리 타입화'에도 신경을 써야 하는 것이다. 그러다 보면 우리는 자기 이야기를 하면서 많은 역할과 성격을 동시에, 혹은 차례차례 연기하는 일이 부지기수다.

다만 그렇게 단순화를 하다 보면 캐릭터 묘사가 너무 편협한 스테레오 타입으로 흐르게 될 위험도 있다. 한 가지 타입이나 역할에 고정되어 버리면 이야기도 판에 박힌 양식을 반복하게 되고 전개 양상이 더뎌지거나, 아예 말하려는 대상, 즉 우리 자신에서 멀어진 엉뚱한 사람 이야기를 하게 되는 일도 있다.

한 사람의 인생사가 희극 또는 비극으로 이야기될 수도 있고, 서사시나 신화, 풍자, 드라마, 악당소설, 연애물, 싸구려 펄프 픽션, 자수성가 사연, 기타 등등이 될 수도 있다. 물론 신화학자 조셉 캠벨은 단한 가지 패턴의 존재만 인정하기도 했다. '영웅의 방랑'이라는 개념

안에 희극, 비극, 드라마 같은 모든 요소가 들어가는데다, '단일 신화'라는 개념 하나로 요약된다는 주장이다.

결국 당사자가 자신의 이야기와 삶을 통제하고 있다는 자신감이 있느냐 없느냐로 인생 이야기의 장르가 결정된다. 내가 바로 이 이야기의 주인공인가, 아니면 그저 외부의 힘에 놀아나는 한낱 도구에 불과한가? 찰스 디킨스 역시 소설《데이비드 카퍼필드》의 초반부부터 주인공의 입을 빌려 이렇게 말한다. "내가 인생의 주인공이 될지 아니면 다른 사람에게 빼앗기고 말지는 앞으로 펼쳐질 장에서 이야기하게 될 것이다."

나의 인생 이야기, 편집자는 나 자신

자서전에서는 어떤 사건이 경험으로 바뀌어 정착된다. 그래서 자신의 삶을 이야기하다 보면 자꾸만 새롭게 생겨나는 현실을 인식하고 평가하는 일이 조금 더 쉬워진다. 렌즈를 통해 사물을 응시하듯 자서전은 인생살이에 프레임을 부여한다. 중요한 것은, 내가 사물을 보는 시각을 바꾸면 사물 역시 바뀐다는 점이다. 내용물, 그러니까 실존 그대로를 말해주는 단순한 사실들은 수정되지 않지만, 그것을 기억과 개념 속에 간직해 두는 형태는 상당히 달라질 수 있다.

'실제 인생'과 '인생 이야기'는 절대 똑같을 수 없다. 삶에 얽힌 크고 작은 수많은 스토리와 주변 인물들을 이야기 안에 모두 담을 수는 없기 때문이다. 그렇더라도 이야기와 실제의 격차가 너무 벌어지면 두 가지 일이 일어날 가능성이 있다. 하나는 사건들을 내가 가진 자아상에 맞춰 바꾸는 방법이다. 특정 사건을 미루거나, 부인하거나, 투영하거나, 정반대의 것으로 역전시키는 등의 방식, 즉 내가 불편하거나 견디기 힘든 진실로부터 스스로를 보호하는 거부메커니즘이 거의 총동원된다.

다른 하나는 이야기를 적절히 바꾸는 방식이다. 개작하거나 수정을 해서, 한편으로는 사건을 신빙성 있고 그럭저럭 괜찮게 풀 수 있을 뿐만 아니라 한편으로는 피해자, 악당, 아니면 그저 힘없이 당하기만 하는 입장으로부터 벗어난다.

인생 이야기를 적절히 수정하는 것은 크게 유별난 일이 아니다. 정신건강상 필요하고 또 정상적인 행위다. 우리는 꾸준히 스스로를 새로 발견하고 '고안'한다. 삶이 지속되면 당연히 이야깃거리가 늘어나는데, 그럴수록 새로운 경험과 체험을 끊임없이 해석하고 그것을 점점 몸집이 커지는 삶의 이야기 속에 잘 통합시켜야 한다. 차 안에서 백미러를 들여다볼 때처럼 우리가 뒤돌아보는 인생은 매일, 내가 어떤 길을 택하며 어디서 커브를 트느냐에 따라 확확 달라진다. 내 인생의 어떤 발전이든 어떤 배움이든 기본적으로는 그런 과정의 하나다.

간과할 수 없을 만큼 중대한 사실이 일어나 그 때문에 이야기의 본질적인 부분을 부정해야 하는 일이 생긴다면, 어쩔 수 없이 우리는 이야기의 방향 전환을 꾀해야 한다. 고질적인 병에 걸린 것을 알았다면 더 이상 "나는 건강해. 내 가족은 모두 장수하는 기질을 타고났어. 다들 튼튼한 것 빼곤 시체지"라는 컨셉을 계속 유지할 수 없다.

결혼생활에 위기가 왔다면, "우리 사이에 문제는 전혀 없어. 남편도 나도 서로에게 충실해" 같은 자기 확신도 더 이상 유효하지 않다. 물론 긍정적인 사실 때문에 이야기를 수정해야 할 때도 있다. 주변에서 전폭적인 지지를 받는다거나 어떤 좋은 성과를 냈다면 이를테면 "난 우리 집안에서 내놓은 자식이야. 아무것도 못하는 멍청이라구" 같은 비교적 은밀히 품어온 체념이 효력을 잃기도 한다.

이야기의 수정에는 정체성과 인생 설계를 근본적으로 재규정하는 단계가 자동적으로 뒤따른다. 진짜 나는 어떤 사람인가?

때로 우리는 중심 모티브라는 감옥에 갇힌 죄수, 자전적으로 지어낸 형태에 갇힌 죄수이기도 하다. 이 형태(인물)가 더 이상 나를 반영하거나 이끌지 못하고 오히려 괴롭히거나 혹사시키거나 공허하게 만든다면 인생의 목표 자체를 과감히 수정해야 한다. "이번 생에는 노벨상은 못 타겠어", "우리 결혼은 이제 희망이 없어. 차라리 새로 시작하는 것이 나을 것 같아" 같은 인식이 바로 그런 수정의 결과다.

서술자, 화자의 지성이 각별히 요구되는 때도 있는데, 특히 이야기의 각 부분이 서로 조화를 이루지 않을 때, 과거와 현재와 미래가 일치하지 않을 때가 그런 경우다. 이야기의 일관성이 사라졌다는 느낌이 들거나, 내가 "내가 아닌 것 같다"거나 "상황을 제대로 관리하지 못한다"는 생각이 들면 즉시 전환해야 할 시기가 된 것이다. 인간은 감각자극과 여러 체험을 단순히 담아두는 용기가 아니다. 그러므로 부단히 내 인생에서 연결지점을 찾고 인과관계를 발견하고 창안해내야 한다. 만약 자기 삶에서 그런 연결선과 맥락을 발견하는 능력이 없다면 말 그대로 우둔한 사람이다.

자전적인 이야기 혹은 서술은 끊임없는, 그리고 종종 무의식적으로 이뤄지는 독백의 과정이다. 우리는 언제나 쉬지 않고, 매일, 건건이 자전적인 결과물을 생산해 낸다. 이렇게 꾸준히 자신을 내비치는 일 중에는 남이 아닌 자기 스스로에게 하는 말이 상당히 많다. "난 맥주보다 와인이 좋아. 그것도 레드와인. 아냐, 난 데미언 허스트 작품은 끔찍하다고 생각해" 같은 말처럼, 자신과의 대화는 우리가 남들과 시시껄렁하게 지껄이는 잡담처럼 너무 일상적이고 평범하다. 하루에도 몇 번씩 우리는 고개를 끄덕였다가 부인하고, 친밀한 정을 그리워했다가 다시 얼마간의 거리를 두는 일을 반복한다. 그렇게 우리는 잠시도 쉬지 않고 자기 텍스트를 고치고 완성한다. 시간과 상황의 변화에 따라 자신의 생각과 행동을 되도록 잘 이해하기 위해서이다.

　자기 텍스트를 약간 거리를 두고 바라보자. 말하자면 '조금 다른 시선'으로 다시 훑어보고 재조명하고 교열하는 것이다. 그러면 거기서 새로운 의미를 얻을 수 있다. 지은이로서 원래 이야기에 집어넣고자 했던 의미와는 사뭇 다른 의미다. 자신이 쓴 자신에 대한 텍스트에서 발을 빼고 나서야 우리는 객관적인 거리에서 그것을 바라볼 수 있다. 읽기는 글쓰기의 한 형태다. 〈작가의 죽음〉이라는 논문에서 롤랑 바르트 역시 어떤 독자도 (지은이만큼) 똑같은 텍스트를 두 번 읽지 않는다고 힘주어 단언하지 않았던가. 자신의 이야기를 분석하고 비평하기 위해서는 적극적으로 독자가 될 필요가 있는 것이다.

　무엇보다도 중요한 것은 큰 개념을 정하는 일이다. 내가 이 모든 것에 어떤 제목을 붙였던가? 나는 어떤 선택을 감행했는가? 어떤 것이 열쇠가 되는 이야기이고, 어떤 우화 혹은 미시담화가 나의 인생을 압축해서 보여줄 수 있는가? 나는 어떤 일화를 가장 좋아하며 그 이야기가 정확히 어떤 식으로 나를 표현해 주는가? 나의 텍스트는 콘텍스트, 즉 내 인생에서 중요한 역할을 하는 다른 이들에게서 얼마나 많은 영향을 받았는가? 누가 나의 성격을 형성해 주었으며 누가 나에게 이런저런 권한을 부여했는가? 그리고 어떻게 그렇게 했는가? 나의 이야기 중 어떤 형식이 남들로 인해 고무되었고, 어떤 것이 남들 때문에 억압되었는가?

이 질문들에 대답해 보려고 시도하면 곧 수정과 성찰이 가능해지고, 이야기를 새로 하는 것도 가능해진다. 말은 쉽지만 무엇을 고친다는 것이 그리 간단한 일은 아니다. 습관을 깨는 것은 가능해도, 새로운 이야기를 채택하는 것은 꽤 힘든 결과를 가져올 수도 있기 때문이다. 어쩌면 삶의 중요한 개념과 주변 환경을 바꿔야 할지도 모르고, 권위에 맞서야 할지도 모르며, 타의에 의한 표준화와 규격화를 거부해야 할지도 모른다. 아니면 아예 전혀 다른 관계의 틀을 찾아야 할지도 모른다.

옛 이야기의 기억 체계를 깨고 철폐하는 데는 시간이 걸린다. 게다가 이따금 완전히 새로운 어휘, 새로운 개념, 새로운 자기 선언("어쩔 도리가 없겠어" 대신 "이제 무조건 바꿔야 해!")도 필요하다. 혹은 비극에서 벗어나기 위해 적어도 희비극 아니면 모험소설 정도의 새로운 장르를 택해야 할 때도 있다.

기존의 서술 관습이나 종래의 방식에서 벗어날수록 자신의 이야기를 수정할 필요성도 더 뚜렷이 발견하게 된다. 당연히 교육은 우리에게 특정한 서술 패턴을 강요하고, 부모를 비롯한 양육자들은 어린 세대에게 이야기 서술 방식을 알게 모르게 각인시킨다. 더욱이 아직도 건재하는 '큰 담론', 이를테면 종교, 과학, 정치 이데올로기, 수많은 철학들도 우리의 서술 방식을 좌우한다. 그래서 우리는 '내 이야기'를 한다면서 곧잘 기존의 관습, 도그마, 이론을 아무 생각 없이 답습한다. 하지만 우리가 그런 맹목적인 답습을 거의 하지 않거나 아예 하지 않기 때문에, 그리고 그런 기존의 서술 패턴을 더 이상 맹신하지 않기 때문에 가끔 우리는 형이상학적인 광장공포증에 시달리기도 한다. 홀로 낯선 장소에 있는 듯한 두려움, 어떤 것도 확실치 않고 내 인생 이야기에 그 어떤 명백한 틀도 존재하지 않는 듯한 공포다.

자신의 이야기를 하고 그 이야기를 수정하고 다양한 방식으로 이어나갈 수 있다는 것은 우리에게 주어진 하나의 기회다. 다만 이 기회를 활용하기란 힘들고 위험한 일이기도 하다. 그러나 우리 각자의 정체성은 그만큼 유연하고, 우리는 인생 텍스트를 얼마든지 개방적으로 서술할 수 있다. 거기엔 미처 예상치 못했던 그리고 지나치게 묵과되어 온 자유와 가능성이 다분히 내포되어 있다. 지금껏 너무 자주 써먹어서 닳고 닳은 표어인 "아름다운 유년기를 보내기에 늦은 때란 없다!"를 이 문구로 대체해 보면 어떨까. "충만한 삶의 이야기를 서술하기에 너무 늦은 때란 없다."

3장 행복은 선택하는 것

얼리어답터 혹은 슬로어답터

무한경쟁에서의 승자와 낙오자

우리가 안다고 믿었던 세계는 숨막힐 만큼 빠른 속도로 변하고 있다. 인간이 발동을 건 변화의 속도는 시간이 갈수록 빨라지는데다 거기서 초래된 위험을 추산하기란 아예 불가능하다. 미래를 예측하는 것 역시 어렵다. 그런데도 우리는 더욱 열심히 미래를 설계하고 앞으로 나가려고만 한다. 모든 것이 급물살을 타고 있다. 새 기술, 새 상품, 새 미디어가 일, 소비, 정보 습득 방식에 혁명을 가져오고 있다. 디지털화와 정보의 홍수는 노동방식과 소통, 삶의 양식까지 결정한다. 옛것이 새것으로 교체되는 사이클도 점점 더 빠르게 돌아간다. 이것이 지금 우리가 처한 현실이다.

시장이 세계화되고 작업공정이 자동화되며 기업들의 영향력이 집중되고 강화하는 등의 대변혁이 일어나면서 노동환경 역시 극심하게 바뀌었다. 인구분포 역시 뿌리째 변하면서 우리의 불안을 가중시킨다. '고령화 사회'의 유령과 더불어 수많은 인구가 오고가는 대이동으로 생긴 '과다한 외래화'의 시나리오도 사회를 불안하게 만드는 요소다.

이런 모든 변화는 문화적이고 사회적인 거부를 야기했고 그것을 지탱할 관련 제도들이 그 변화를 감당할 수 있는 한계는 이미 오래전에 이탈되었다. 특히 이 변화들은 개인을 압도하고 탈진시킨다. 전통적인 환경과 생활반경이 사라지고 생계보장과 문화적 뿌리까지 흔들리고 있으니, 인간은 단절된 개체인 '모나드'로 축소되고 고립된다. 프랑스 철학자이자 사회학자인 에밀 뒤르켐Emile Durkheim은 이미 두 세기 전 말엽, 모든 변화가 너무도 급속히 전개되어 한 사회의 도덕과 규범이 그 속도를 뒤쫓을 수 없는 단계에 이르렀다고 말하며 이 역사적 단계를 '아노미anomie'라고 표현했다. 한 사회의 모든 집단이 한꺼번에 그런 변화에 동참하지 못한다면, 자연히 미래에 대한 염세론과 무의미론은 전염병처럼 확산될 것이다.

세계화, 개인주의, 디지털화가 끝나는 날은 도무지 오지 않을 것처럼 보인다. 문제는, 그런 변화가 개인의 삶을 더 살 만한 것 혹은 더 나은 것으로 만들어줄 것인가라는 점이다. 혹시 우리가 그런 '진보'에 매번 더 비싼 대가를 치러야 하는 건 아닐까? 한 가지, 이 급속한 진보가 낳은 승자와 패자 사이의 골이 점점 더 커져가고 있다는 사실 하나만은 분명해졌다. 사회학자 하인츠 부데Heinz Bude가 말했듯, 한편에는 빠르고 적응력 강하고 위험을 감당할 능력이 있는 '현실에 준비된' 자들이 있다. 그러나 다른 한편에는 느리고 네트워크에서 밀려난, 디지털 터보자본주의의 무한경쟁에서 밀린 자들이 속속 늘어난다.

다만 전자의 현실적응자들, 능력자들도 방금 받은 적합판정에 만족하거나 '밀려나지 않으려고만' 하다 보면 이미 게임에서 지고 만다. 그들의 죄는 이 여정이 어디로 가는지 누가 속도를 조절하는지 물으려는 생각조차 하지 않는다는 점이다. 어찌어찌해서 그들은 이 모든 것에 적응하는 것이 불가피하다는 점은 용케 깨달았다. 하지만 아무리 지금까지 멀쩡했던 사람들도, 쉬지 않고 돌아가는 거대한 톱니바퀴 속에서 언젠가 지치는 순간이 온다. 지금 당장은 무사한 사람들도 단기적으로든 장기적으로든 시간을 확보하고 수많은 부담과 공격에 거리를 두며 자신의 뜻을 지킬 전략이 있어야 한다.

얼리어답터 혹은 슬로어답터

　　　　　　　　사회 변천은 겉으로는 평범하기 짝이 없어 보이는데다, 아주 조금씩 일상을 야금야금 지배한다. 이를테면 디자이너 이름을 단 기성품과 일초도 쉬지 않고 달라지는 유행 따위도 생활에 깊이 침투한 변화 중 하나다. 또 '시너지'니 '유연성'이니 '1인 주식회사'니 하는 최신 유행어들이 끊임없이 생겨난다. 인터넷에서 활동하는 이들을 일컫는 '네티즌', 자유직 종사자를 일컫는 '프리랜서', 고객만족도를 묻는 전화조사를 가리키는 '해피콜', 전문상담사라는 말 대신 등장한 '카운슬러', 외부 인력과 자원을 차용하는 '아웃소싱', 출처 모를 '에스닉 푸드', '드라이' 한 맛을 자랑하는 '와인'(포도주 대신) 등 수많은 영단어의 남발도 그런 흐름 중 하나다. 셀 수 없이 많은 새 로고와 심벌 앞에서 우리는 현기증을 느끼며, 하루가 다르게 바뀌는 대중교통 시스템 탓에 복잡한 노선도를 분석하고 연구해야 할 지경이다.

이처럼 과다한 변화들에 우리는 과연 어떻게 대처해야 할까? 일부는 '얼리어답터early adopter'로서 새 유행, 새 매체, 새 기술에 발 빠르게 대처하고 그것을 흡수한다. 하지만 대개는 방어적인 태도를 갖고, 새것이 더 낫다는 사실이 입증될 때까지 기존의 습관이나 쓰던 제품과 쉽사리 결별을 고하지 못하는 '보수주의자' 혹은 '슬로어답터slow adopter'의 입장을 고수한다. 시장 전문가들은 벌써부터 새 제품과 아이디어가 출시될 때 그것을 수용하는 속도를 기준으로 만들어두고 인류 전체를 여러 시장 분야, 구매층, 문화계층 등으로 나누는 것을 관행으로 삼는다.

하지만 단순히 첨단기술로 만든 장난감을 구매하는 일이나 광고에 등장하는 말장난이 문제인 것은 아니다. 그 뒤에는 미래가 던지는 과제들과 현재가 떠안기는 부담들이 도사리고 있다. 방금 습득한 지식인데도 거기에서 결코 안주하지 말고 "죽을 때까지 배워라"라는 메시지로 목을 죄어오는 요구들에는 어떻게 대처할 것인가? 세계화, 디지털화, 가속화에서 불거져 나와 끊임없이 적응하라고 외치는 압박들을 어떻게 견딜 것인가?

새로운 세계와 그 게임규칙을 파악하고 거기서 살아남으려면 분명 특정 능력과 몇몇 중요한 특성을 갖춰야 한다. 하지만 대체 그게 무엇일까? 시장이나 정치가들이 시키는 대로가 아니라 내가 가진 진정 좋은 삶의 개념을 유지하고 싶다면 대체 어떤 역량과 지능을 습득해야 할까? 혼란과 체념에 사로잡히지 않으려면 무엇을 배워야 하고 무엇을 잊어야 하는가? 나의 적응력의 한계는 어디까지일까? 자율과 정체성을 지키기 위한 투쟁은 어디서 출발할까?

노동환경에서는 도리어 능력과 자질을 빼앗기는 일 ― 이른바 자질 박탈 ― 이 꾸준히 일어나며, 개개인의 직업적인 지식이 그저 한시적으로 기업이나 프로젝트에 대여되고 마는 듯한 인상도 든다. 그래픽디자인이 당연시되는 이 세상에서 식자공이나 조판 기능공이 살아남을 수 없듯, 꾸준히 전통을 이어온 일련의 직업들도 다른 '옛것'들과 함께 지구상에서 사라져 간다. 그뿐인가. 방금 습득한 최신 전문지식의 수명도 점점 짧아진다.

계획만 잘 세워서 성실히 살면 그 대가로 성공이 주어지던 때도 있었다. 또 끈기, 근면, 충성, 성실 같은 덕성의 위상이 드높던 때도 있었다. 그러나 요즘엔 유연성, 적응력, 남보다 조금이라도 빨리 배우는 능력, 똑똑하게 자기 홍보하는 기술 등이 많은 직업군에서 훨씬 더 중요하게 인정받는다. 변화에 발 빠르게 대처하는 능력도 '진보'를 보장한다.

변화의 과정은 영원히 마무리되지 않는 공사장과 비슷하다. 많은 것이 미결로 남아 있으며, 예측 가능성과 계획 가능성이 사라지며, 경험이나 완성의 가치도 그 의미를 잃어간다. 이런 추이는 일부 교사들에게서도 확연히 드러난다. 아직 존재하지도 않는 직업에 필요한 능력을 취득하게 하기 위해 학생들을 교육하고 준비시키는 '미래형' 교사들 말이다.

속도를 낮추고 새것에 저항하라

우리는 가속화되는 삶의 템포와, 사회와 일터에서 널리 확산되어 가는 불안정한 조건들에 대처하기 위해 일부러 유보하거나 후퇴하는 전략을 취하기도 한다. 실제로 그렇게 하는 것이 적어도 조금이나마 속도를 늦추고 안정성을 강화할 수 있는 삶의 형태이며 가속화와 넘쳐나는 자극으로 인한 최악의 부담을 견제할 수 있는 삶의 태도라고(곧 좋은 삶이라고) 믿는 사람들이 의외로 많다.

예컨대 1990년대 초에는 코쿤족이라는 말이 유행하기도 했다. 코쿤족이란, 집안에 틀어박혀 상대적으로 편한 사적 공간에 생활을 국한시키고 사방이 안전한 누에고치(코쿤) 속에 들어가 있는 사람을 가리키는 말이다. 느림과 전통의 상징인 앤티크 가구와 책들로 채워놓은 조용하면서도 사적인 보금자리 안에서 지내는 일은 꽤 안락하고 편안할 것이다.

새것의 위협을 거부하는 집단적이고 고전적인 표현 형태로는 비슷한 목적과 성향을 지닌 사람들끼리 모여 집단을 결성하는 것을 꼽을 수 있다. 불안한 현재로부터 과거를 보호하는 데에는 동호회, 연맹, 협회가 가장 효과적이기 때문이다. 폐쇄적으로 빗장을 걸고 조직을 결성해 특권을 사수함으로써 자신들에게 위협적인 혁신의 압력에 제동을 걸 수 있다. 대학, 노동조합, 각급 학교, 의사협회 같은 주요 조직들이 보이는 느린 태도와 변화에 유보적인 모습은 단순히 관료주의로만 해석할 일은 아니다. 지식을 선점하고 거기 '속한' 이들의 특권을 공고히 하려는 목적도 다분하기 때문이다. 새 지식, 새로운 요구, 없어서는 안될 변화를 거부하는 거부 반응들에는 어떤 속내가 엿보일 때가 많다. 개혁에 알러지 반응을 일으키는 각종 반대가 끊이지 않는 것은 바로 그런 이유 때문이다.

변화하는 환경에 효과적으로 적응하고 그런 변화에도 불구하고 스스로 포괄적이고 창의적으로 삶을 계획하고 꾸밀 수 있는 능력을 '지능intelligence' 이라고 부른다면, 그렇게 하기 위한 핵심적인 능력은 어디서 나오는가 하는 의문이 생긴다. 또 만약 그 능력이 충분히 없다 하더라도 과연 그것을 배워서 습득하는 것이 가능할까?

미래를 위해서 갖춰야 할 능력으로는 일련의 '새로운 지능', 즉 핵심적 자질, 소프트 스킬soft skill 등이 거론된다. 무엇보다도 경제활동과 직업활동에서 요구되는 능력에는 유연성, 매체 활용 능력, 창의력, 스트레스 내구력, 감성지능과 사회지능, 팀과의 융화 능력, '체계적이고 맥락을 읽는 사고' 등이 속한다.

좋은 삶을 유지하는 데 지능이 필요하다고 해서 되도록 빨리 새것에 적응하거나 남들이 능력이라고 말하는 것에만 매달려서는 안된다. 지능의 목적은 오히려 자기 주장과 자기 보호에 있다. 어떻게 하면 세상의 무리한 요구와 착취로부터 나 자신을 보호할 것인가? 또한 아도르노Adorno와 호르크하이머Horkheimer가 '눈멀게 하기 맥락'이라고 부른 바 있는 조직적인 혹세무민의 전략으로부터 어떻게 나를 지킬 것인가?

미래의 직업세계가 요구하는 특별한 사고력 말고도 다른 사고양식과 지능은 예나 지금이나, 그리고 앞으로도 중요한 의미를 지닐 것이다. 생각과 지능을 관건으로 하는 '인지적' 전략이 인류 역사상 전혀 없었던 것은 아니지만 현대에 들어서는 특히 앞으로 다가올 복잡하고 혼란스런 세계에 적응할 수 있게 하는 한편 적당한 거리를 유지할 수 있게 돕는 구실을 할 것이다.

비판적 사고의 재발견

오늘날 인류는 역사상 어느 때보다 더 우수한 지식저장매체와 정보수단을 사용할 수 있게 되었다. 그러나 비판적인 사고능력은 오히려 점점 빠르게 저하되고 있다는 사실은 아이러니가 아닐 수 없다. 한편에선 과학적 사고와 더불어 일반지식의 디지털화가 눈부신 승승장구를 계속하고 있지만, 다른 한편에서는 그와 버금가게 사회의 전반적인 양식 수준이 급락하고 있다. 이른바 '지식노동자' 혹은 '상징분석가'라는 미명으로 불리며 오늘날 전체 노동자 중 상당 비율을 차지하는 사무노동자들은 스스로가 정보에 능통하다고 여기며 또 실제로 많은 지식 영역에서는 그것이 사실이기도 하다. 어찌되었든 정보는 우리 시대 가장 중요한 원료로 취급되고 있다. 다만 아무리 활용할 수 있는 정보의 순수 총량이 많다 해도 그것은 아직 지식이 아니다. 원료가 실제로 쓰이려면 가공되어야 하고 의미 있는 맥락으로 묶여야 한다.

정보는 넘쳐나는데 그것을 처리하고 분류하는 일은 상대적으로 빈약해 예기치 못한 결과가 속속 드러나기도 한다. 온갖 밀교와 이교의 형태를 띤 미신이 횡행하고, 무시와 무지가 낳은 추락이 점점 늘어간다. 길버트 키스 체스터튼Gilbert Keith Chesterton의 다음과 같은 고찰은 여전히 유효하다. "과학에 의해 마법이 풀린 세계, 신에 대한 믿음이 사라진 세계에서 사람들은 '아무것'도 믿지 않는 것이 아니라 '모든 것'을 믿게 된다."

우리가 더 똑똑해지려면 정보, 즉 '노왓know-what'만으로는 역부족이다. 거기엔 반드시 '노하우know-how'가 덧붙여져 일련의 가공, 이를테면 순화, 정리, 평가 등의 단계를 거쳐야 한다. 그렇지 않으면 정보를 수용하는 행위 자체가 마치 마개를 활짝 열어놓은 소화전 호스에 입을 대고 물을 마시는 것과 같은 꼴이 된다. 밀려드는 정보의 수압이 셀수록 변별력과 비판력이 필요해진다.

오늘날 우리 삶에 무엇보다도 많은 영향을 끼치고 있는 자연과학 역시, 팩트의 양은 급격하게 늘어나는 반면 그것을 조절할 이론은 제자리걸음을 하고 있어 그 사이의 간격은 점점 넓고 깊어져만 간다. 인간이 사용할 수 있는 의학 지식은 4년마다 두 배로 증가한다는데 모든 내용을 통합해서 판독할 수 있는 기술은 여전히 부족하다. 과학자들에게는 컴퓨터로 획득한 엄청난 데이터와 정보를 제시간에 분석하고 이론으로 조직화할 여력이 없다.

비판력 훈련하기

직업 선택이든, 배우자 선정이든, 재정과 돈에 관한 일이든, 건강 문제든, 모든 생활영역에서 어떤 판단을 내려야 할 때는 오직 비판적으로 사고하는 사람만이 올바른 결정을 내릴 수 있다. 비판적으로 사고한다고 해서 눈에 불을 켜고 사사건건 잘못을 찾아내려 한다거나 습관적으로 트집을 잡고 불만을 제기하는 삐딱한 태도를 가지라는 뜻은 아니다. 비판적 사고는 무엇보다도, 비교적 높은 차원의 사고 절차를 작동시켜야 한다는 의미다. 즉 문제를 일정한 간격을 두고 바라보고, 빨리 결정해야 한다는 압력을 견제하며, 겉으로 드러난 것 이외의 것을 들춰보고, 맥락이 무엇인지 내적인 모순은 없는지 타진해 보는 것이다.

다시 말해 비판적으로 사고한다는 것은 분석, 평가, 추상화, 종합화하는 것을 뜻한다. 이런 사고의 힘은 종종 너무 '형식적'이고 '골치 아픈' 것으로 치부되어 왔기 때문에, 공공의 복리는 물론이고 개인의 삶에 필요한 만큼에도 못 미치는 수준으로만 명맥을 유지해 왔다. 반면 이런 형식을 갖춘 정통 사고법의 번거로움 없이도 성공하고 행복해질 수 있다고 약속하는 이른바 '감성 지능'에 관련된 슬로건들은 적극적으로 받아들여졌다. 대신 비판적 사고는 현대에 들어 눈에 띄게 자취를 감췄고, 교육 개혁이 거론될 때마다 항상 자라나는 세대에게 비판적 사고를 함양시켜야 한다느니, 냉철한 판단력을 갖추기 위한 기초자질을 훈련시켜야 한다느니 하는 얘기가 가장 전면에 부각되는 결과를 낳았다. 그런 기초자질은 청소년들이 자라서 부딪히게 될 모든 생활범위와 지식영역에서 당장 필요한 능력이라는 점은 엄연한 사실이기 때문이었다.

그렇다면 비판능력을 습득하거나 개선하려면 무엇이 필요할까? 여기엔 다음의 여섯 가지 심리적인 전제조건이 가장 우선된다.

첫째, 비판적으로 사고하겠다는 의지가 필요하다. 그렇게 하지 않으면 까다로운 혹은 어려운 문제의 답을 얻어낼 끈기와 인내가 부족해지게 된다. 사고를 게을리 하면 논리가 짧아지고 겉보기에 단순해 보이는 방책에만 의존하고 만다. 그래서 비판적 사고는 자기 비판능력을 출발점으로 한다. 자신이 생각을 귀찮아하지 않는지, 충동이나 고정관념, 선입견 등에 사로잡혀 있지는 않은지 따져보는 힘이 바로 그것이다.

둘째, 비판적으로 사고하려면 특정한 도구를 갖거나 아니면 기본적인 능력을 갖춰야 한다. A를 놓고 B라고 속임을 당하고 싶지 않다면, 여러 가지 가능성을 따져보고 다양한 통계를 분석하는 능력이 필요하다. 《쥐트도이체 차이퉁》이 보도한 바에 따르면, 독일인의 32퍼센트가, "40퍼센트라는 말의 뜻이 무엇인지" 묻는 질문에 "4분의 1" 혹은 "40분의 1" 등의 잘못된 답변을 했다고 한다.

셋째, 비판적 사고능력에는 거짓과 수사학적 현혹을 꿰뚫어볼 줄 아는 능력도 포함된다. 많은 정치가와 상인, 사업가들이 공표하는 논거, 신조어 등에는 그런 예가 무수히 많다(제로성장, 선진화, 뉴타운, 새물결, 중규직 등등).

넷째, 비판적으로 사고하는 사람은 범주를 만들고 문제의 등급을 매기거나 여러 가지 방식으로 조명해 본다. 대부분의 일상적인 문제들은 형태가 불분명하고 인과관계가 복잡하게 얽혀 있다. 더욱이 해결 방식 또한 수십 가지다. 비판적으로 사고하려면, 다양한 판단절차를 체계화하고 다르게 행동할 만한 대안을 미리 준비하는 능력도 있어야 한다.

다섯째, 비판적 사고는 어디에든 적용할 수 있고 원칙적으로는 세상살이 그 무엇에도 영향력을 미칠 수 있어야 한다. 한 가지 특정한 문제 상황에서 얻은 인식이 있다면, 그것을 다른 상황에 대입해서 활용하는 것도 비판적 사고의 장점이다. 예컨대 언제쯤이면 낡은 자동차에 수리비를 투자하는 것을 중단해야 할지 여러모로 생각하고 판단해 본 사람은, 다른 일에 돈을 쓰는 것에도 이전보다 더 면밀하고 신중하게 생각하게 될 것이다.

여섯째, 비판적인 사고를 할 때 역시 그 자체를 합리화하기도 하고 전후맥락이나 본래의 목적을 잊을 수도 있다. 그래서 항상 '메타 인지 모니터링metakognitives Monitoring', 즉 마치 높은 곳에 있는 다른 감시자가 사고를 통제하듯 또다른 비판적 사고가 비판적 사고절차를 감시해야 한다. 메타 비판은 이런 질문에서 시작된다. 하나의 문제를 분석하거나 해결하는 데 얼마나 많은 시간과 에너지가 투입되었는가? 이 문제 해결의 목표는 무엇인가? 내가 목표에 도달했다는 것을 어떻게 알 수 있는가? 중단해야 할 때는 언제인가? 목표에 가까이 가기 위해 어떤 힘과 능력을 사용할 것인가?

비판적이고 논리적인 사고를 구성하는 이 여섯 가지 부분적 역량들은 강도 높은 수준으로 학습할 수 있고 훈련도 가능하다. 어떤 원리와 모델에 의해 이 세상이 돌아가는가를 더 잘 이해하고 무엇이 우리를 몰아붙이며 현혹하는지 정확히 파악하기 위해서는, 몇 가지 비판적 테크닉을 잘 습득하는 것도 좋은 방법이 될 것이다.

느리게 생각하기

정보처리과정은 물론이고 전반적인 생활 템포까

지 가속화되면서 사람들의 생각마저 빨라지고 있다. 정보처리만 보더라도 거기에 지적 적응과정이 직결되어 있는 만큼, 그 속도가 올라가면 우리도 어쩔 수 없이 빨리 생각하고 빨리 읽고 빨리 이해해야 하는 상황에 놓인다. 그러나 비판적 사고의 원칙을 차근차근 분석해보면, 인식과 판단의 속도를 낮추는 것이 오히려 지능을 강화하는 결정적인 방안임을 알 수 있다. 문제를 분석하고 행동의 대안과 여러 제안을 검토하는 데는 그야말로 시간이 필요하기 때문이다.

그래서 기존의 세밀하고 꼼꼼한 비판적 사고 외에도 또다른 부차 지능이, 이를테면 '느린 사유'가 새로운 의미를 얻고 있다.

인류는 진화를 거치면서 각기 다른 속도의, 그러면서도 동시다발적으로 서로 영향을 주고받으며 작업하는 인식 프로세스를 발달시켰다. 인간의 감각적 지능은 예감, 본능, 반사에 능하기 때문에 유달리 반응이 빠르다. 게다가 오감 전체의 정보체계를 모두 취합하고, 각기 다른 수많은 상황에서 어떤 것이 올바른 행동인지 자동으로 답을 산출해 낸다.

그리고 일반적으로 우리가 생각이라고 부르는 것, 즉 합리적 분석, 고민, 계산, 숙고, 판단 등은 '일할' 때 자주 사용하는 사유의 양식이다. 우리는 이 사고양식으로 당면한 문제 대부분을 풀 수 있을 거라 기대하곤 한다.

그러나 이 두 가지 외에도 외부 세계를 인식하고 지식을 처리하는 세 번째 방식이 존재한다. 바로 영국의 심리학자 가이 클랙스턴Guy Claxton이 말한 삼투osmosis식 학습과 사유가 그것이다. 삼투식 학습과 사유는 느리고, 뚜렷한 계획도 없어 보이고, 무의식에 기초한 지적 활동인데다, 오늘날을 사는 우리가 감당하기 어려운 여러 조건(시간, 느림, 이완, 몽상, 무목적으로 보일지도 모르는 공상 등)을 전제로 하고 있기 때문에 점점 구시대의 것으로 치부되는 상황이다.

이 세 가지 '사유와 학습'의 형태 중에서 무엇이 더 중요하다고 말할 수는 없다. 인간에게는 세 가지가 모두 필요하다. 더욱이 이 세 가지를 서로 보완하며 사용하면 가장 효과적으로 사고할 수 있다. 특히 느린 사유는 우리가 살면서 저절로 접하는 온갖 정보를 무의식적으로 지나치듯 받아들이는 것에서 근본적인 에너지를 얻는다. 학습 심리학자들은 그렇게 무의식적으로 얻는 지식을 가리켜 '소리 없는 지식tacit knowledge'이라 일컫기도 한다. 실제로 복잡하게 얽히고설켜서 답이 안 보이는 상황에서 가장 빛을 발하는 것이 바로 무의식에서 나온 지식이다. 그런데도 사람들은 여기에 충분한 신뢰를 보내지 못하고 늘 의심의 눈으로만 대한다. 무의식 지능은 '우연히 머릿속에 들어간' 엄청난 정보를 활용해 놀랄 만큼 실용적인 방책을 내놓기 때문에 고도의 창의적인 지능으로 인정받아야 한다.

의식에서만 일어나는 사고는 즉각 답을 요구하며 당면한 문제에만 초점을 맞춘다. 실제로 우리는 외부 환경을 파악하고 이해할 때 최대한 빨리 답을 얻기 위해 자주 이 방식을 쓴다. 그렇게 성급하기만 한 지능은 눈에 보이는 일차적인 사실에만 촉각을 곤두세우고 어찌되었든 빨리 결과에만 도달하려 든다. 생각을 했으니 반드시 눈에 보이는 성과와 그에 따르는 행동이 있어야 그 생각을 한 보람도 있는 것이라고 믿기 때문이다.

그에 반해 삼투식 사유는 겉보기엔 뚜렷한 목적 없이 그저 삶의 구성요소들 속으로 가만히 가라앉아 있는 것처럼 보인다. 가라앉아 있는 지식, 그것이 우리에게 있다는 것조차 잘 모르는 지식은 오랜 배양 기간이 지난 뒤 천천히 '저절로' 수면 위로 떠오른다. 이때가 복잡했던 맥락을 직감적으로 퍼뜩 알아차리는 순간이며, 갑자기 너무 당연한 듯 어떤 판단을 내리게 되는 때다. 인간의 지식은 대부분이 의도와 상관없이 수집되고 저장되는 직관적인 지식이다. 문제는, 그 근원이 불분명하다는 이유로 우리가 이 지식을 제대로 작동시키거나 활용하지 못한다는 점이다. 지금껏 인간은 직관적 지식을 지나치게 폄훼해 왔다. 그러나 우리가 실생활에서 쓰는 지능을 연구한 결과, 우리가 확인할 수 있는 인식들은 직관적이면서도 눈에 안 띄는 지식에서 흘러나온 것들이 대부분이라는 점이 입증되기도 했다.

영국 인지학자인 다이앤 베리Dianne Berry와 데이비드 브로드번트 David Broadbent는 잘 나가는 기업 간부들 다수에게 성공 비결이 무엇인지를 조사했다. 그러나 그들 중에서 어떤 결정을 내리게 만든 명백한 근거가 무엇인지 똑 부러지게 말할 수 있었던 사람은 거의 없었다. 응답자 중 과거 자신이 중요한 고비마다 구체적으로 어떤 근거에서 특정한 결정을 내렸는지를 딱 꼬집어 말할 수 있는 사람은 거의 없었다. 그들이 가장 자주 들먹인 이유는 그저 "왠지 그래야 할 것 같은 기분이 들어서"였다. 몇몇은 심지어 "도박하는 심정이었다"거나 "단지 운이 좋아서"라고 말하기도 했다.

노련한 비행기 기장과 뛰어난 의료진 중에도 육감을 십분 활용해 판단을 내리는 사람들이 많다. 실전에서 당장 무엇이 옳은지 가려야 할 때 그들은 직감을 믿는다. 그래서 후배들에게 어떤 '비결'을 가르친다는 게 불가능하다. 직관적 지능이 뛰어난 사람은 무의식의 가설을 기가 막히게 터득하고 있다. 그리고 마치 몽유병자가 넘어지거나 부딪히는 일 없이 걷다가 무사히 잠자리에 돌아오듯, 일터에서도 뭐라 설명할 수는 없지만 분명한 확신을 갖고 괜찮은 해결책들을 생각해 낸다.

반대로 합리적 사고능력이 뛰어난 사람들, 이를테면 이론가들은 실전에서는 터무니없을 정도로 미숙하기 짝이 없다. 자신의 행동과 결정의 이유를 말로 또박또박 잘 정리하고 설명할 수 있지만 그런 사람일수록 압박받는 상황에 처하면 별다른 힘을 발휘하지 못한다. 오히려 자신이 하는 일에 딱히 논리적인 설명을 잘 하지 못하는 사람 쪽이 실제로 압박을 느끼는 상황에서도 별로 흔들리지 않고 문제를 해결한다. 이론에 치우친 지식은 막상 문제가 닥치면 사람을 불안하고 긴장하게 하며, 논리뿐인 접근 방식 역시 과제를 제대로 해결하지 못할 때가 많다.

일과 삶의 모든 영역에서 성공한 사람과, 행복이라는 혜택을 별로 받지 못한 사람의 차이는 무엇일까? 그것은 곧 지식과 능력의 총합인 특출한 전문성이다. 그리고 이 전문성은 대개 느린 배움, 삼투식 배움의 산물이다. 성공하는 사람들은, 스펀지처럼 언젠가 쓸모가 있을 만한 것은 모두 빨아들인다. 또한 자신의 직관을 믿으며 무의식에서 점점 심오한 지식이 모습을 드러낼 때까지 적당한 거리를 유지한다. 그리고 시간을 넉넉히 두고 자기 성찰의 과정을 여유롭게 누린다.

역으로, 미국 경영전문가 헨리 민츠버그Henry Mintzberg가 실시한다수의 실험에서 드러나듯, 강압적인 방식으로 문제를 해결하려다 보면 ─ 직감은 배제한 채 ─ 기껏해야 '말만 번드르한 무능력'을 재차 확인할 뿐이다.

우리가 은연중에 얻어 무의식 안에 저장해 둔 어마어마한 양의 지식을 불러내고 싶다면 무엇보다 시간을 투자해야 한다. 성급함과 속도만능주의는 직관의 지능이 가진 잠재력을 활용하는 데 방해만 되기 때문이다.

아이러니의 기술

이 시대가 요구하는 것에 정신을 빼앗기거나 압도당하지 않으려면 자신을 관찰하는 특별한 방법을 개발해야 한다. 다시 말해 자기 스스로를 먼 시선으로 바라볼 줄 알아야 한다. 자기 삶을 멀리서 바라본다는 것은, 시간과 공간을 모두 고려하고 그 입체적 공간 안에서 자신의 행위를 파악하고 그것까지 사고의 대상으로 삼는 것을 말한다. 삶의 지혜란 지금 당장에만 얽매이거나 거기에 압도되지 않는 것을 뜻한다. 순간에 매몰되고 눈앞의 것만 보고 처신하다가는 나 스스로의 주도적인 판단이 아닌 타인이나 외부 압력에 휘둘릴 위험이 크다.

사람은 누구나 자기만의 역사, 즉 인생의 뿌리, 인상 깊은 사건, 출신을 갖고 있다. 그런 개인의 역사를 틈틈이 회상하고 자신의 모습을 점검해 보는 것은 단순한 노스탤지어가 아니다. 지금의 자신을 만든 과정을 이해해야만 비로소 가속화의 조건에서도 좀더 똑똑하게 미래를 설계할 수 있다. 철학자 요아힘 리터 Joachim Ritter는 그것을 이렇게 표현했다. "미래는 원점을 필요로 한다." 개인의 인생사를 살피고 성찰하면 여러 체험과 사건들을 자기 서술 속에 짜넣는 것이 가능해진다. 그리고 그랬을 때에야 자신의 인생 이야기에 비로소 긴장이 생기고, 다시 그 긴장에서 중심과 정체성, 의의, 자의식이 생겨난다.

이렇듯 자신의 과거를 비판적인 시각으로 바라보는 것은 '전망 지능'의 일부분일 뿐이다. 전망 지능에는 과거를 돌아보고 분석하는 능력뿐 아니라 미래의 나를 상상해 보고 앞으로의 인생 여정을 사실적인 시나리오로 구상하는 능력도 포함된다. 나 스스로에 대한 판타지를 적극적으로 구상하고 상상의 나래를 여러 방향으로 펼쳐보는 연습도 중요하다. 결국 전망적으로 사고하는 것은 마음껏 공상할 용기는 물론, 유희하듯 이것저것 시도해 보고 감행해 보는 실험정신을 요한다.

전망적 사고에는 나를 둘러싼 세계를 이리저리 시각을 바꿔가며 여유 있게 보는 일도 포함된다. 마르셀 프루스트는 "참된 발견은 신천지를 찾아내는 것이 아니라 무언가를 새로운 눈으로 보는 것"이라고 했다. 그러려면 어떤 시각을 갖든 자신의 불확실성을 받아들일수 있어야 한다. 영화 〈죽은 시인의 사회〉에서 선생은 학생들에게 책상 위에 서 보라고 한다. 겨우 몇십 센티미터 자리를 이동했을 뿐인데도 자신의 주변 환경과 상황을 새로운 눈으로 볼 수 있다는 걸 알려주기 위해서이다.

그 외에도 전망적 사고로 인해 새로운 사회적 차원들을 접하기도 하며, 전망적 사고가 곧 사회적 지능을 갖추기 위한 하나의 조건이 되기도 한다. 타인의 관점과 시각을 받아들이는 법을 배우는 순간, 자신의 경험치도 그만큼 올라간다. 전망하는 사유가 가능한 사람은 인디언 속담처럼 비교적 쉽게 "다른 이의 신발을 신어보기도" 하며 자신과 다른 시각을 이해하고 용납한다. 시각을 다양하게 시도해 본 다고 해서 자기 생각이 없이 무한정 남의 입장만 고려한다는 뜻은 아니며, 차이를 최대한 빨리 없애는 것이 목적도 아니다. 전망적 사고의 장점은 여유와 의연함을 키우는 데 있다. 더욱이 현대의 복잡함과 모순을 더 잘 극복하는 데 전망의 사고가 쓰이기도 한다. 단순히 관용의 정신이 현대 민주주의 사회가 요구하는 덕목이기 때문만은 아니다. 모순에 직면해 보면 새로 배우는 것이 많아지고 의외의 능력을 계발하고 키우는 기회를 얻기도 한다.

결국 전망적 지성이란, 한 사람이 자신의 삶에 존재하는 외적, 내적 모순을 빌헬름 슈미트Wilhelm Schmid가 말한 '아이러니의 기술'로 뛰어넘는 것을 뜻한다. 예컨대 자기 풍자self-irony는 어떤 모순 때문에 자신이 분열될 것 같은 위협을 느낄 때 오히려 가볍게 웃으며 한 발짝 물러나 자신을 바라보는 능력에서 나오지 않던가. 자기 풍자를 할 정도라면 그 다음엔 '운명을 풍자'하는 것도 쉬워진다. 풍자, 즉 아이러니란 다의성을 이리저리 갖고 노는 지적인 유희이다. 아이러니는 그 어떤 엄격하고 경직된 규칙이나 고정관념도 무장해제시키며, 현실을 해석하는 무수한 가능성을 활짝 열어놓는다.

우리 시대 최고의 지능 전문가 중 한 사람인 로베르트 슈테른베르크Robert Sternberg는 지능을 가리켜 "안으로는 일관성을, 밖으로는 조화를 만들어내는 능력"이라고 말했다. 즉 생각과 감정을 하나로 묶어 맥락을 잡아주는 능력이며, 또한 하나의 통일된 의미를 스스로의 삶에 부여하기 위해 외부 세계와 내면 세계를 적절히 조절하고 구성하는 능력이 바로 지능이다.

지혜가 빛을 발할 때

자기 삶에 의미를 부여하는 과제를 쉽게 푸는 도구는 바로 실용적인 지능의 가장 고급 형태인 '지혜'다. 사실 지혜라는 개념은 나이가 꽤 들어야만 얻게 되는 결실, 극소수의 사람만이 터득할 수 있는 어떤 특성이라고 여겨져 왔다. 젊은 시절의 영민함이 중년기의 실전 경험과 노련미를 거쳐 마침내 존경과 예우의 대상이 되는 지능의 최고 발달 단계, 즉 지혜에 이르기까지 수십 년이 걸린다는 고정관념도 그래서 우리에겐 아주 익숙하다.

시대와 장소를 막론하고 지혜란 무엇인지, 왜 그것이 좋은 삶의 마지막 단계로 통하며, 왜 다들 그것을 얻고 싶어하는지 등에 대한 답은 놀랍도록 일치한다. 그러나 최근 심리학 연구에 따르면, 지혜란 단순히 고령자의 여유나 오래 축적된 삶의 경험에서 나오는 것만은 아니다. 젊은 나이에도 삶의 지혜와 실전 경험을 충분히 발휘하는 일이 많기 때문이다. 지혜를 이루는 요소, 즉 관용, 여유, 자기 객관화 등은 세계를 바라보는 방식에서 생겨나는 것들이다. 그리고 이 방식을 갈고 닦는 건 굳이 나이가 지긋하지 않아도 충분히 가능하다.

나이가 많든 적든 현명한 사람들은 변증법적으로 사고한다. 대립

하는 두 문제점을 또렷이 인식하고 화합이 될 대안을 찾는다. 그들은 생각이 여러 방향으로 향하면서도 통합적이다. 이것 하나만이 답이라고 말하는 편협성에 물들지도 않는다. 모순이 보여도 무조건 다리미로 주름 펴듯 없애버리려고 들지 않는다. 의미의 이중성도 수렴하고 그 의미를 오히려 생산적으로 이용한다. 지혜로운 사람은 꾸준히 의문을 품지만 아무것이나 맹목적으로 회의를 품지는 않는다.

지혜는 말하자면 행동 속에서 나타나는 삶의 슬기다.《그림 형제의 독일어 사전》은 '지혜'를 "자신과 세계에 대한 통찰과 앎이며 인생의 어려운 고비마다 성숙한 판단을 내리는 것"이라 정의한다. 당연하다. 인간적 삶의 한계상황이 닥치거나 삶을 계획하고 설계하는 데 까다로운 문제가 생길 때 특히 지혜가 빛을 발하기 때문이다.

바로 그런 이유 때문에 지혜는 오늘날 세상을 살아가는 가장 중요한 힘이 되기도 한다. 좋은 삶을 사는 사람은, 인생살이가 항상 합리적이거나 칼로 자르듯 명백하지만은 않다는 사실을 이해하고 받아들이는 지혜를 가진 이다. 그렇다고 해서 모든 것에 고개를 끄덕이고 용납하는 '가치상대주의'와 지혜를 혼동해서는 안된다. 그보다는 풀리지 않는 모순과 이 세계의 불확실성을 인정하고 그것에 적응하도록 도와주는 것이 지혜라고 보아야 한다.

지혜는 살면서 닥치는 모든 일에 대해 지식과 판단력을 최대한 동원하여 대처하는, 숙련된 생활의 기술인 셈이다. 또 인생이란 무수한 제한과 약점이 내포되어 있으며 언젠가는 끝난다는 사실, 인생이 사회적인 연결고리 안에 묶여 있다는 점, 그리고 자신의 한계와 나약함을 아는 것도 지혜의 일종이다. 그리고 결국 그런 앎들에서 나온 통·

찰이 곧 지혜다.

탄생과 죽음, 성, 도덕, 우연과 운명에 대한 질문처럼 존재에 얽힌 큰 문제에는 객관적이거나 일반적으로 통용되는 정답이 없다. 그러나 갈등이나 위기 상황에서 무엇이 가장 분별 있고 공정하며 현명한 태도인지에 대해서는 신기하게도 누구나 동의하는 답들이 있다. 지혜는 분명 시류와 관계없이 존재하고 보편적으로 가치를 인정받는, 인간 본연의 핵심적 특성 또는 덕목이라고 할 수 있을 것이다.

그렇다면 '행동하는 지혜'를 식별하는 기준 같은 것이 있을까? '지혜의 기준'을 연구 조사한 결과에 따르면, 현명한 사람은 일단 남보다 '삶의 팩트fact'에 대해 많이 알고 있다. 그리고 지혜로운 사람은 타인에게 조언을 할 때에도 자신의 말에 책임을 질 줄 알며, 더욱이 민감한 상황을 해결하기 위해 판단하고 결정할 때는 다양하게 전례를 수집하고 폭넓게 검토하고 고민한다.

지혜로운 사람은 나아가 전략적인 지식과 절차상의 노하우도 겸비한다. 어떻게 하면 올바른 결정을 내릴 수 있는가? 누구에게 심도 깊은 조언을 구하는 것이 좋고 누구에게는 차라리 구하지 않는 것이 좋은가? 어떤 때 남에게 조언을 해주는 것이 좋고, 어떤 때 자중하는 것이 좋은가?

삶의 여러 문제에 판단을 내리기 전에 현명한 사람은 거기에 인생 전반에 걸친 관계들이 얽혀 있다는 점을 유의한다. 문화적·사회적 요소들이 한 사람의 행동에 어떤 영향을 미치는지를 고려할 줄 알며, 그 사람의 인생사 전체도 함께 생각할 줄 안다. 그렇게 내린 판단은 형식적인 도덕의 잣대보다 당연히 더 공평하고 사려 깊다.

지혜롭다는 것은, 남을 평가할 때 그 사람의 가치와 인생 목표를 되도록 다양하게 두루 살펴보는 것을 말한다. 말하자면 가치상대주의를 원칙으로 삼되 도를 넘지 않으며, 아무리 관용을 실천한다 해도 끝까지 양보해서는 안되는 보편적 가치(자유, 비폭력, 인권 등)는 결코 포기하지 않는 것이 지혜다.

진정한 지혜는 삶이란 것이 원칙적으로 불확실하고 불분명하다는 것을 알고 받아들이는 데서 발휘될 수 있다. 따라서 현명한 이들은 의외성에 늘 준비가 되어 있고 행동의 대안, 삶의 대안을 탄력적으로 구상하는 능력이 있다.

그렇다면 현명해지겠다고 마음을 먹는 것도 가능할까? 지혜가 우리 배움의 목표가 될 수 있을까? 물론 지혜가, 불규칙동사니 수학 공식이니 하는 지식이 아닌 것은 맞지만, 지혜롭게 생각하는 기본 원칙을 배워 연습하는 것은 충분히 가능한 일이다. 새로운 경험을 할 때마다 그것을 정리하고 분석하고 감정하여 다음에 다시 활용하는 것이다. 혹은 되도록 삶의 지혜를 겸비한 사람들과 꾸준히 대화하면서 자신의 판단이 옳은지 검토해 보고 상대화해 보는 것도 한 방법이다. 그리고 사물을 매번 다른 시각으로 보는 방식을 체계적으로 연습할 수도 있다.

저명한 스위스 교육학자 한스 애블리Hans Aebli는 '좋은 삶의 교육학'을 주창하고 나선 바 있다. 애블리의 교육학은 특히, 세계와 자아를 최대한 폭넓고 현실적이며 복합적으로 이해하고 아는 것을 기본으로 한다. 그는 명저《지혜, 행위의 질서인가?》에서 이렇게 썼다.

"행위의 지혜란 무엇인가? 답은 단순하다. 그것의 특성은 바른 질서와 본질을 추구한다는 점이다. 지혜로운 이는 행동하면서 본질적인 목표를 일관되게 좇는다. 그리고 그 목표는 사전에 잘 정리된 것들이다. 지혜로운 이는 목표를 세우는 과정에서도 질서를 염두에 둔다. 단순한 등급 매기기나 목표와 가치의 위계질서가 아니라, 여러 목표가 서로의 결실을 돕고 보완하게 만드는 질서다. 이런 질서의 개념은 지혜와 더불어 예부터 근본적인 덕목으로 인정받아 온 중용과 정의正義와도 역시 깊은 관련성을 갖고 있다."

4장 우리는 일하기 위해 사는가?

스트레스와 정보의 함정

스트레스를 친구로 삼아라

주가지수가 곤두박질치고 내 주식도 덩달아 끝없이 추락하고 있다. 아기는 몇 시간 전부터 내내 울기만 하고 어떻게 달래봐도 울음을 멈추지 않는다. 길에서는 느닷없이 나타난 속도광이 끼어드는 바람에 화들짝 놀라 급브레이크를 밟았다. 벌써 오후 다섯 시 반인데 중요한 주문을 내겠다는 고객은 감감무소식이다. 애인은 며칠 전부터 이유도 알려주지 않은 채 뭔가 뽀로통해서 삐져 있는 눈치다.

'좋은 삶을 방해하는 것이 무엇인가'라는 질문에 제일 먼저 돌아오는 답이 있다면 아마 '스트레스'일 것이다. 생활 어느 곳에나 있고 줄어들기는커녕 날이 갈수록 늘어가는 것처럼 느껴지는 것. 지금의 삶의 방식을 택한 이상 어쩔 수 없이 돌아오는 청구서 같은 것. 빨리빨리 열풍, 점점 복잡해지는 사회, 불확실성, 경쟁 압박, 과대자극,

그리고 끊임없는 욕심과 분발은 자연스레 스트레스라는 부산물을 우리 앞에 토해놓는다. 우리는 늘 더 성공해야 하고, 더 많은 돈을 벌어야 하고, 스트레스 받은 만큼 더 충분히 보상받아야 하고, 더 행복해야 하고, 더 남들의 관심을 끌어야 한다고 믿는다.

어느덧 스트레스는 피할 수 없는 악이며, 놈이 할퀴고 간 상처는 영웅적인 분투와 노고의 생생한 증거가 되었다. 스트레스를 안 받는다는 사람은 일단 의심해 봐야 할 세상이 된 것이다. 심지어 니체가 말한 "나를 죽이지 못한 것은 나를 더욱 강하게 만든다"라는 명제를 성공의 근성으로 삼기도 한다. 더 나은 기회와 발전을 위해서라면 스트레스도 반드시 지불해야 할 대가로 보는 것이다.

하지만 스트레스에 잠식되어 가는 일군의 사람들, 체념하고 좌절한 이들에게는 그런 말이 허무한 조롱처럼 들릴 수 있다. 현대 스트레스 이론의 시각으로 보면 사뭇 근사하게 들리는 이 '지혜'도 사실 원리부터 잘못되었기 때문이다. 어떤 것이 나를 지금 당장 죽이지 못한다고는 해도, 나를 신경질적으로 만들고 혹사시키고 언짢게 만들고 아프게 만든다. 그뿐 아니라 결국 내가 누려야 할 천수를 다하지 못하고 일찍 죽게 만든다. 스트레스 때문에 마음의 평정을 잃을 뿐 아니라 고혈압, 심근경색, 암 같은 치명적인 질환과 당뇨나 우울증 따위의 만성 질병에 걸릴 위험이 굉장히 높기 때문이다.

유감스러운 것은, 그 스트레스를 우리 삶에서 제거하는 일이 거의 불가능하다는 사실이다. 그러나 우리를 흥분시키는 모든 것, 수고나 시간의 압박 따위가 백이면 백 다 해로운 스트레스 일색인 것은 아니다. 때로는 해로운 디스트레스(distress, 부정적인 스트레스)와, 행복이라고 부를 수는 없지만 상당한 만족감을 주는 유스트레스(eustress, 긍정적인 스트레스)를 가르는 경계가 희미하게나마 분명히 존재하기 때문이다. 그래서 사람들은 틈만 나면 습관적으로 일터에서 받는 스트레스에 대해 투덜대면서도, 미하이 칙센트미하이가 발견한 것처럼, 한편으로는 그곳에서 최대의 행복도 경험하는 것이다. 고약한 것은, 스트레스의 근원이 곧 만족감과 행복의 원천인 때가 적지 않다는 점이다. 이런 야누스적인 양면성은 애정관계나 가정생활에서도 곧바로 드러난다. 그래서 우리는 타인과의 유대, 결혼생활과 가족이 주는 따스함을 너무도 필요로 하고 높이 사면서도 동시에 그것 때문에 적잖은 스트레스를 받지 않는가.

오늘날 사람들은 자신의 신변과 주변 사건에 대해 통제력을 잃을 것처럼 느껴질 때 가장 큰 스트레스를 받는다. 일이 너무 부담스럽거나 위기나 갈등 때문에 괴롭다기보다는, 더 이상 내가 어떤 일에서 주도권을 행사하지 못한다는 생각, 그리고 내 인생을 더 이상 스스로 조절하고 내 힘으로 바꿀 수 없다는 생각이 나를 힘들게 만드는 것이다.

스트레스 없는 삶을 바라는 것은 비현실적인 꿈이다. 차라리 스트레스와 거기 따르는 해로운 결과들을 누그러뜨리려고 노력하는 편이 더 현실적이다. 1968년 '유산소운동aerobics'의 개념과 건강철학을 개발한 미국의 심장전문의 케네스 쿠퍼Keneth Cooper는, 스트레스에 대처하는 특별한 전략을 자세히 표현했다. 아무리 스트레스가 장차 병을 일으킬 가능성이 있다 해도 그것을 완전히 차단하는 것은 불가능하다. 따라서 먼저 스트레스의 존재를 용인해야 하고, 다음엔 그것 때문에 건강에 위해를 겪는 대신 그것을 긍정적인 스트레스, 즉 활기와 추진력을 주는 유스트레스로 변화시키는 법을 배워야 한다. 결국 모든 스트레스가 나쁜 게 아니라 '나쁜' 스트레스가 나쁜 것이다. 나쁜 스트레스가 무엇인지 알아내고 그것을 차단하든지 아니면 '좋은' 스트레스로 바꾸는 것이 스트레스 관리를 잘하는 첫번째 조건이다.

어떤 스트레스가 피해를 줄지 안 줄지 매번 즉각 알아차리기는 어렵다. 건강에 미치는 악영향이 한참 뒤, 몇 달 혹은 몇 해 뒤에 나타날 수도 있기 때문이다. 이런 부정적인 스트레스는 세 가지 방식으로 우리에게 영향을 끼친다.

첫째, 급성 스트레스는 맹수처럼 우리를 공격해서 즉각 격심한 신체적 반응을 유발한다. 땀이 나거나, 심장박동이 급격히 빨라지거나, 손에 땀이 차기도 한다. 즉 인간의 본능인 '싸우거나 도망치는' 반응과 일치하는 증상들이다.

둘째, 몸에는 부담이 쌓이고 스트레스를 받고 있지만 일정 기간 적응하며 우리 몸이 견디고 버티고 있는 경우다. 그래서 겉보기엔 문제가 없으므로 모든 것이 별 탈 없이 돌아간다고 생각하기 쉽다. 하지만 스트레스 신호가 나타나지 않는다 해도(혹은 나타났다가도 사라진 다음이라 해도), 호르몬 균형 등 몸속의 밸런스는 심각하게 깨질 수 있다. 스트레스로 인한 부담은 눈에 잘 띄지 않고 측정도 되지 않지만 장기적으로 이어질 가능성이 있다.

셋째, 갈등이 서서히 깊어지거나, 문제가 오랫동안 미결인 채 남아 있거나, 여러 번 반복해서 짜증나고 거슬리는 일을 겪거나 하면 우리 몸은 눈에 보이지 않는 간접적이고 전반적인 반응을 나타낸다. 가장 흔한 경우가 몸속의 화학 균형이 흐트러지고 변해서 굳어지는 경우다. 알게 모르게 우리를 좀먹는 스트레스는, 비교적 극적인 현상이 적어서 과소평가되는 경우가 많다. 쉽사리 바뀌지 않는 스트레스 요인(사사건건 트집만 잡는 상사, 날이면 날마다 불평만 늘어놓는 배우자 등)이 삶에 계속 영향을 미치면 몸도 장기적인 자극상태, 일종의 적응 과정에 돌입한다. 예컨대 계속 혈압이 오르는데도 본인은 정작 그것이 정상이라고 믿는 일이 벌어진다. 그래도 그런 유해한 만성 스트레스를 알아보는 몇 가지 전형적인 신호들은 분명히 있다. 빨리 지친다거나, 아무리 자도 피곤하다거나, 집중력이 떨어지고 신경이 항상 곤두서 있으며 혼란스럽다거나 하면 십중팔구 스트레스가 원인이다. 이런 스트레스 상태를 장기적으로 끌고 가면 탈진증후군으로 이어질 가능성이 대단히 높다.

똑같은 스트레스인데도 그 여파는 사람마다 다르게 나타난다. 흔히 '다혈질'이라 불리는 사람은 두 배에서 네 배까지 타격을 입는다. 쉽게 흥분하는 기질 때문에 분을 참지 못하고 화를 폭발시키기 쉽고 거기서 오는 스트레스가 직접 몸에 피해를 주기 때문이다. 그런 사람일수록 케네스 쿠퍼가 표방한 역설적인 스트레스 프로그램이 건강에 도움이 될 수 있다. 그의 말처럼, 누구든 스트레스에 따라붙는 위험하고 날카로운 가시를 제거하는 법을 배울 수 있으며 오히려 그것을 즐거운 도전으로 뒤바꿀 수 있다는 점을 잊지 말자.

스트레스의 함정
스트레스에 효과적으로 대처하는 자가진단 질문

다섯 가지를 먼저 살펴보자.

첫째, 부정적이고 격한 감정 폭발이 나에게 남기는 것은 무엇인가? 나를 화나게 하고 짜증나게 하고 언짢게 만드는 것, 절망과 무력감에 빠지게 만드는 것은 무엇인가? 대책 없이 당했다는 생각, 무시당했다는 느낌을 갖게 만드는 것이 무엇인가? 몇 분 이상 한 가지 감정이 계속되면 그것을 감지하고 찬찬히 관찰하는 일이 필요하다.

둘째, 쿡쿡 쑤시는 위통, 이유 없이 기운이 빠지고 몸이 축 처지는 증상, 뒷목이 뻣뻣해지거나 심장이 두방망이질하는 현상 등, 어떤 상황일 때 예외 없이 이런 신체적인 반응이 나타나는가?

셋째, 잠을 깊이 푹 자는가? 수면 습관을 어지럽히는 요인들이 있는가? 자리에 누워도 잠이 잘 안 든다든지 공상이 이어지거나 악몽을 자주 꾸지는 않는가?

넷째, 집중이 잘되는가? 자꾸 다른 것에 한눈을 팔거나 주의가 흩어지는가? 어떤 일을 할 때 특히 그런가? 어떤 일을 시작한 지 얼마 되지도 않아 금세 다른 일에 정신을 팔지는 않는가? 그럴 때 주로 생각하는 일은 무엇인가?

다섯째, 운동, 릴렉스 타임, 음식에 대한 절제 등 평소에 유지하던 건강한 습관들을 중단하게 만드는 일이 있는가? 어떤 일이 생겼을 때 그렇게 되는가?

평범한 날 하루, 평범한 한 주를 골라 이 질문들을 놓고 체계적으로 답을 하다 보면 내 인생에서 나를 가장 많이 위협하는 스트레스 원인이 무엇인지가 드러난다. 이제 적의 얼굴이 더 잘 보이니 차근차근 상대에게 다가가 보자. 스트레스가 가진 역설의 첫번째 원칙은 이것이다. 불에 불로 맞서려는 생각, 스트레스를 눌러 없애려고 쓸데 없이 정력을 낭비하는 것은 무의미하거니와 위험하기까지 하다. 무 엇보다도 스트레스가 생활의 일부임을 인정하고, 거기서 나오는 에 너지를 도리어 역이용하겠다고 마음먹자. 즉 스트레스라는 말만 들 어도 무조건 퇴치 대상으로 삼지 말고, 한 발짝 뒤로 물러나 시간을 벌려는 생각을 가져라. 말만 그럴 듯하게 들릴지 모르지만, 실제로 일상에 놓인 스트레스의 함정에 자주 그리고 당연한 듯 발을 빠뜨리 는 사람은 의외로 많다. 스트레스를 받을 때마다 두 번 생각하지도 않고 벌컥 화내고, 흥분하고, 공격적인 자세를 취하고, 짜증을 부리 는 등의 반응을 보이기 때문이다. 그뿐인가? 분노를 삭이지 못한 채 혹은 패닉 상태로 문제를 외면해 버리거나 즉흥적인 해결 방식을 택 하는 사람도 많다.

일상에서 마주치는 스트레스는 대부분 심리적인 타격을 준다. 부 당하고 혹독한 비판, 경제적인 어려움, 오랜 시간 이어지는 법정 싸 움, 가족의 중병 등에서 오는 근심 걱정은 장기적으로 신체 건강에 적잖은 위험을 끼치지만 그보다 먼저 해를 입는 것은 다름 아닌 마음 이다. 생각과 감정이 수시로 혼란을 겪으며 고통을 받는다. 근심은, 무한 반복되는 음향 테이프처럼 머릿속에서 빙빙 돌며 신체를 정신 적인 만성 긴장상태로 만들어놓는다. 따라서 자연히 정신력이 떨어 지고 집중력도 약해진다. 대인관계에서도 평정심을 잃고 쉽게 흥분 하고 짜증을 잘 낸다. 이러한 감정적 근심에서 벗어나는 데는, 인지행 동치료를 기초로 하는 다음의 몇 가지 기술을 사용하는 것이 좋다.

문제는 여러 가지 방향으로 해석될 수 있고 거듭해서 다른 형태로 표현하는 것이 가능하다. 학교를 마치고도 몇 달 간 하는 일 없이 노는 아들을 두고 마냥 게으르다거나 생활력이 없다고만 말할 필요는 없다. 거기서 스트레스를 일부러 생산해 내지 않고 싶다면 이렇게 해석하면 어떨까. 아들이 보내고 있는 시간은 정상적인 발전과 변화에 속하는 과정이며 새로운 방향을 잡기 위한 과도기라고 말이다. 부모가 이 상황에서 압력을 가하거나 강요를 하면 역효과만 나고 갈등은 더 심해지고 스트레스도 극단으로 치닫는다. 자신이 취하는 감정적인 반응이 과연 옳은지 의문을 품어보고 맹목적인 비난을 자제하라. 조금 다른 관점으로 바라보고 그로써 스트레스가 파놓은 함정에서 벗어나야 한다.

스트레스를 주는 특정 원인에만 생각이 쏠리는 느낌이 든다면 일부러 다른 것에 관심을 돌리는 작전도 괜찮다. 고민하느라 몸과 마음을 힘들게 하느니 이왕이면 재미있고 즐거운 일에 집중해서 그 고리를 끊어라. 상사와 싸우는 장면을 수십 번 상상하면서 굳이 화와 짜증에 발목이 붙들려 있으니 평소 좋아하던 일에 매달리거나 다른 사람과 여유 있는 시간을 보내면서 머리를 식히는 편이 훨씬 낫다.

스트레스 상황이 강도 높게 한동안 계속될 때에는 긍정적인 사건이나 경험을 의도적으로 열심히 떠올리는 것도 좋은 방법이다. 성공한 일, 반가웠던 만남, 행복한 시절들. 누구나 기뻤던 추억의 목록이 있게 마련이다. 다만 대다수의 사람들이 그런 행복한 회상이 얼마나 스트레스와 흥분을 가라앉히는 효과가 있는지 시험해 보지 않은 터라 선뜻 실천에 옮기지 못하는 것뿐이다.

정도가 심하면서도 만성적으로 이어지는 스트레스 상황에서 달리

쓸 수 있는 또 하나의 방법은, 자신을 압박하는 일의 경위와 거기서 유발된 부정적인 감정과 사고를 글로 기록하거나 말로 표출하는 것이다. 일기나 꾸준한 대화(자신과의 독백도 괜찮다)를 통해 마음속에 있는 것을 표출하다 보면 직면한 문제가 가닥이 잡히고 구체적으로 바라볼 수 있게 된다. 또한 문제를 언어로 표현하고 접근하는 것도 쉬워지고 생각과 고민을 거쳐 다양한 해결법을 찾을 수도 있다.

부담에는 부담으로

스트레스의 관문은 항상 마음이다. 요즘 시대에는 힘든 육체노동이나 부담은 거의 없어졌지만 대신 머리로 싸워야 할 일이 많아졌다. 하지만 여전히 우리는 우리 조상들과 마찬가지로 도망치고 회피함으로써 갈등에서 벗어날 수 있다거나 물리적인 공격으로 해결할 수 있다고 착각한다. 그러나 이런 '외면'은 거의 성공을 거두기 어렵다. 감정의 소용돌이와 그것에서 오는 신체적 증상을 무작정 견디기도 힘들뿐더러 그것을 어떻게든 꽁꽁 숨기고 감춰야 하기 때문이다.

스트레스로 인해 몸이 장기적인 피해를 입을 때에는 내 몸과 연대를 맺는 것이 좋다. 스트레스에 제동을 거는 데에는 유산소운동만큼 좋은 게 없다는 것이 케네스 쿠퍼의 지론이다. 빨리 걷기, 천천히 조깅하기, 자전거, 수영 등을 30분 이상 하면 몸에 잘 듣는 진정제를 복용한 효과가 나타난다고 한다. 게다가 몸의 생체균형을 되살리고 아드레날린, 노라드레날린, 코티솔 등의 스트레스 호르몬을 제거하는 순기능도 크다. 엔돌핀 수치도 높아져서 안정 효과도 기대할 수 있다.

이 안티스트레스 전략은 말하자면 부담에 또다른 부담으로 대처하는 역설적인 방법이다. 또 신체활동으로 스트레스를 이겨내고자 할 때에는 극기하는 태도도 필요하다. 조깅을 시작한 뒤 첫 10분은 말 그대로 힘들고 그만두고 싶은 생각마저 들지만 그것을 이겨내는 순간 스트레스는 해소된다. 다만 참된 효과를 보려면 순환계통에 너무 무리가 가지 않도록 주의해야 한다. 건강을 신경 쓰다 보면 약한 운동을 무시하는 경향이 있는데, 실제로는 그런 가벼운 운동이 스트레스도 풀고 몸에도 무리가 없다. 너무 몸을 혹사시키면 홀가분해지기는커녕 오히려 스트레스가 더 쌓이게 된다. 질병 예방과 장수에 좋은 유산소운동량은, 일 주일에 약 1,500킬로칼로리를 연소할 수 있는 양이다. 말하자면 일 주일에 세 번, 30분씩 가볍게 조깅을 하거나 30분 이하로 1,000미터 가량 수영하는 정도면 딱 적당하다.

일하기 위해 사는가?

성공 지향의 현대사회에서는 경쟁에 대한 압박, 시간과 성과에 대한 압박 등 잠재적인 스트레스 원인들이 늘 자리잡고 있다. 인구 중 결코 적지 않은 숫자가 무직과 실직의 스트레스에 시달리고 있는 사이, '일자리를 확보한' 사람들 역시 그 어느 때보다 일에 쫓기고 초과근무를 밥 먹듯 하며 도무지 제어가 불가능한 정보의 범람 속에서 허우적댄다. 그뿐인가. 구조조정과 모빙에 맞서 싸워야 하고, 희박해져 가는 승진 기회를 놓치지 않아야 한다.

직업 관련 스트레스는 현대사회에서 건강을 저해하는 가장 중요한 원인의 하나가 되었다.

스트레스에 대처하는 역설적인 전략은 간단하다. 원하는 목표가 많을수록 오히려 명예욕을 잠재우고 온건하게 운명을 따르는 태도를 취하라. 그러면 훨씬 쉽게 그 목표들에 도달할 수 있다.

어떻게 우리가 모든 것을 컨트롤할 수 있겠는가. 직원이나 동료의 의욕과 능률도 마찬가지다. 모든 것을 다 내 통제하에 두려고 하는 순간 엄청난 에너지가 소모되기 시작한다. 마이크로매니징micro-managing, 즉 시시콜콜 다 관여하고 아무것도 남에게 위임하지 않으려는 업무 방식을 고수하다 보면 시간과 정력이 소모되고 스트레스는 극대화된다.

그보다는 핵심적인 것에 집중하고 일을 스스로의 흐름에 맡겨두는 것, 많은 일이 저절로 해결되리라는 믿음을 갖는 것이 좀더 영리하고도 효과적인 전략이다. 통제에 대한 집착은 어마어마한 스트레스를 불러온다. 물론 통제를 포기한다는 건 명예욕과 성공에 대한 목표의식이 강한 사람뿐 아니라 그렇지 않은 보통 사람들에게도 상당히 어려운 일이다. 하지만 진짜 성공은 나뿐만이 아닌 타인 역시 신뢰하고 내 일을 나눠주고 그들의 목소리에 귀기울이고 그들의 참여를 장려해야만 가능한 일이다.

스트레스를 효과적으로 다스리려면 비용, 시간, 노력, 초과근무를 늘려야 자연히 성과와 성공도 그에 비례할 것이라는 환상부터 접어야 한다. '열심히'가 아니라 '똑똑하게' 일해야 한다Work smarter, not harder. 창의력은, 적당한 휴식과 이완을 거치고 시간과 성과의 압박에서 벗어남으로써 비로소 발휘될 수 있다.

일이 주는 스트레스에서 심리적·신체적 위협을 덜 받고, 좋은 삶에 대한 자신만의 소신을 지키려면 너무나 자주 듣던 질문을 다시 던져야 할 것이다. "살기 위해 일하는가, 일하기 위해 사는가?" 좋은 삶이란, 삶의 기어를 '저속'으로 변환하고 느리게 차를 몰아야 다시 눈에 들어오는 아름다운 풍경 같은 것이다. 승진을 한번 하려면 얼마나 많은 대가(스트레스)를 지불해야 하는가? 비용이 비싸고 남들에게 보여주기 위해 하는 취미 때문에 얼마나 많은 시간이 낭비되는가? 초과근무로 돈을 얼마나 더 많이 버는가? 그래서 그 때문에 얼마나 많은 정력이 소모되는가? 소중한 사생활도 포기해야 하는가?

감정의 시한폭탄을 꺼라

스트레스를 유발하는 대상을 접하게 되면 우리는 대개 짜증, 화, 공격성 등으로 대응한다. 부정적인 감정에 휩쓸려 경솔하게 자신에게 해가 되는 반응을 보이는 일이 적지 않다. 누군가 나를 괴롭혔거나 모르고 피해를 입혔거나 하면 발끈하여 화를 낸다. 예컨대 도로 위의 배려 없는 운전자를 만나면 미친 듯이 흥분한다. 또 애인이나 배우자와의 싸움을 키우고 후회할 독설을 마구 쏟아내기도 한다. 감정의 소용돌이에 휘말려 몸 안에 스트레스 호르몬이 가득 넘치게 하는 한편, 또다른 스트레스의 소지가 될 행동을 저지르는 것이다.

미국의 심장전문의 레드포드 윌리엄스Redford Williams는 격한 감정

반응을 누그러뜨리는 자기 조종 프로그램을 개발했다. 이 프로그램은 스트레스 상황을 비판적으로 점검하고 악순환의 고리를 쉽게 끊을 수 있도록 도와준다. 그 중 가장 핵심적인 기능을 하는 것이 자기 관찰이다. 화가 끓어오르고 스트레스의 초기 증상이 느껴지면 재빨리 이 방법을 실시해야 한다. 벤저민 프랭클린의 명언을 떠올리자. "이유 없이 화내는 사람은 없다. 다만 제대로 된 이유로 화내는 사람은 흔치 않다."

화를 내게 된 원인 자체에 집중하라. 나는 상황을 제대로 파악하고 있는 걸까? 아니면 누군가에게 수상한 동기가 있다고 생각해 버려 진실을 못 보고 있는 건 아닌가? 상황을 정확히 보고 있다 해도 내 반응은 적절한가? 나에게 오히려 해가 돌아올 방식은 아닌가? 지금 치솟는 분노에 쏟아붓고 있는 에너지를 오히려 스트레스를 제어하는 쪽으로 역이용할 수는 없을까? 스스로 이런 일련의 검토를 거친 뒤, 이번에는 대안이 될 만한 행동을 모색해야 한다. 내가 정당하게 화를 내는 것이 맞다면, 내 화에 내가 희생되지 않으면서도 할 수 있는 일이 무엇이 있을까? 공격적이지 않으면서 효과적인 해결 방식에는 어떤 것이 있을까?

하지만 이런 모든 물음과 한발 물러선 자세에서 내린 평가에도 불구하고 적절하고 이성적인 수준 이상으로 화가 난다면, 그때에는 자신과 비판적으로 대화해 볼 필요가 있다. 그리고 되도록 빨리 그 상황에서 벗어나는 것이 좋다. 안티스트레스 전략의 가장 핵심적인 요소는, 스트레스를 받을 때마다 구체적이고 이성적이며 안정된 방식으로 그것에 대응하는 것이다. 무슨 일이 생기면 습관적으로 몸에

밴 태도를 보이지 않으려고 노력하라. 그러면 자연히 차분하게 문제를 생각할 시간이 생긴다. 자신과의 거리두기가 가능해지면 스트레스를 제어하는 것은 물론이고 역이용하는 것도 시간문제일 뿐이다.

무엇을 알아야 하는가?

우리야말로 유사 이래 가장 많은 정보를 소유한 인류일 것이다. 디지털화된 정보사회에서는 언제나 전세계에서 쏟아지는 지식이 곳곳에서 대기하고 있다. 그러나 아직까지 우리는 이 정보의 홍수 속에서 핵심적인 것과 우리에게 필요한 것을 가려내는 법을 제대로 습득하지 못했다. 그래서 '정보 스트레스'라는 약간 특별한 형태의 스트레스도 생겨났다. 시간을 허비하지 않으면서 되도록 많은 정보를 수집하고 가공하려는 수고스러운 시도, 중요한 것을 단 하나도 놓치면 안된다는 강박관념 말이다.

과일음료와 과일주스의 차이를 명확히 아는 사람이 있을까? 유효기간과 사용기간의 차이는? 비타민 E와 비타민 B가 각기 어디에 좋은지 말할 수 있는가? 액상과당, 결정과당의 뜻이 무엇인지 명확히 설명할 수 있는가? 보통 규모의 슈퍼마켓에는 평균 6만 종의 상품이 있다. 그 중에서 내가 원하는 것을 골라야 한다. 4인 가족의 경우 그 중에서 주로 약 200가지 물품을 사용한다고 한다. 그 수많은 선택의 가능성 중에서 되도록 합리적으로 건강과 경제적 이득을 고려하면서 물건을 고르기란 쉽지 않다. 그렇게 할 수 있다 해도 우선 수많은 정보를 구별하고 구매를 계획하고 많은 것을 따져야 한다. 이를테면 구입할 물건을 목록으로 만들고, 매장에 가서 물건을 찾고, 특정한 기준에 따라 선별하고, 가격을 비교하고, 품질과 양을 고려한다. 더욱이 어떤 상품이든 온통 정보(의 인쇄물)로 뒤덮여 있다. 치즈 하나만 집어들어도 겉포장에 내용물, 지방 함유량, 생산지, 보존료 첨가 여부 등이 줄줄이 나열되어 있다. 도처에서 끊임없이 합리적이고 건강한 식생활에 대한 정보를 제공받고 있는 만큼, 되도록 많은 측면을 고려하고 똑똑한 구매를 하고 싶은 것이 당연하다.

'식생활과 소통에 관한 연구집단'에서 실시한 조사에 따르면 위에서 언급한 몇 가지 질문에 제대로 대답하는 소비자는 거의 없다. 슈퍼마켓이라는 이름의 정글에서 길을 잃은 우리는 결국 정보를 외면하고, 단순히 광고와 충동에 이끌려 건강과는 거리가 먼데다 값비싸고 빨리 상할지도 모르는 생필품을 사들고 집으로 돌아온다.

이런 구매 오류(그리고 그에 따른 섭식 오류)는 물건에 대해 잘 몰라서가 아니라 너무 많이 알기 때문에 벌어진다. 이것은 슈퍼마켓에서 장보는 일에만 해당되는 것이 아니다. 정보의 범람은 생활 곳곳에 스며들어 있다. 경제와 경영만 봐도 그렇다. 뉴스 제공업체인 로이터는 업종과 연령이 다양한 전세계 1,300명의 기업인들을 대상으로 정보관리에 대한 설문조사를 실시했고 그 내용을 다소 자극적인 제목의 잡지《정보에 깔려 죽다Dying for Information》에 실었다. 응답자의 3분의 2가 '정보 스트레스'에 시달리고 있으며 과잉 정보를 걸러내느라 매일 분투하고 있다고 답했다.

그러느라 동료와의 관계, 가정생활, 직장 만족도 등이 저해받기도 했다. 그리고 40퍼센트 이상이 '과잉 정보' 때문에 중요한 결정을 망설이게 되고 판단력이 심각하게 저해되며 분석능력도 떨어진다고 대답했다. 더욱이 정보를 확보하고 여과하고 처리하는 데 드는 비용이 점점 그 정보들의 실질 가치를 넘어서고 있다. 배보다 배꼽이 더 큰 꼴이다. 응답자의 3분의 1 가량은 과잉 정보와 끊임없이 대치하느라 겪는 스트레스 때문에 건강에 문제가 생겼다고까지 대답했다.

의학 분야도 비슷한 상황이다. 의사들이 직업상 반드시 알아야 할 지식의 양과 깊이는 갈수록 더욱 빠르게 늘어난다. 4년마다 의학 지식이 두 배로 늘어난다고 하니 따로 말할 필요도 없을 것이다. 그래서 의사마다 이 정보의 폭발을 다루는 전략도 천차만별이다. 어떤 의사들은 첨단 의사소통공학의 힘을 빌려 보조를 맞추려고 노력한다. 멀티미디어로 최신 정보를 습득하거나, 원격진료를 통해 진단과 치료에 필요한 도움을 요청하고, 전문가 집단과 의견을 교환하거나 온라인 서비스 등을 적극적으로 활용한다. 또다른 일부는 증가하는 지식 앞에 백기를 들고 자신의 활동 영역을 대폭 줄이거나 최대한 전문화하는 것을 생존전략으로 삼는다. 또다른 의료인은 기존에 습득한 지식 수준을 고수하는 데 머무르며, 서서히 퇴화하는 위험한 방식(환자들에게 특히 그러한)을 택하고 있다.

미디어와 언론은 정보의 홍수를 생산해 내는 동력이자 또다른 피해자다. 하룻밤 자고 일어나면 새 신문, 새 책, 새 방송, 새 프로그램이 쌓이는 세상이다. 인터넷에서는 주요 일간지와 간행물들이 실시간으로 바뀌는 최신 뉴스를 쏟아낸다. 방송 휴식시간이 있던 텔레비전도 이제는 24시간 쉴 새 없이 전파를 방출한다. 70년대 초반에는 하루 평균 약 500개의 광고 메시지가 나갔지만, 지금은 3,000여 개의 광고가 시청자의 눈과 귀를 뒤덮는다. 사회학자 니클라스 루만Niklas Luhmann은 이렇게 말한다.

"매스미디어는 매일같이 우리를 향해 새 정보를 쏟아낸다. 단, 정보의 다양성과 상세함을 실제로 십분 활용할 수 있을 만한 수신자는 정해져 있지 않다. 흔히 말하듯, 컴퓨터 역시 정보를 저장하고 처리한다. 하지만 그것의 작동 방식은 우리 눈에 명확히 보이지 않는다. 우리는 거기서 글이나 도표, 그림 혹은 언어를 불러내기 위해 무엇을 '알아야 할지 알아야' 한다."

정보의 쓰레기가 넘쳐나는 세상

　　　　　　　　무엇을 알고 싶은지 혹은 무엇을 알 수 있는지 모르는 사람은, 이런 미디어 상의 정보의 홍수가 '백색 소음'에 지나지 않는다. 우리에게 들려오는 신호와 기호는 그저 큰 소음 안에 묻혀 사라져버린다. 닐 포스트먼Neil Postman은 저서 《테크노폴리Technopoly》에서 "정보가 일종의 쓰레기로 변했다"고 말했다. 어차피 정보는 넘쳐나고 그것을 얻는 과정도 우스울 정도로 쉽다 보니 사람들이 그것을 아무렇게나 취급하게 되었다는 것이다. 쉽게 얻을 수 있는 건 가치가 없기 때문이다.

확인되지 않은 채 유포되는 유사사실factoid과 각종 자료가 넘쳐날수록, 낱낱이 쪼개진 채 떠도는 정보 알갱이information particle가 늘어날수록, 그리고 매체를 통한 허위사건들이 많아질수록 우리가 접하는 메시지들의 배경이나 맥락은 자꾸 은폐되고 불투명해진다.

한편으로는 텔레비전 방송을 중심으로 뉴스와 오락적 요소가 결합한 인포테인먼트infotainment가 폭증하는 경향도 있다. 더욱이 출처가 불분명하고 가치 매기기도 까다로운 정보도 점점 늘어나고 있다. 따라서 의문은 끊임없이 반복된다. 대체 누가 어떤 동기로 이 정보를 유포시켰을까? 정보를 퍼뜨리는 새로운 방식도 등장했다. 편집과 광고의 합성어인 애드버토리얼Advertorials = advertisement + editorials, 정보와 광고를 하나로 묶은 인포머셜Infomercial = information + commercial 등이 그 예다.

정보를 소비하는 쪽에서도 넘쳐나는 '상품'에 숨이 찰 지경인데다, 두 가지의 문제 때문에 고민을 겪는다. 어떤 선택이 현명한가, 그리고 내가 지금 접한 정보는 어디서 온 것인가? 보도자와 편집자 역시 '해명자'의 역할 대신 '서술자'의 구실이 자신이 할 일이라고 믿는다. 이제 단순한 사실만 갖고서는 관심을 끌지 못한다. 요즘엔 같은 사실을 가지고도 될 수 있는 한 얼마나 개인적인 관계 속에 연루시키고 짜맞춰 넣느냐가 관건이 되었다. 그래서 보통 뉴스보다 이야깃거리가 있는 일화가 더 인기가 많다. 이런 이야기 열풍은 대중으로 하여금 뉴스를 소비하기 쉽고 편하게 만들어준다. 하지만 그만큼 정보 제공자가 이야기를 꾸미고 이런저런 왜곡을 일삼을 우려도 매우 높다.

새로운 매체가 속출하고 검증이 불가능한 출처가 우후죽순처럼 난무하는 이런 정보사회에서는, 정보를 가려내는 자기만의 기준을 개발할 필요가 있다. 내가 정말로 아는 것이 무엇인가? 혹은 안다고 믿는 것은 무엇인가? 왜 그것을 안다고 믿는가? 어디서 그것을 듣고

(읽고) 알게 되었는가? 정보의 풍요는 미다스의 저주로 바뀌어버렸다. 처음엔 한 가지 출처에 기대 정보를 찾으려 했던 사람도 곧 수백수천으로 늘어나는 가능성에 파묻혀 길을 잃는다. 검색이 중독으로 변질되고, 무엇보다도 기적의 미디어인 인터넷은 정보의 바다, 아니 정보의 우주 속에서 우리를 영원히 떠돌게 만든다.

정보를 세심하게 가려내고 그것을 '주요 지식'으로 관리하던 것이 옛 관행이었다면, 요즘은 백팔십도 다른 태도로 정보를 대한다. 정보를 상당 기간 '독점'해서 점유하는 것이 원칙적으로 불가능하기 때문에 그 정보 과잉 상태를 역이용하는 일도 생겼다. 오늘날 법정싸움에서 흔히 그러듯 누군가와 대결하고 있을 땐 일부러 적에게 본질적인 주제와 상관없는 정보를 무차별로 흘려보낸다. 상대편에게 과잉 정보를 흘림으로써 혼선을 주고 장기간 거기에 몰두하게 만드는 '노이즈 noise' 전략은 이제 정치든 사업이든 보편적인 요령이 되었다. 어쨌든 상대방은 수많은 정보 가운데 정말 쓸 만한 핵심을 가려내는 데 시간과 노력을 들여야 하기 때문이다.

앞서 말했듯, 우리는 지금껏 지구에 살았던 그 어떤 인류보다 더 많은 정보를 누리며 살고 있다. 적어도 인류가 한계에 부딪히지만 않는다면 이것이 진실이라고 말할 수도 있다. 그러나 우리는 지금의 미디어사회와 정보사회가 생산하는 엄청난 정보량을 더 이상 제대로 처리하지 못하고 있다. 지금까지 우리가 기준으로 삼아온 분류체계와 원칙도 데이터의 홍수 속에서는 무용지물이다. 과잉 정보에 치인 이들은 스트레스를 피할 길이 없고, 서로 이해하고 소통하는 일은 점점 어려워진다. 그러다 보니 사람들은 점점 혼란에 빠지고 체념하고 피로를 느끼다 결국 무관심과 냉대가 습관처럼 몸에 배고 말았다.

'테크노스트레스technostress', '정보 과부하information overload', '데이터스모그data-smog' 등의 신조어만 봐도, '모든 정보에 대한 만인의 자유로운 접근'이라는 바람직한 상황이 하나의 문제가 되어버렸음을 알 수 있다. 아무리 좋은 것도 지나치면 없느니만 못한 법이다. 요컨대 소화기능이 문제인 것이다.

1997년 독일학술진흥부는 독일 사회가 실제로 얼마나 많은 정보를 축적하고 있는지 계산한 적이 있다. 그 결과, 조사 시점 전 10년 동안 생산되고 저장된 지식의 양이 그 전 2,500년 동안 쌓인 지식과 맞먹었다고 한다. 이런 기하급수적인 증가는 새 지식 저장소, 이를테면 인터넷이나 데이터뱅크 등의 출현으로 가능해졌다. 70년대 초반 IBM은 미래에는 컴퓨터로 인해 활용 가능한 지식이 '포화' 상태에 이를 것이라고 선언했다. 하지만 현실에서는 정반대로 지식의 실종을 개탄하는 목소리가 커지고 있다.

너무 많은 정보에 비해 진정한 지식은 턱없이 부족한 상태다. 어설픈 마술사가 독은 만들어도 해독제는 못 만들듯, 우리는 정보의 강을 멈추게 하지는 못하면서 끊임없이 배가시키기만 한다. 새로운 정보통신 체계에 접속하는 그 순간부터 우리는 어쩔 수 없이 컴퓨터, 이메일, 팩스, 휴대폰을 통해 메시지와 데이터를 생산하고 유통시키는 주체가 되어버리기 때문이다. 사무실에서 근무하는 사람의 대부분이 업무 시간의 60퍼센트를 문서를 읽고 정보를 처리하는 데 사용한다. 재계나 행정부처의 간부들이 하루에 읽는 단어는 평균 100만 개나 된다고 한다. 컴퓨터 덕분에 종이 없는 사무실이 실현될 것이라는 환상도 여지없이 깨져버렸다. 컴퓨터 보급률이 절대적으로 높은 산업국가들의 종이 소비량이 최근 몇 년 사이 몇 배로 늘었다는 것이 그 증거다.

정보 수용능력의 한계

　　　　　　　　지구촌 어디를 가든 접할 수 있는 정보매체 덕분에 우리는 정보에 치여 질식할 위기에 처했다. 라디오, 신문, 잡지, 전화, 휴대폰, 텔레비전, 비디오플레이어, 위성안테나, 인터넷, 이메일, 내비게이션, 광고물, 현수막 등이 쉴 새 없이 메시지와 정보를 쏟아낸다. 정보의 손길이 닿지 않는 곳이란 거의 없는 듯하다. 기차, 비행기, 버스, 승강기, 대기실에서조차도 정보는 우리를 따라다닌다. 사무실과 술집에서도 '살아 움직이는 벽지'처럼 텔레비전이 늘 켜져 있고, 스포츠 경기장에서는 지금 막 눈앞에서 펼쳐지는 '라이브' 경기에는 아랑곳 않고 라디오 중계에 더 집중하는 사람들이 부지기수다. 더욱이 경기장에 등장한 초대형 스크린을 더 열심히 쳐다보는 이들도 많다.

한 개인이 미처 읽지 못하는 수백만 권의 책들 이외에 우리의 생활을 여러모로 재단하는 새로운 미디어들도 많다. 그런 매체들은 어디 우주에서나 가능할 법한 광속의, 직접적인 통신을 약속한다. 그 중에서도 이메일을 가능케 하는 통신의 매력은 대단하다. 특히 지식인, 매니저, 언론인 등 업무상 국제적인 교신이 잦고 빠른 연락이 필요한 사람들에게 이메일만큼 간편하고 무제한으로 정보를 주고받을 수 있는 수단은 없다. 하지만 월드 와이드 웹에 발을 담그고 있는 수천만, 수십억의 유저들에게 이메일은 하나의 문젯거리가 되어버렸다. 누구든 노출되어 있고, 누구든 '얼굴'이 보이며, 누구에게든 연락이 가능하다. 누구든 매일 수백 건씩 쏟아지는 '뉴스'의 수신자가 될 수 있는 것이다.

영리 기업들이 전세계에 널리 퍼져 있는 고객을 잡기 위해 면밀하게 기획한 마케팅 프로그램 및 목표 그룹 공략을 모두 실시한다고 가정하면, 한 사용자의 메일함에 도착하는 텔레마케팅 메일은 하루 평균 1,200통에 달할 것이라는 분석도 나왔다. 광고메일을 걸러내는 지능형 필터 프로그램이 아무리 진화를 거듭해도 대량 스팸메일의 공세를 따라잡기에는 역부족이다. 스팸메일이 날로 형식과 방법을 바꿔가며 도전하는 통에 필터가 무력화되기도 하거니와, 사용자가 필요로 하는 정보를 오히려 차단해 버리는 역효과도 일어난다.

그런 상황임에도 불구하고, 수년 안에 십억 대의 컴퓨터가 네트워크로 연결되는 미래시장에서는 필터링이 거대 아이템으로 등장할 것이라는 전망도 있다. 매사추세츠 테크놀로지 연구소의 정보학자 마이클 더토조스Michael Dertouzos의 추측으로는 그렇다. 한 대의 컴퓨터에는 적게는 수천 개에서 많게는 수백만 개에 이르는 정보(파일)가 들어 있다. 따라서 지구의 컴퓨터가 보유한 파일의 총량은 수십조를 넘는다는 뜻이다. 대부분의 일반인들에게는 그런 어마어마한 자료의 산이 그저 거대한 정보의 무더기일 뿐이다. 우리는 단지 쓸 만한 금가루가 필요할 때마다 그 산에 잠깐씩 접근하면 되니까.

그래서 이제 인간의 생물학적이고 심리적인 정보 수용능력의 한계를 지적하는 목소리들이 늘고 있다. 인간이 버틸 수 있는 한계가 위협받고 그것이 침범당할 때마다 이른바 정보 스트레스가 생긴다. 소위 우리가 '정보사회'라고 부르는 미래 세계에서는 정보와 통신 기술을 생산하고 유포하는 주체가 얼마만큼 이 불변의 한계에 잘 대응하느냐가 관건이 될 것이다. 인간의 교류능력에는 일정한 진화적 한계가 있는 듯하다. 수렵채집의 시대부터 지금에 이르기까지, 한 개인이 동시에 교류할 수 있는 인원은 60여 명이 한계다. 그 이상이 되면 즉각 스트레스가 발생한다. 대부분 물리적으로 가까운 주변인들하고만 관계를 유지해도 이 최대 수치는 금방 채워진다. 그런데 거기에 인터넷이나 기타 전자적 수단 혹은 여러 통신 경로를 통해 가상의 교류까지 추가되면 기존의 '실제' 인간관계에 부담을 줄 수밖에 없다. 현실에서의 대인관계가 도리어 가상의 관계 때문에 흔들리는 일이 생기는 것이다.

인간의 사회적 관계가 60명이라는 한계가 있듯, 복잡한 기술을 받아들이는 데에도 분명한 한계가 있다. "우리 뇌는 컴퓨터처럼 멀티태스킹을 하도록 프로그램되어 있지 않다. 우리는 점점 인간의 능력을 혹독한 시험대에 올려놓고 있다." '테크노스트레스Techno-stresses'라는 용어를 창안한 래리 로즌Larry Rosen과 미셸 웨일Michelle Weil이 한 말이다. 아무리 기계를 잘 다루는 사람도 부가기능이 무한정 추가되거나, 구입한 지 얼마 되지 않은 300쪽에 달하는 사용매뉴얼이 최신 정보에 밀려 구닥다리가 된다면 부담을 느낄 수밖에 없다.

따라서 미래 시장을 지배하려면 단순화에 능한 판매자가 되어야 한다. 즉 생각이든 조정이든 사람이 아니라 기계가 숙제를 짊어지게 해야 한다. 기술 발달 초기만 해도 그것이 가능했다. 자동차는 실제로 고도의 복잡한 원리를 지닌 기계지만 작동 방법은 비교적 쉬웠다. 하지만 현대에 들어서서 조작 부담을 사용자에게 돌아가게 하는 기계 때문에, 인간은 수많은 단추를 누르고 기능을 일일이 외워야 하는 처지에 놓였다.

그런데 최근에는 다시 이 흐름이 되돌아가고 있다. 요즘 출시되는 비디오 레코더를 보면, 고객이 정말 원하는 것은 수많은 기능이 추가되어 사용자를 혼란에 빠뜨리는 제품이 아니라는 사실을 기업들이 간파한 것 같다. 채널을 검색해서 기억하고, 현재 날짜 표시, 예약녹화 시작 시간과 종료 시간 등을 단 하나의 코드만 입력하면 기계가 알아서 다 하게끔 프로그램해 놓은 것이다. 왜 사람이 골머리를 썩어야 하나. 기계가 다 알아서 해줄 텐데!

인간이 지닌 또다른 한계는 정보를 처리할 수 있는 속도에서 드러난다. 단순히 정보의 수량만 대거 늘어난 것이 아니라 그것이 우리에게 접근하는 속도까지 엄청나게 빨라졌다. 어찌되었든 그 정보를 처리하고 관리하고 싶다면 일단 정보 흐름에 제동을 걸고 속도를 늦추는 수밖에 없다. 과부하와 스트레스를 방지하기 위해서는 개인의 정보 유효 범위도 감당이 되는 한도 내로 축소 제한해야 한다. 《데이터스모그Data Smog》를 쓴 데이비드 솅크David Shenk는 정보의 풍요가 그만큼의 가치와 중요성을 유지하려면 인간의 처리 속도를 고수하는 것이 무엇보다 중요한 일이라고 주장했다. 정보 밀도가 통제되지도 않고 속도 제한도 없이 증가하는 한편, 더 많은 정보를 더 빠른 시간에 거르고 처리하겠다는 강박관념에서 벗어나지 못하는 한 만성적인 스트레스는 우리 곁을 떠나지 않을 테니 말이다. 두통, 고혈압, 소화기 이상 등은 정보사회에서 가장 만연한 증상들이며, 역시 항우울제, 위장약, 혈압조절제 등이야말로 약품 시장에서 꾸준히 잘 팔리는 베스트셀러인 것도 그와 무관하지 않음을 입증한다.

과잉 정보에 대한 맹신

우리는 심리적으로나 생물학적으로 우리 스스로 양산한 정보의 홍수를 견뎌낼 능력이 없다. 주의력결핍 행동장애ADHD는 일부 어린이에게서만이 아니라 성인들에게도 폭넓게 나타나는 증상이 되었다. 수백만 명의 성인남녀가 만성 불안감, 신경과민, 주의집중 장애에 시달리고 있다. 《와이어드Wired》라는 정기간행물은 "주의력결핍 행동장애는 정보화시대의 공식적인 두뇌증후군이다"라는 견해를 싣기도 했다.

70년대에서 90년대에 이르는 기간 동안 일본인의 시력이 급격히 저하되었다는 연구결과가 나오기도 했다. 텔레비전과 컴퓨터 모니터 화면에 장시간 노출된 눈이 지속적으로 부담을 받은 것이 원인으로 풀이된다. 전문가들은 멀지 않은 미래에 일본인 대부분이 근시가 되어 안경을 착용해야 할 것으로 내다보았다.

사회심리학자들은 다수의 연구를 통해, 인간이 정보 과부하에 시달리게 되면 인지행동과 사회적 행동이 어떤 변화를 겪는지 알아냈다. 우리는 새로운 정보를 접해도, 소비자의 입장 혹은 어느 한 당을 지지하는 유권자의 입장을 포기한 채, 그것에 대처하지 않거나 소극적으로 대처한다. 과제가 복잡하고 혼란스러울수록 당사자들은 단순한 해결책을 찾으려고 한다. 정보 수용 과정이 일정 시점을 넘으면 판단력이 흐려지고 까다로운 경위를 파악하는 능력도 마찬가지로 떨어진다.

그러나 과잉 정보에 대한 맹신은 쉽사리 없어지지 않는다. 정보량만 많으면 '잘 안다'고 착각하는 것이다. 하지만 판단과 평가의 정확성은 오히려 불완전해진다.

결국 정보를 과잉으로 접하는 사람은 사회적 요구를 피해 몸을 움츠리고 타인의 도움 요청에도 별 신경을 쓰지 않게 된다.

정보의 범람이 가져오는 또다른 장기적인 영향 중 하나는, 개인의 기억력이 서서히 감퇴되는 현상이다. 기억력 전문가인 로버트 브요크Robert Bjork는, 인간은 무의식적으로 많은 양의 정보를 머릿속에 담아둘 수는 있지만 정작 필요할 때 그것을 불러내는 능력은 현저히 떨어진다고 말했다. 이유는 이렇다. 인간의 기억은 맥락 안에서 개개의 정보를 저장해 두는 형태를 띤다. 우리는 한 사건을 경험했을 당시 있었던 많은 주변 요소들을 서로 연결지어 머릿속에 저장하고, 그랬을 때에만 기억을 잘 불러낸다. 소설 한 편을 읽으면 그 내용은 그것을 읽었던 특정한 분위기나 장소와 함께 기억된다. 그래서 그 장소를 떠올리면 소설의 내용이 생각나고, 그 반대 경우도 가능하다. 친구들과 스파게티를 먹으며 어떤 정치적 논쟁을 벌였고 배경음악으로 재즈가 흘렀을 수도 있다. 거기 포함된 요소 하나하나가 전체로서, 여러 자극이 통합된 하나의 묶음으로서 기억되고, 나중에 한 가지(재즈)를 떠올리면 그 전체가, 혹은 다른 세부사항도 같이 떠올려지는 것이다. 기억이란 정확히 사실 그대로를 대변하지 않는다. 그보다는 사고, 감정, 이미지가 서로 얼기설기 짜여진 하나의 직조물이다.

지금의 정보 수용 과정이 안고 있는 문제는, 자꾸만 똑같은 맥락에서만 정보 습득이 이루어져 연상작용이 점점 불가능해진다는 점이다. 정보를 얻는 출처는 텔레비전이나 컴퓨터, 아니면 팩스나 전화에 한정되어 가고, 장소는 한두 곳으로 축약되는가 하면, 신체 상태 역시 앉아 있는 것으로 획일화된다. 그러니 무엇을 떠올리든 연상고리가 작동하지 않는다. 모든 것이 비슷비슷하게 느껴지고 여기서 들었는지 저기서 읽었는지 도무지 헷갈린다. 무수히 저장된 색깔 없는 정보의 안개 속에서 무언가를 불러내는 일이 쉬울 리가 없다.

"지금은 전화를 받을 수 없습니다!"

정보의 홍수에 압도당하거나 스트레스를 받거나 탈진해서 결국 익사하지 않으려면 각자가 나름대로의 정보경제론을 마련해 두어야 한다. 철학자 피터 슬로터다이크가 말한 대로다. "우리가 오늘날 필요로 하는 건 '정보 소비자를 위한 실존주의'다. 정보에 도취한 생물, 혹은 정보에 지배당하는 생물로 산다는 것이 무엇인지 우리는 깊이 생각해 봐야 한다. 아주 많은 사람들이 일방적으로 쏟아지는 정보 홍수에 떠밀려 길을 잃고 악전고투한다. 그들은 정보의 홍수를 전혀 무방비상태에서, 즉흥적으로, 맨몸으로 되받아내야 한다. 철학이 그들을 그냥 내버려둬서는 안될 일이다."

과잉 정보의 폐해와 싸우는 일은 곧 생태와 건강을 위협하는 다른 문제들과의 싸움으로 귀결되기도 한다. 데이터 스모그가 배기가스 스모그와 함께 퇴치 대상이 되지 않을 이유가 어디 있단 말인가? 환경이 쓰레기 더미로 오염되는 일을 막듯, 정보 생산자들이 마구 버려대는 거칠기 짝이 없는 폐기물들도 조절되고 제한되어야 한다. 열량 과다 섭취를 유도하는 건강치 못한 식습관을 바꾸듯, 정보의 과다 섭취를 줄이는 다이어트를 단행해야 한다.

정보생태학의 세 가지 요소, 즉 생산, 유포, 처리는 서로 무관하지도 않거니와 따로 떨어뜨려 생각할 수 없다. 특히 생산 과정은 그렇지 않아도 독주를 거듭하고 있지만, 거기에 덧붙여 인터넷, 이메일, 휴대폰, 팩스 사용자를 포함한 모든 정보 소비자까지 동시에 새로운 메시지를 만들어내며 막대한 정보 양산에 일조한다. 이처럼 생산과 소비의 경계가 불분명하고 서로 뒤엉켜 있는 것은 외면할 수 없는 현실이다.

생산자들이 자발적으로 자기 규제를 할 리는 만무하고, 정보 배포 또한 날이 갈수록 더 치밀하고 효과적으로 진화한다. 결국 공은 정보 소비(처리) 주체인 개인에게 넘어간다. 최소한 '정보 경색梗塞'에 걸리지 않으려면 자신의 정보 관리에서 주도권을 갖고 적어도 다음 세 가지 전략을 실천하는 수밖에 없다.

첫째, 필터를 마련하고 개인적인 정보 시스템을 구축한다. 정보 쓰레기를 보면 그 정체를 빨리 파악해 즉시 견제하거나 버려야 한다. 텔레비전 시청을 대폭 줄이고 계획성 있게 시청해야 한다. 자신이 고른 프로그램만 본 뒤 곧바로 꺼버릴 수 있는 결단력을 갖자. 이

메일 홍수에도 제한을 두어야 한다. 만인의 대화 상대가 되지 말고 필요할 땐 적극적으로 '채팅 그룹'에서 내 이름이 삭제되도록 만들자. 중독성 짙은 업그레이드 열풍에서도 한발 비켜서자. 5.0 버전 때문에 4.5 버전을 아무렇지도 않게 버리는 낭비는 삼가자. 무엇보다도 정보와 미디어를 '섭취'하는 데 금식과 절제를 행하자.

둘째, 자신이 스스로 편집자가 되자. 수많은 정보 중에서 중요한 것에만 집중하자. 그다지 새롭지도 중요하지도 않으면서 금 같은 시간을 잡아먹는 것들을 과감히 잘라내자. 디지털 캠코더니 디지털 카메라니 하는 장비는 사적으로 정보의 홍수를 양산하고 배포하는 주범이다. 물론 요즘엔 값이 싸지고 작고 가벼워져서 여행이나 아이들 생일은 물론 가족 경조사 등의 개인사를 일일이 기록하기엔 더할 나위 없이 편하다. 하지만 나중에 쌓이는 기록의 양은 우리를 피곤하게 한다. 예전에 더 많이 쓰이던 필름 카메라, 촬영 시간이 짧았던 캠코더 등은 현상인화비가 비싸고 시간적·물리적 제한이 있었지만 오히려 그 때문에 사람들이 촬영 전에 열심히 계획하고 좋은 장면을 고르고 편집에 공을 들였다. 그러니 당연히 그 기록물이 가치 있고 흥미진진할 수밖에 없었다. 과유불급이라고 하지 않던가.

셋째, 자발적으로 단순하고 소박한 정보기술 쪽을 택하자. 다운테킹Downteching, 즉 기술 수준을 낮추는 시도를 해보는 것이다. 새것이라고 해서 무조건 받아들이지 말고 일부러 정보유통의 느린 방식으로 회귀해 보자. 이메일 대신 손으로 편지를 쓰고, 갓 출간되어 나온 따끈따끈한 초판 서적 구입에 돈을 투자해 보자.

말하자면 정보문화를 자율적으로 제한하고 통제하고 의식적으로 대응하는 전략은 정보의 카오스에서 빠져나오는 탈출구다. 자기 방어를 위한 정보경제학은 단적으로 말하면 시간경제학이다. 고속미디어라는 차량의 타이어에서 바람을 빼고 천천히 가보자. 미디어 테크닉의 노예나 추종자가 되기를 거부하자. 미디어가 고속이라고 나까지 고속으로 대응할 필요는 없다. 팩스나 음성 메시지가 오면 즉각 답을 보내지 말고 조금 천천히 대응하자. 만약 어떤 정보 출처가 심하게 나를 괴롭히면 내 인생에서 아예 그것을 몰아내버리자. 우리 삶의 절대 다수의 시간을 정보의 운하에서 쏟아져 나오는 것들로부터 방해받지 않는 청정지역으로 만들어야 한다. 아무도 나에게 마음대로 연락하지 못하는 그런 시간을 만들자. 오직 나만을 위해 쓰는 시간이니까.

5장 타인을 이해하는 법

사랑과 증오의 게임

타인에게 귀기울이기

진화심리학은 우리가 이미 알고 있거나 어렴풋이 느끼고 있던 것을 다시 확인시켜 주었다. 좋은 삶이란 완전히 자아를 고립시키거나 타인과 영구적으로 적대관계를 유지해서는 결코 실현이 불가능하다는 사실이다. 그런데도 우리는 어느새 사회적 유대 중 상당 부분을 귀찮은 족쇄로 여겨 떨쳐내 버린 후 자의식으로 똘똘 뭉친 개인주의자들이 되어버린 듯하다. 개인의 자율성은 무엇보다 소중하며, 공동체는 그것이 아무리 중요하다 해도 우리 각자의 목표와 욕구를 실현하는 데 득이 되는 한도 내에서만 가치를 지닌다. 맞다. 장 폴 사르트르가 말한 대로 "타인이란 지옥 같은 것"이긴 하다.

하지만 우리를 그렇게 느끼도록 만든 책임은 다른 누구도 아닌 우리 스스로에게 있다. 한편으로는 소속감과 안정을 원하는 원초적이

고 적극적인 갈망이 있지만 다른 한편으로는 최대한 자유롭고 독자
적으로 살고 싶어하는 현대적인 욕구도 다분하다. 그 사이에서 괴리
를 느끼는 것이 바로 지금 우리의 모습이다. 정말 좋은 삶을 원한다
면 거리와 친밀성 사이, 자율과 공동체 의존도 사이에서 균형을 잘
잡아야 한다. 다만 지금은 이 균형을 만들어내는 심리적인 능력을
상실해 버린 듯하다. 원만한 인간관계, 아니 심지어 기쁨과 즐거움을
얻는 인간관계를 원한다면 가장 먼저 필요한 것은 무엇일까? 바로
이해하고 용서하는 능력이다.

"너를 이해해. 지금 무슨 심정인지 다 알겠어!" 우리는 과연 어떨
때 남에게 허심탄회하게 이렇게 말할 수 있을까? 공감 혹은 감정이
입은 연민을 뛰어넘는 능력이며, 남의 생각과 감정을 알기 위해 선입
견 없이 온전히 귀를 기울이고 들여다보는 능력이다. 사람은 누구나
날 때부터 이 능력을 가지고 있지만, 참으로 안타깝게도 아주 조금만
쓰고 세상을 떠난다.

미국의 심리학자 에드워드 티치너Edward Titchener가 처음 '감정이
입empathy'이라는 개념을 창안했을 때는, 당시 몇 세대에 걸친 철학
자들이 이른바 '상호주관성intersubjectivity' 때문에 전전긍긍하고 있을
때였다. 어떻게 그리고 얼마나 타인에 대한 이해가 가능할까? 다시
말해 타인의 감정, 시각, 판단 등을 이해하는 일은 얼마만큼 가능할
까? 철학자 칸트는 상호주관성이란 멀리 떨어진 사람을 마치 바로
옆에 있는 것처럼 지각하는 '확장된 사고방식'이라고 여겼다. 에드
문트 후설은 타인의 눈으로 세계를 보는 능력을 가리켜 '비슷해지려
는 통각統覺'이라고 불렀다. 타인의 생활환경에 자신을 대입해 보는

행위는 두 지평을 하나로 융화시키되 동시에 나 자신의 세계를 더 굳건히 만드는 일이다. 유대가톨릭 철학자인 에디트 슈타인Edith Stein은, 우리가 자기 스스로를 '파악'하기 위해서는 '방위의 원점', 즉 자신의 몸을 떠나야 하며 내 피부 바깥으로 뛰쳐나가야 한다고 말했다. '바깥'에 나갔을 때에야 비로소 남을 파악하고 이해하는 시도도 할 수 있다.

심리학은 그런 철학적인 개념들을 뛰어넘어 현실생활에서 남을 공감하고 이해하는 '자기 탈피'가 어느 정도까지 가능한지 연구를 계속했다. 남의 입장이 되려면 필요한 특수한 상상력도 심리학의 연구대상이었다. 두 세계 사이에 놓인 간격을 좁히기 위해서는 단순한 연민이나 추상적인 사고만으로는 충분하지 않다. 감정이입에 필요한 상상력은 두 가지를 전제로 한다. 바로 함께 느끼고 함께 생각하는 일, 그리고 자신의 세계관을 잠시 보류하는 일이다. 자신의 의견을 남에게 말하는 일에만 급급한 사람, 남의 말을 듣고 함께 느끼는 법을 모르는 사람은, 이 시대가 요하는 가장 중요한 능력을 방기하는 것이나 다름없다. 감정이입은 나를 더 창의적이고 관용적이고 유연하게 만들어준다. 그리고 그것은 이해에서 오는 기쁨을 놓치지 않는 기술이기도 하다.

이해란 생각을 읽는 것

감정이입은 타인의 감정 때문에 내 가슴이 복받쳐 오르고 눈물까지 흘리게 되는, 즉흥적인 동감 이상의 것이다. 연민은 감정이입의 전 단계일 뿐이다. 단순히 같은 '감정'을 느 낄 때는 슬픔, 기쁨, 분노가 어떠할지 상상하며 그 경험을 나눈다. 그 래서 위로도 하고 같이 기뻐하거나 화내기도 한다. 다만 연민은 감 정이 위주가 되고 감정이 지속되는 동안에만 존재하는 비교적 피상 적인 형태의 교감이다. 반면 감정이입은 타인의 경험을 이해하고 거 기에 적절한 방식으로 대응하는 능력을 말한다.

참된 감정이입이란 단순히 감정을 공유하는 것에서 그치는 것이 아니라 감정 아래에 깔린 것이 무엇인지 이해하려고 시도하는 것이 다. 그래서 상대의 말을 잘 새겨듣고 유심히 관찰하는 것이 감정이 입의 전제조건이다. 감정이입 상태의 사람은 상대의 마음속에 정확 히 무슨 일이 일어나는지 알고 싶어한다. 그 사람의 눈으로 세상을 보려고 노력하는 것이다. 관점을 주고받고 잠시 내 시선을 배제하면 단순한 동감을 넘어서는 이해의 차원이 열린다. 타인이 무엇을 생각 하고 느끼는지, 어떤 의도를 가졌는지, 어떤 동기와 콤플렉스가 그를 이끄는지, 얼마나 진술하게 나를 대하는지를 '읽을' 수 있어야 그 사 람을 이해할 수 있다. 다시 말해 그 사람을 돕거나, 반대로 그의 의도 나 계획에 휘말리지 않도록 나를 보호할 수도 있다. 감정이입은 사 실 득도 되고 해도 될 수 있다. 상대방의 '머릿속'을 훤히 들여다보 는 사람은 남을 돕고 지원할 수도 있지만 동시에 조종하고 착취할 수 도 있으니까.

미국의 감정이입 전문가 윌리엄 이크즈William Ickes는 공감 능력을 이렇게 정의했다. "감정이입 능력이 있는 사람이 (남의 마음을) 유추하 는 일은 일상에서 독심술을 실천하는 것이나 다름없다. 우리 뇌가

의식 다음으로 잘 수행하는 두 번째 기능이 바로 이것이 아닐까."

감정이입 덕택에 타인과 삶을 공유하고 자신의 세계를 확장하는 한편, 말 그대로 내 한계를 넘어 성장할 수도 있다. 내가 아닌 남의 입장에서 생각함으로써 세계관만 확장되는 것이 아니라 자기 이해의 폭 역시 넓어진다. 감정이입은 남과 나를 연결시키는 끈이다. 감정이입의 능력 없이는 정녕 모나드 혹은 자폐에 머물 수밖에 없으며 자기 안에 갇혀 살아야 한다. 감정이입이 없다면 사람 사이의 이해도, 지속적인 관계도, 친숙한 교류도 불가능하다.

감정의 전염

감정이입은 우리 뇌가 생존을 위해 마련한 중요한 능력이다. '감정의 뇌'라고 불리는 대뇌변연계와 '사유의 두건'이라 불리는 대뇌신피질 역시 모두 생존을 위한 조직들이다.

대뇌변연계, 특히 편도핵은 주변 환경에 아주 빠르고 감정적으로 반응한다. 싸우거나 도망치거나 울거나 성내거나 탐하거나 정욕을 드러낸다. 수백만 년의 진화 과정 동안 인간의 신피질은 사고와 반사를 주관하는 조직으로 발달했다. 그러면서 계통발생 초기부터 있어온 뇌간과 긴밀하게 연락을 주고받으며 대뇌변연계의 폭주를 누그러뜨리는 대립항 구실을 하고 있다. 신피질의 과제는 복잡한 현실을 골똘히 생각하고 확인하고 성찰하는 일이다. 원시부터 있어온 '옛' 뇌 부위들의 자동적이고 너무 앞서가는 듯한 반응에 제동을 거는 역할이라고 보면 좋을 것이다.

공포, 분노, 기쁨, 슬픔 같은 기초 감정들에 대해서도 서서히 세분화된 표현 형식이 발달하기도 했다. 그냥 '단순한' 분노에서 짜증, 시기심, 자기 연민, 수치심 같은 미묘한 감정들이 생겨났으며, 원초적인 정욕에서 사랑, 자상함, 온정 같은 복합적인 정서들이 갈라져 나왔다. 인류가 서로 공생하기 위해서라도 이 감정들을 제대로 알아차리고 올바로 해석하는 일은 중요했다. 원숭이들조차 공감능력이 발달하지 않고서는 공존하기 힘든데, 하물며 인간이 사는 불투명하고 복잡한 세계는 말할 필요도 없다.

비교적 정상적인 조건에서라면 인간은 태어난 뒤 첫 1년 동안 이 진화적인 발생사를 반복한다. 신생아 때부터 아기는 다른 아기가 울면 같이 따라 운다. '감정적 전염'의 한 예다. 두 달이 지나면 남이 눈물 흘리는 걸 보면 자기도 울고, 웃는 표정을 보면 같이 웃는다. 즉 아기들도 아주 이른 시기부터 감정을 알아차리고 '반영'할 줄 아는 것이다. 물론 기쁨, 화, 슬픔 같은 단순한 감정만 가능할 뿐 아직 수치심이나 경멸 같은 복잡한 느낌은 알지 못한다.

여섯 살이 되면 진짜 감정은 감추고 겉으로 다른 감정을 드러내는 법을 터득한다. 일곱 살에는 어떤 상황을 보고 그것이 질투, 죄책감, 뿌듯함, 겸손 중 어떤 감정과 관계된 상황인지 미묘하게 구별할 줄 안다. 또 동시에 어떤 감정 표현 뒤에 숨은 진짜 동기와 의도가 무엇인지 알아가는 판별력도 생긴다. 아홉 살에서 열한 살 시기에는 누군가 자신을 속이려 하거나 조종하려 할 때 언뜻 내비치는 비언어적인 신호를 파악하는 능력까지 갖게 된다.

감정을 반영하는 행위는 생후 몇 년 간 공감능력을 키우는 데 결정적인 역할을 한다. 아이는 부모가 보여주는 반응을 통해 자신의 감정을 재확인하고 싶어한다. 또한 아이가 자신만의 감정세계를 형성하기 위해서는 부모의 공감을 직접적으로 느껴야 한다. 나는 웃는데 아무도 나와 같이 웃지 않고, 내가 우는데 아무도 위로해 주지 않는다면 내 감정은 '확인'받을 길이 없다. 그런 어긋남이 반복되면 차츰 자신의 심리적 상이 일그러지고 원래의 건전한 자아에서 멀어진다. 반대로 부모와 주변 사람들이 공감해 주면 아이는 인정받았다고 느끼고 자기 감정(과 그것의 표출)이 적절하며 타당하다는 확신을 얻는다. 결국 감정이입과 관련된 관심을 내면화하다 보면, 남들의 '반영'에 일일이 신경쓰지 않고 스스로를 위안할 수 있으며 칭찬이나 격려를 할 수 있는 능력도 생긴다.

대화에서 배워라

"어떤 기분인지 충분히 이해해!" "지금 어떤 심정인지 알 것 같아!" 이런 말을 들으면 가슴이 따스해지고 안정감을 느낀다. 감수성과 연민이 한껏 묻어나오는 말들이기 때문이다. 하지만 감정이입은 그것보다 더 적극적이다. 공감능력이 뛰어난 사람은 타인이 지금 막 느끼는 감정을 수동적으로 흡수하지만은 않는다. 타인의 입장이 되어 생각하고 느끼는 가상현실이 곧 감정이입이다. 이 감정은 무엇인가? 타인의 마음을 들여다보아 얻은 통찰로 무엇을 할 수 있을까? 결국 참된 감정이입은 모든 것을 공감하면서도 한편으로는 일정한 거리두기를 요한다. 윌리엄 이크즈는 이렇게 쓴 바 있다.

"감정이입은 타인의 감정과 사고를 들여다보고 이해하기까지 관찰, 기억, 지식, 숙고가 하나로 연결되는 복잡다단한 추론이다."

공감이란 단순히 '함께 느꼈기' 때문에 분노하거나 기뻐하는 것이 아니라, 대화를 통해 배울 점을 찾고 배운 것을 적용해서 행동하는 것을 뜻한다. 잘 공감하는 것이 끝이 아니라는 얘기다. 공감을 통해 우리는 지식의 레퍼토리와 행동의 스펙트럼을 넓힐 수 있으며, 세계와 사람에 대한 이해도 깊어진다. 그렇게 되면 당연히 문제를 풀고 위기를 극복하며 더 깊은 원인을 포착하는 것이 모두 쉬워진다. 그래서 감정이입은 '사회적인 좋은 삶'을 여는 가장 큰 열쇠다.

공감능력은 감정이입 전문가들이나 심리상담사, 의사 등의 전유물이 아니다. 그것은 남들과 함께 원만히 살아가는 데 도움을 주는 이른바 감성지능의 한 부분이다. 더구나 공감을 잘 실천하는 사람들은 배려와 관용의 그릇, 그리고 성공의 크기가 다르다.

공감능력은 타고나기도 하지만 후천적으로도 얼마든지 훈련하고 다듬고 계발할 수 있다. 공감은 단순한 '동감' 수준에 머물러서는 안된다. 감정이입은 감수성을 넘어서는 마음의 노동이다. "산악등반이나 감정이입이나 똑같이 어렵고 고된 과제다. 두 가지 모두 정상에 올라서기 위해서는 붙들 곳이 충분해야 하고 이정표가 분명히 세워져야 한다." 사회심리학자인 사라 호지스Sara Hodges와 대니얼 웨그너Daniel Wegner의 논문《자동적이고 조절 가능한 감정이입Automatic and Controlled Empathy》에 나오는 말이다.

공감능력을 가진 사람은 상황 변화에 민감하며, 고정관념이나 선입견에 흔들리지 않고, 섬세한 변화와 작은 뉘앙스에도 주의를 기울인다. 감정이입은 나름대로 연습과 자각을 요하지만, 특히 주의집중이 가장 중요하다. 관찰하는 자아로서 자신의 의식 흐름에서 벗어나는 행위를 가리켜 많은 학자들이 '메타인지metacognition'라고 일컫는다. 지그문트 프로이트도 의사가 환자를 치료할 때 그와 비슷한 태도를 취해야 한다고 언급하면서 이른바 '중립적으로 떠 있는 주의집중'이라는 개념을 들었다. 또는 일부 심리학자들이 선호하는 '관찰'이라는 개념도 같은 맥락이다. 타인의 심리 상태와 나의 심리 상태를 편견 없이 주의해서 보는 것이다. 집중은 감정이입의 전제조건이다.

공감의 시선 훈련하기

타인에게 공감하는 마음으로 다가가기 위해서는 가장 먼저 자신의 심신 상태와 행동부터 관찰해야 한다. 나는 타인의 가슴과 머리에 다다르기 위해 내 생각과 감정을 어떻게 표현하는가? 진심으로 함께 고민하고 돕고 싶어하는 내 마음을 표현할 가장 좋은 방법은 무엇일까?

첫째, 속도를 늦춘다. 우리는 때로 너무 격한 감정에 휘말려 지금 주변에서 일어나고 있는 일을 놓칠 때가 있다. 불안이나 분노 등의 부정적인 감정들은 무엇보다도 스트레스 호르몬을 분비시키고 근육을 수축시키는데, 심리적으로 흥분한 상태에서는 실제로 시야도 좁아지고 인지능력이 크게 떨어진다. 누군가 이런 상태에 놓여 있다면 감정이입 능력을 발휘해 그 사람의 '열기'를 가라앉히고 성급한 결론을 내리지 않도록 도와주어야 한다. 그리고 시간을 갖고 중요한 결정에 대처할 수 있도록 설득해야 한다. 상대가 일시적 감정에 빠져 속단하려는 것을 제지하고 다시 한 번 전체를 보도록 만드는 것은 공감능력의 중요한 부분이다.

둘째, 올바르게 질문한다. 때로 우리는 이미 답을 가정하고 질문을 던지는 경우가 있다. 이미 어떤 판단이 포함되어 있을 때다. 예를 들어, 어떤 어머니가 딸에게 "너 정말, 새로 사귄다는 그 남자애가 제대로 된 애라고 생각하는 거니?"라고 묻는다고 치자. 애초부터 이 질문에는 거부와 비하가 들어 있다. 그런 질문을 받은 딸은 그냥 입을 닫아버리거나, 지나친 순응주의 혹은 복종의 의미로 자신 역시 부정적인 판단을 내릴 것이다. 이 어머니는 정말로 딸의 심중을 알고 싶었던 걸까? 그렇다면 차라리 이렇게 개방형으로, 혹은 공감 어린 태도로 물었어야 했다. "그 남자친구의 어떤 점이 마음에 드니?" 개방형 질문은 질문받은 이에게 자신을 돌아보게 만든다. 동시에 "네 견해에 진심으로 관심이 있어"라는 신호다.

셋째, 몸과 그것의 신호에 주의를 기울인다. 맞은편에 앉아 있는 어떤 사람이 지금 흥분한 상태라면 그 사람의 흥분은 빠르든 늦든 나에게도 여파를 미치게 된다. 그 사람이 화를 내면 내 혈압도 덩달아 올라간다. 이른바 생리적인 '동시성' 때문에 분노·도피 반응을 작동시키는 나의 교감신경도 함께 꿈틀거리며 요동친다. 상대가 품은 분노가 나에게 옮아오고, 그 분노의 표적이 바로 내가 된 것 같은 착각에 빠져 그것을 무조건 거부하고 방어하고픈 심정이 된다. 그러나 공감하는 입장에서 타인의 분노를 관찰하려면 우선 부교감신경을 활성화시켜야 한다. 예를 들어 사람은 누구나 외부의 제약을 받거나 억울함을 느끼거나 스트레스를 받으면 자주 화를 낸다는 사실을 떠올리고, 자신의 태도와 상황을 차분하게 되짚어본다. 그러다 보면 자연스레 부교감신경이 주도권을 잡게 된다.

이제 생리적인 동시성을 의식적으로 역이용해 보자. 예를 들어 표정부터 사뭇 다르게 바꿔보는 것이다. 짜증난 표정 대신 일부러 웃어보자. 그것만으로도 내 심신을 이완시키는 데 도움이 된다. 그러면 서서히 동시성의 프로세스도 방향을 틀기 시작하여 결국 맞은편 사람까지도 진정시키는 효과를 가져올 수 있다. 이제 상대의 행동에 훨씬 열린 태도를 보일 수 있고, 내가 같이 흥분하는 것보다 한결 냉철하게 상황을 이해하게 된다. 결국 내가 상대를 잘 이해했다는 사실을 상대에게도 효과적으로 알릴 수 있다.

넷째, 자신의 과거 경험이나 여러 사례를 떠올린다. 공감하는 마음으로 누구를 대할 때는, 그 사람이 지금 취하는 태도가 현 상황과는 아무 상관이 없다는 가능성을 항상 고려하자. 무엇보다도 나와 상관이 없을 가능성이 크다. 하루 종일 퉁명스레 대하는 동료는 나 때문에 화가 난 것이 아니라 골치 아픈 집안 문제 때문에 심사가 괴롭거나 월급이 너무 적어 화가 쌓인 상태인지도 모른다. 사람은 해결되지 못한 자신과의 갈등을 너무 많이 짊어지고 살기 때문이다. 아니면 얼굴이 화끈 달아오를 정도로 창피했던 기억이 불쑥 생각난 것인지도 모른다. 과거는 현재를 물들이는데다, 내가 취한 행동이 이따금 엉뚱한 사람에게 향하기도 한다. 그럴 때 일일이 반사적으로 나가지 말고, 그 사람을 그렇게 만든 원인이 무엇일지 알려고 노력하는 것이 좋은 방법이다. 그럼으로써 객관성을 유지할 수도 있으며,

훨씬 더 많은 것이 눈에 들어올 것이다.

다섯째, 이야기가 나오게 만든다. 공감 어린 태도는 상대로 하여금 스스로 이야기를 풀어내게 만든다. 그것을 듣되 성급히 판단하거나 말을 끊거나 좋은 충고라는 명목으로 어떤 방안을 들이밀지도 말자. 겸허히 상대의 말에 귀기울이고, 아무리 시시콜콜 다 얘기한다 해도 빨리 이야기를 끝내라며 종용하지도 않는다. 감정이입이 뛰어난 사람은 타이밍, 즉 알맞은 때를 기다리는 기교도 뛰어나다. 상대가 하는 말 뒤로, 지금 내 앞에 드러내는 감정 뒤에 무엇이 숨어 있는지 간파하고, 진짜 문제를 털어놓을 때까지 시간을 주어야 한다. 단순히 언짢아하는 것 같지만 그 뒤에는 수많은 감정이 숨어 있을 수도 있다. 실망, 상처, 무력감, 소외감, 그리고 특히 자주 드러나는 '이해받지 못한' 심정 등이.

특히 남자들은 나약함을 내보일 수 있는 감정들을 분노나 언짢음 뒤에 숨기는 버릇이 있다. 미국의 발달심리학자인 윌리엄 폴락William Pollack은 《진짜 소년들Real Boys》이라는 책에서 남자아이들이 다각도의 감정을 그저 분노와 공격성으로만 표현하는 법을 열심히 훈련받고 있다고 지적했다. 이 가면을 걷어내는 것 역시 감정이입으로 가능하다.

남자들은 상대방이 자신을 이해해 주고 공감해 준다고 느끼는 순간, 그리고 외로움이나 좌절감 혹은 이해받지 못한 느낌을 갖는 것이 철저히 정상이라는 걸 확인하는 순간, 지금껏 '남자답지 못한 것'으로 여겨왔던 감정들을 솔직하게 드러내기 시작한다.

너를 이해해, 그러나 나는 네가 아냐!

감정이입이라는 이름하에 이야기를 듣는 사람이 덩달아 자기 얘기를 함으로써 이야기하는 이로 하여금 더 깊은 속내를 드러내게 유도하는 경우가 있다. 심리치료사들도 때때로 환자에게 치료사 자신의 은밀한 영역이나 감정을 말해주면 더 큰 신뢰를 쌓을 수 있다는 착각에 빠진다. 그래서 실제로 "저 역시도 그런 일을 겪어봤어요" 같은 말을 서슴없이 내뱉는다. 얘기하는 사람 입장에서는 그것 때문에 당장은 마음이 편해질 수 있지만, 장기적으로 보면 이런 잘못된 솔직함은 오히려 역효과를 가져온다.

사람은 누구나 자신의 문제와 감정이 '유일한' 것으로 존중되기를 원한다. 그래서 누군가 자기도 똑같은 일을 경험했다고 확증해 주는 것이 큰 도움이 되지 않는다. 모순 같아 보이지만, 비밀스럽고 조심스러운 사연을 서로 주고받는 일이 오히려 감정이입을 방해하는 것이다. 선입견 없이 듣기 위해서라도 잠시 나의 경험은 잊어버리자. 어디선가 많이 들은 얘기 같고 내 경험과 비슷하게 보여도 처음 듣는 얘기인 듯 주의를 기울여야 한다. 치료를 위해서든 일상생활에서든 마찬가지다. 감정이입이라고 해서 무조건 같은 점만 찾는 것이 아니라, 나와 조금 다른 그 무엇을 찾아내고 그것을 이해하고 너그럽게 수용해야 한다.

감정이입은 한편에 있는 동참과 동감, 다른 한편에 있는 자율과 거리두기 사이를 미묘하게 오가는 게임이며, 참여와 관찰 사이의 균형을 유지하는 일이다. 더욱이 아무리 가까운 사이라 할지라도 어디서

'나'를 멈추고 '너'를 존중해야 할지 알아야 한다. 공감하기 위해 반드시 상대방의 이야기 속에 풍덩 뛰어들 필요는 없는 것이다.

미국의 심리분석가 엘빈 셈라드Elvin Semrad의 말을 빌리면, 상대에게 막 반했을 때의 연애감정은 "인간의 문화가 유일하게 용인하는 정신이상"이다. 사랑이 시작되는 첫 단계에서는 서로를 이상화하는 현상이 특히 강하게 나타난다. 상대를 보며 나의 욕구와 갈망에 일치하는 그림을 그리는데, 그 안에는 사실 나도 사랑받고 싶다는 욕망이 내재되게 마련이다. 이 그림에 맞지 않는 것은 문자 그대로 보이지가 않기 때문에, 갓 사랑에 빠진 사람은 한동안 객관과는 완전히 거리가 먼 시선만 갖는다. 게다가 이런 나르시스트적인 시기에는 백 프로 공감능력을 발휘하기는 어렵다.

일정 시간이 지나면 비현실적으로 미화되었던 그림에 불가피한 첫 균열이 일어난다. 멋진 그가 코를 곤다. 우아한 그녀가 밥 먹을 때 쩝쩝 소리를 낸다. 깔끔한 줄 알았더니 사실은 지저분하고 정신이 없는가 하면, 시시껄렁한 농담에 너무 크게 웃음을 터뜨린다. 그러나 진심으로 공감을 시작하면 그런 것은 모두 수용할 수 있다. 타인에 대한 관찰과 자신에 대한 관찰을 통해 누구도 완벽할 수 없다는 걸 잘 알기 때문이다.

감정이입은 근본부터 차별화의 기술이기 때문에 대립과 모순을 잘 받아들인다. 흑백논리의 이분법은 통하지 않는다. 그러나 아쉽게도 첫 연애감정이 식고 눈에서 비늘이 벗겨지는 그 시기에 우리는 '이것 아니면 저것' 식의 사고방식에 쉽게 빠지며, 상대방에 대한 실망감을 비하와 폄훼로 발전시킨다. 사랑하는 사람들이 초기에 겪는 싸움과 공격적인 태도는 여기서 비롯되는 일이 많다.

이 위기를 화합의 기회로 발전시키느냐 그렇지 못하느냐는 전적으로 우리가 자신의 약점과 결함을 인지하는지, 혹시 그것을 상대에게 투영하는 것은 아닌지 구분하는 데 달려 있다. 그리고 상대의 '부족함'을 받아들일 줄 아는 능력도 큰 요인으로 작용한다. 감정이입을 잘 하면 한 사람에게서 서로 엇박자를 이루는 모순들도 대부분 긍정적으로 바라보게 된다. 나 자신이든 연애 상대방이든 '완벽한' 사람이 아닌, '사랑스러운' 대상으로 확인하는 것이다.

그렇게 해서 초기의 연애감정은 상호간의 감정이입을 통해 진짜 사랑으로 탈바꿈한다. 나르시스트적인 동기가 짙었던 이상화, 그리고 뒤이은 과장된 '실망'에서 가까움과 거리두기의 균형이 이루어지는 것이다. 감정이입은 나아가 내 인격까지 풍성하게 해준다. 상대와 대화하면서 우리는 변화를 겪는다. 남을 잘 이해하는 법을 배우는 사이에 나도 발전하는 것이다.

다만 우리가 경계해야 할 것은, 이런 상호 공감적인 교류가 어느 순간 멈춰서 버리는 일이다. 이제 상대를 '속속들이' 다 안다고 믿어버린 나머지 더 이상 경청하지도 않는 일, 매번 바뀌는 상대의 희망과 견해를 알아내려는 노력조차 하지 않는 일이 생기기 때문이다. "넌 나에 대해 전혀 몰라!"라는 말은 종종 관계가 끝나가기 시작할 때 나오는 문구다. 이 말은 제대로 공감해 보지 않고 형식적으로만 같이 살아온 사람들이, 결국 그것이 공허한 관계였음을 깨닫고 허탈해할 때 잘 쓰는 표현이기 때문이다.

공감, 신중할 것!

자동차 판매원들의 업무 효율을 조사한 한 연구에서 흥미 있는 결과가 나왔다. 차를 잘 파는 판매원은 특히 고객을 대할 때 그와 자신을 동일시하는 대신 적당한 거리를 둔다는 점이었다. 공감 어린 경청은 판매원의 핵심 자질이기도 하다. 따라서 그것을 갖춘 사람은 어떤 논리나 전략이 목표(구매계약)를 성사시키게 만드는지 훨씬 잘 알아차렸던 것이다.

경청은 타인의 개인적인 진실을 알아내기 위해 그 어떤 이론이나 선입견도 배제한 채 상대의 세계관을 수용하는 일이다. 그리고 얘기에 귀를 기울이면서도 이쪽이 상대 이야기를 잘 듣고 있으며 중요한 얘기를 빠짐없이 해주길 기다리고 있다는 점을 인식시키는 것이 좋다.

대화심리치료의 창시자인 칼 R. 로저스Carl R. Rogers는 경청의 기술을 연마하는 특별한 전략을 제안했다. 그에 따르면 토론이나 논쟁을 할 때는 다음의 원칙을 지켜야 한다. "누구든 자신의 이야기를 하기 전에, 방금 이야기한 사람의 생각과 감정을 최대한 그대로 따라서 되풀이하여 말한다. 반복한 내용과 감정이 틀린 점이 없는지 상대에게 확인을 받고 난 다음에야 비로소 자신의 이야기를 시작한다." 다시 말해 진정으로 상대의 말에 귀를 기울이는 사람은 상대의 시각을 정확하게 요약 정리할 수 있어야 한다는 뜻이다. 로저스는 그의 책《인성이 만들어지는 길On becoming a person》에서 이렇게 말한다.

"겉으로는 쉽게 들린다. 안 그런가? 하지만 한번 해보라. 아마 지금까지 했던 일 중에서 가장 어렵게 느껴질 것이다. 그런데도 일단 상대의 관점을 받아들일 줄 알게 되면, 자기 견해도 분명 백팔십도 전환되는 경험을 할 것이다. 대립에서 생긴 흥분이 갑자기 가라앉고, 둘을 갈라놓던 견해의 골이 메워지고 있음을 느낄 것이다. 그리고 여전히 남은 '차이'가 좀더 현명하고 합리적으로 바뀌는 장면을 목격할 것이다."

공감능력은 마음씨 좋은 사람들의 전유물이 아니다. 사기꾼, 이기주의자, 유혹자들이 쓰는 감정이입은 오히려 나에게 불리하게 작용할 수도 있다. 히틀러는 나름대로 공감능력이 뛰어난 사람이었다. 수많은 독일인들의 욕망, 콤플렉스, 갈망을 꿰뚫어보았고 그것을 악용할 정도였으니 말이다. 누가 내 내면세계를 들여다보며 생각한다는 것은 내가 그 사람에 의해 조종당할 공산이 크다는 말이다. 거기서 나를 지키려면 내 자신의 감정이입과 주의력을 예리하게 다듬는 수밖에 없다.

말하자면 진솔한 감정이입과 목적을 둔 기능적인 감정이입을 구분할 줄 알아야 한다. 누군가 나를 조종하거나 착취하거나 우위를 선점하고 싶어서 은근슬쩍 떠보기라도 하면, 대부분의 사람들은 금세 그 의도를 간파한다. 도와주겠다고 내민 손을 잡아야 할지 말아야 할지를 직감과 정황이 분명하게 알려주기 때문이다. 다만, 아주 친한 사이에서조차 진솔한 공감의 표시가 기능적인 공감에 뒤섞일 때도 있다. 친구라는 이름으로 어떤 사람과 마음이 잘 맞을 수도 있지만, 이기적인 욕망 때문에 동참과 공감이 뒤엉키는 경우도 많다 ("방금 돈 얘기가 나와서 말인데, 내 세금신고서 좀 봐줄래? 넌 나보다 이런 일에 경험이 많잖아" 등등). 물론 그런 분위기를 당사자들 스스로도 꿰뚫고 있고 자신이 이용당한다는 느낌만 갖지 않는다면 문제될 일은 아니다.

또한 자신의 욕구와 약점을 잘 파악하고 있으면 이용당할 위험도 줄어든다. 사람은 누구나 욕망, 꿈, 열등감, 약점 등이 있어서 거기에 대한 공감 어린 말을 듣게 되면 상당히 민감해지고 약해지게 마련이다. 그래서 평소에 내가 어떤 면에서 심리적으로 약한지 인지하고 있으면, 누군가 내 마음을 움직이기 위해 그 부분을 건드려도 크게 좌우되지 않을 수 있다.

더욱이 심리적인 레이더로서 '전방위 시야'를 키우는 것도 필요하다. 감정이입을 잘하고 관찰력이 뛰어난 사람은 상대가 아주 사소한 행동을 해도 그것을 알아차린다. 소통 채널이 서로 조금씩 달라서 생기는 가벼운 언짢음과 마찰, 서로 말한 것이 달라 겪는 오해, 표정, 목소리, 몸짓언어 등은 모두 감정이입을 위해 놓쳐서는 안될 굵직한 정보들이다. 그래서 더더욱 한 사람의 의도를 정확히 유추하려면 시간과 인내, 명민한 관찰이 요구된다. 어느 한순간 갑자기 '아하!' 하고 저절로 얻는 통찰은 감정이입과는 다르다.

내가 청하지 않았는데 불쑥 다가오는 친밀함은 어떨까? 판매원이 즉석에서 다정하게 굴거나 만난 지 15분도 안되어 친한 척하는 같은 팀 여행객은 당연히 신뢰하기 힘들다. 내가 '초대'하지도 않았는데 찾아온 불청객과 비슷하다. 내가 쳐놓은 경계를 존중하지 않고 무작정 밀고 들어오는 사람, 그랬다가 이쪽에서 별다른 반응을 보이지 않으면 모욕당한 듯 씩씩거리는 사람은 대개 다른 의도를 갖고 있는 경우가 많다. 솔직한 공감 표시는 최소한의 거리를 유지하려는 서로의 권리를 충분히 존중할 줄 안다.

감정이입이 곧 서로를 다정하게 대해야 한다는 뜻은 아니다. 공감하며 경청하는 태도 역시 내가 얻어내고 싶은 것을 위한, 혹은 상대 방에게 잘 보이기 위한, 심지어 상대가 명백히 잘못 생각하고 있거나 편견에 빠져 있는데도 그 사람 편을 들어주기 위한 일이 아니다. 감정이입은 동정이 아니다. 단지 타인을 더욱 현실적으로 정확히 가늠해서 그를 도와주는 것이 목적이다. 따라서 내가 감정이입을 통해 얻은 인식을 상대가 수용하기 싫어하거나 그럴 수 없는 상태라 해도 그 때문에 죄책감을 느끼거나 불편해 할 필요는 없다.

우리는 왜 용서에 서투른가?

충만하고 만족스런 삶을 가장 크게 방해하는 것은 잠자고 있는 증오와 복수심이다. 이런 감정 때문에 몇 년 혹은 몇십 년 동안 마음이 혼란스럽거나 삶의 모티브조차 나쁜 쪽으로 치우치기도 한다. 제대로 내보이지도 못한 화, 앙심, 꽁꽁 숨겨둔 고민들은 마음을 어둡게 만들고 인격이 발전하지 못하게 족쇄를 채우며 긍정적인 감정을 방해한다.

누군가 나를 괴롭히거나 해코지하거나 자존심에 상처를 주었다면, 무엇보다도 이것부터 스스로에게 묻고 답을 찾아야 한다. 그 일 때문에 괴로워하고 복수하기 위해 내 삶의 궤도에서 벗어날 것인가, 아니면 그냥 용서하고 거기서 해방되어 새로운 출발을 할 것인가?

피해자의 입장이란 고통스러우면서도 매혹적이다. 모순된 방식이긴 하지만 그것이 자꾸 우리를 과거에 묶어두고 벗어나지 못하게 하기 때문이다. 나의 감정상태나 전체 삶의 행복을 생각한다면 그냥 내가 겪은 부당함을 용서하고 거기서 입은 피해나 손실에서 빨리 회복하는 것이 더 바람직하다. 그러나 다른 한편, 그런 괴로움을 심리적으로 이용하는 것도 가능하다. '가해자'를 가상의 심판대에 올려놓고 내가 겪은 불행의 온갖 책임을 그에게 돌릴 수도 있고, 그러면서 스스로가 짊어져야 할 삶의 책임까지 모조리 타인에게 떠넘기기도 한다.

타인과 섞여 사는 세상에서 일말의 불공평이나 상처도 겪지 않고 산다는 건 불가능하다. 어떤 땐 피해자였다가, 다른 경우엔 가해자도 된다. 남을 괴롭히거나 괴롭힘을 당하거나, 실망하거나 실망시키거나, 배반하거나 배반당한다. 언짢음, 질투, 이기심 때문에 인간은 서로의 삶을 힘들게 한다. 게다가 혼자서 상대방을 이상화하거나 지나친 기대를 잔뜩 했다가 쓴 잔을 마시기도 한다.

이 모두가 결코 피하려야 피할 수 없는 일이다. 그렇다면 우리는 생존을 위해서라도 서로 배려하는 최소한의 노력을 기울여야 한다. 남을 용서하는 능력이 없다면 아무리 사랑이 충만한 결혼도, 진한 우정도, 피를 나눈 가족관계도 언젠가는 파탄에 이르고 만다.

물론 상처는 저마다 정도가 다르기 때문에 쉽게 용서가 되는 일이 있는가 하면 도무지 화해가 불가능한 일도 있다. 생일을 잊었다거나 생각 없이 내뱉은 말 등은 비교적 쉽게 용서가 되지만, 내가 정말 힘들고 필요할 때 상대가 도와주길 거부했다거나 일부러 악의성 짙은 음해를 가했다면 쉽게 잊혀지지 않을 것이다. 더군다나 폭행, 추행, 배신, 부정 등은 아예 용서가 불가능한 것으로 취급되기도 한다.

우리가 가장 많이 듣고 입에 올리는 원망의 말이 이것이다. "어떻게 네가 나한테 이럴 수 있어?" 아무리 그럴 만한, 이를테면 깊이 생각하지 않았다든가 스트레스 때문이었다든가 하는 사정이 있었다고 감안해 주더라도 당한 입장에서는 상처가 깊으면 복수할 때를 기다리며 칼을 갈지도 모를 일이다. 가벼운 경우라면 가해자에게 며칠 차갑게 대한다든가 힐난과 질책을 퍼붓는 정도에 그친다. 극단적인 경우엔 아예 관계를 끊어버리는 일도 적지 않다.

그러나 이상하게도 관계 단절이 나의 상처를 치유해 주지는 못한다. 내가 받은 깊은 상처는 영원히 '미결'된 채로 봉인되어 이따금 마음속에서 불쑥 고개를 내밀고 나를 괴롭힌다. 그냥 홀가분하게 살아가는 일이 불가능해지는 것이다. 반대로 여전히 친구, 연인, 부부로서 관계는 유지하면서도 죽어도 용서하지 못하는 것 역시 홀가분한 삶과는 거리가 멀다. 겉으로만 관계를 유지할 뿐 영원히 사그라들지 않는 분노에 나를 내맡기고 사는 형국이다.

그렇다면 대체 왜 남이 나에게 부당한 짓을 저질렀다는 감정을 그토록 간직하고 싶어하는 걸까? 어째서 가해자에게 죄책감을 가질 것을 요구하며 그것을 즐기는 것일까? 퉁퉁 부은 내 얼굴을 보며 상대방이 안절부절 못하는 모습을 볼 때 왜 나는 만족감을 얻을까? 어째서 상황 종료를 선언하고 불미스러운 사연을 잊으려고 하지 않을까? 왜 우리는 그토록 용서에 서투른가?

용서의 심리적 역학만큼 복잡하고 중요한 심리학 테마도 없을 것이다. 거기엔 항상 사랑이니 증오니 하는 인간의 가장 심오한 감정들이 함께 연루되어 있다. 용서할 능력이 있느냐 없느냐는 사회생활의 질을 정하고 우리 마음의 평화를 좌우한다. 얼마나 용서를 잘하고, 어떤 방식으로 하느냐를 보면 그 사람의 독립성, 자아상, 나르시시즘, 과대망상의 수준 등을 엿볼 수 있다.

놀라운 사실은, 이토록 기초적인 인간의 능력이 최근 들어서야 심리학의 연구대상으로 거론되기 시작했다는 점이다. 심리학자들은 이 불분명하고 모호한 개념 때문에 애를 먹어왔고 너무 오랫동안 신학자와 철학자들에게만 이 문제를 일임해 왔다. 이제는 용서에 대한 논의가 교회와 서재 바깥에서도 심리학의 차원에서 활발히 오가며 빠른 진전을 보이고 있다. "용서는, 당사자가 인지한 상처에 대한 태도, 그것도 특수한 사회적 맥락 안에 뿌리내리고 있는 태도를 개체 내에서 친사회적으로 변화시키는 행위다." 미국의 용서Forgiveness 전문가들인 마이클 맥클로, 케네스 I. 파르가먼트, 칼 E. 토어슨이 내린 용서의 정의다. 쉬운 말로 하면, 우리에게 고통이나 해를 가한 사람을 용서하려면 내적으로 어떤 추진력과 움직임을 능동적으로 발동시켜야 한다는 소리다.

"우리가 우리에게 죄 지은 자를 사하여 준 것같이"를 떠올려 보자. 용서는 기독교의 원리이기도 하지만 다른 대부분의 종교에서도 없어서는 안될 필수 덕목이다. 예수가 설교했듯, 원수 갚기를 포기하는 것은 정말 중요하지만 좀처럼 실천이 어려운, 인간을 인간답게 만드는 덕행이다. 도스토예프스키는 문학을 통해 항상 용서하고 영원히 이해와 관용을 베푸는 원형을 창조해 냈다. 《백치》에 등장하는 므이시킨은 보통 사람이 이해하기 어려운 선善을 일상에서 실현한다. 실존 인물 넬슨 만델라 역시 끔찍한 정치적 만행을 당했지만 크나큰 용서를 실천함으로써 용서가 가진 긍정의 힘을 보여주었다.

'작은 살인'에 대한 면허

그렇다면 이러니저러니 해도 용서의 능력은 결국 성인이나 군자들에게만 국한되는 도덕적인 원칙에 불과한 것 아닐까? 어쨌거나 대부분의 사람들에게 용서란 힘든 일인 것만은 분명하다. 용서를 택하느니 불만을 품고 살거나, 상처를 붙들고 있거나, 책임을 전가시키는 것이 더 편하다. 그러나 그럴 때 우리 마음에 깃드는 불편한 심기와 짜증을 가만히 떠올려보자. 미워하는 감정을 마음속에 그냥 묻어두어서는 안된다. 부정적인 감정이라고 해서 억누르거나 부정하지 말자. 누군가 나를 멸시했거나, 내 계획을 무산시켰거나, 내 바람을 무시하거나 해를 입혔을 때는 당연히 미움이나 분노 같은 부정적인 감정이 고개를 든다. 다만 문명이 우리를 길들인 탓에 즉각 반격을 하지는 않는다. 하지만 마음속으로는 문제의 인물에게 한방 크게 날려도 시원치 않을 판이다. 그리고 방식이 어떻든 간에 내 보상심리를 정의라는 이름으로 포장하고 그것을 실현시키려 노력한다. 나를 실망시킨 친구, 못돼 먹은 동료, 뻔뻔한 옆집 사람, 상처만 주고 헤어진 전 애인 등이 다 복수의 리스트에 올라 있다. 심지어 복수를 평생의 숙원으로 삼는 사람도 있다.

어떨 땐 정말 사랑하는 사람인데도 죽이고 싶을 만큼 미울 때가 있다. 떼만 쓰고, 신경을 긁어놓고, 머리 꼭대기에 올라앉으려는 자식을 보면 아무리 부모라도 분을 참기가 힘들다. 아이들 쪽에서도 마찬가지다. 벽창호에 배려도 없고 순전히 편협한 말과 행동만 일삼는 부모는, 할 수만 있다면 저기 달나라로 쏘아 보내고 싶다. 급기야는 부모가 갑자기 죽어서 자신이 자유를 얻는 장면을 상상하기도 한다.

증오로 가득 찬 생각, 상상 속에서 저지르는 수많은 '살인'은 결코 비정상이 아니다. 이런 일련의 생각들을 떠올릴 수 있는 것도 다 문명이 우리를 순화시킨 덕분이다. "그래, 정말 할 수도 있어! 하지만 하지 않겠어. 이 상상을 한 것을 스스로에게 용서해 주자. 거기서 나는 또 하나를 배웠으니까." 부정적인 감정을 자꾸 부인하고 억누르기만 하면 그것을 제대로 이해할 수도 없고, 오히려 어느 날 갑자기 그것들을 죄다 실천에 옮기는 일이 벌어질지도 모른다. 내가 가진 어두운 측면을 올바로 인식해야만 복수심을 누그러뜨릴 수도, 아예 품지 않을 수도 있는 것이다.

우리는 누군가 나에게 부당한 짓을 하거나 나를 괴롭히면, 아주 어릴 때부터 형성된 심리적인 반응프로그램을 발동시킨다. 조롱, 무시, 배반, 경멸을 경험할 때마다 어렸을 때 겪은 수치심, 상실, 폄하 등의 상처가 되살아나 나를 협공하기 때문이다. 그 누구도 어린 시절의 경험에서 자유로울 수는 없다. 태어나서 죽을 때까지 내가 겪은 모든 일은 평생토록 나를 따라다닌다. 특히 피해자 입장이었거나, 방치되었거나, 속임을 당했거나, 따돌림 받았던 기억을 갖고 있다면 더 그렇다. 과거에 어떤 희생을 겪었느냐에 따라 그후 비슷한 상황에 처했을 때 취하는 반응의 성격과 방식이 달라진다.

아동기나 청소년기에 겪은 상실과 상처가 치유되지 않은 채 남아 있으면 어른이 된 후에 겪는 피해에 적절하고 성숙한 방식으로 대응하기 힘들다. 상처를 받을 때마다 무서우리만치 즉각 유아적인 반응 메커니즘으로 돌아가는 일이 잦기 때문이다. 역설적이게도, 과거에 그 '유아적' 반응으로 문제를 극복하지 못했는데도, 우리는 그것에서 벗어나지 못하고 비슷한 방식으로 사고하고 행동한다. 소설 주인공 톰 소여가 달콤쌉싸름한 '피해자의 처지'를 자처하고 자기가 죽음으로써 부모가 벌을 받는다고 생각하는 것도 그런 예다. 어릴 땐 누구나, "아무리 빌어도 절대 엄마아빠를 용서해 주지 않을 거야" 같은 아집으로 스스로를 달래지 않던가. 오래도록 화를 끌어안고 삐져 있거나 과도하게 떼를 쓰고 공격적으로 굴거나 온갖 우울한 앙갚음을 꿈꾼다. 이런 아이 같은 메커니즘에는 한 가지 공통된 특징이 있다. '가해자'라고 믿는 대상을 증오하는 데 에너지를 쏟기 때문에 정작 자기가 해야 할 일과 진짜 삶에는 소홀하게 된다는 점이다.

용서에 대한 무능력을 연구한 학자들은 이런 사실도 알아냈다. 앙심과 보복욕은 상실, 결별, 상처를 제대로 '애도'하지 못하여 대신 생긴 감정들이라는 점이다. 애도에서 겪는 고통을 회피해 버리면 자기 연민, 공격성, 분노 등이 대신 자리를 잡는다. 특히 타인이나 외부로만 책임을 돌려서 오히려 애도의 고통을 최대한 피하려 들기도 한다. 타인에게 죄를 묻기 시작하는 순간 부정적인 감정이 한꺼번에 그 사람에게 돌아간다. 물론 때때로 애도 과정 초기에 이런 일이 잠깐 일어나기도 한다.

아주 사소한 사건인데도 이 메커니즘이 작동할 때가 있다. 회사에 중요한 서류가 우편으로 도착했는데 내 손에 들어오기도 전에 없어졌다고 치자. 누군가 일부러 앙심을 품고 그랬는지 아니면 단순한 부주의 때문에 일어난 일인지를 확인할 길이 없다. 어떻게 해야 할까? 이를 바득바득 갈며 누가 연루되어 있는지 끝까지 추적해야 할까? 아니면 절망한 나머지 그때부터 아무도 믿지 않기로 결심해야

할까? 혹은 최대한 서둘러 그 서류를 대체할 준비에 착수하는 편이
나을까?

연애 문제에서는 어떤가? 누군가를 만나 사랑하게 되었는데 몇 달
뒤에 그(그녀)가 다른 이를 사랑하게 되었다며 결별을 통보해 온다.
그럴 때 어떻게 반응해야 할까? '배신남(녀)'에게 온갖 죄를 물으며
양심의 가책을 느끼게 해야 하는 건 아닐까? 그(그녀)의 마음을 되돌
리기 위해 온갖 수단과 노력을 아끼지 않아야 할까? 술로 시름을 잊
거나 좌절에 빠져 우울증에라도 걸려야 할까? 아니면 아무리 힘들고
고통스럽더라도 이미 벌어진 일인 이상 받아들이기로 하고 마음의
정리를 하는 편이 좋을까?

건강한 나르시시즘

심리치료의 대부분은, 슬픔이나 여타 상실감
으로부터 도피하는 과정에서 생겨난 망상과 우울증을 치료하는 것
이다. 예컨대 '분리'에서 오는 고통을 부인하거나 술 혹은 정신치료
약물에 의존하지 않고 온전히 감내하고 노력해서 스스로 극복하는
과정이 곧 심리치료인 셈이다. 제대로 애도하고 아파해야만 나를 괴
롭혔던 일로부터 놓여날 수 있다.

용서의 전제조건은 올바르게 발달한 자기애, 즉 건강한 나르시시
즘이다. 나 자신의 약점과 결함을 모두 받아들일 수 있어야 남에 대
한 깊은 배려도 생기고 남의 잘못에도 관대할 수 있다. 그렇게 되면
누구를 대하든 그 사람의 있는 그대로의 모습을 받아들이는 자세가

생기며, 감정 조절의 감각은 물론이고 선악에 대한 균형감각도 생긴다. 거절당했다고 해서 '나'라는 인격이 모두 거부된 것이 아니라는 사실도 안다. 나의 위신이나 일에 비판이 가해졌다고 해서 곧바로 모독이라고 생각하지 않으며, 심지어 남들이 가하는 부당한 행위, 분노, 불공정한 비판에도 의연하게 대처할 줄 알게 된다.

그에 반해 병적인 나르시시즘은 세계를 자기만의 미숙한 욕구로 왜곡하려 든다. 나르시시즘 '환자'들은 소유욕에 사로잡혀 쉽게 상처받고 항상 관심과 애정에 목말라 한다. 그리고 그 욕구를 채우려는 마음에 남들을 조종하고 통제하려 든다.

또 자기 확신이 강하지 않기 때문에 더욱더 권력을 휘어잡고 싶어 한다. 권력 자체가 목적이기보다는 미비한 자존감이 흔들릴 위험을 방지하려는 목적이 크다. 모든 걸 완벽히 통제해야만 자신의 무가치함이 입증될 위험이나 남들로부터 외면당할 위기를 사전에 방지할 수 있기 때문이다. 그러나 나르시시즘에 빠진 사람은 자신이 휘두르던 권력이 의심을 받거나 위태로운 상황에 놓이면 순식간에 통제력과 이성을 잃어버린다. 조금만 자기 뜻에 거슬러도, 가벼운 비판이나 공격에도 금세 발끈하고 분통을 터뜨리는 사람은 혹시 자신의 자존감이 그만큼 허약한 것은 아닌지 자문해 보아야 한다.

상처나 공격에 어떻게 대처하느냐는 보통 영아기 때 결정된다. 어린아이는 처음엔 가장 밀접한 사람, 즉 어머니를 완전히 다른 두 인물로 인식한다. '이분된 세계에 사는' 아기는 한편으로는 호의적이고 자신을 물심양면으로 돌봐주고 사랑이 충만한 어머니, 그리고 자신을 방치하고 자신의 요구를 들어주지 않는 어머니를 다르게 인식

한다. 젖먹이의 세계는 두 개의 세계, 즉 흑과 백, 선과 악으로 양분
된다. 이렇게 양분된 세계관은 사실 영원히 극복되지 않는다. 성인
이 되어서도 많든 적든 이분법의 개념에서 완전히 자유롭지 못하기
때문이다. 아무리 성숙하고 현명한 사람일지라도 혼란스럽고 위협
적일 만큼 복잡한 세계에서 흑백논리라는 확실한 잣대의 유혹을 포
기하기는 힘들다. 어떤 이들은 모든 사회적 현상을 아예 이분법적
세계관에 따라 살기도 한다. 그래서 평생 눈에 불을 켜고 모든 죄를
짊어질 희생양을 찾거나, 자신이 진짜라고 믿는 신념을 고수하기 위
해 투쟁도 불사한다. 쇼비니즘이나 외국인 적대주의 등도 바로 그런
유아기의 흑백논리에 그 뿌리를 두고 있다고 해도 과언이 아니다.

사랑과 증오의 게임

생후 첫 일 년이 지날 때 즈음이면 아기는 두
종류의 어머니가 사실은 한 사람이라는 사실을 어렴풋이 깨닫기 시
작한다. 그래서 자기가 원하는 걸 반드시 다 들어주지는 않는 '나
쁜' 엄마를 향한 분노가 이제 '좋은' 엄마에게도 표출된다. 그러면
서 아기는 처음으로 혼합된 감정을 경험한다. 죄책감이나 후회도 생
기지만 동시에 용서와 화해의 첫 경험도 한다. 갑자기 세계가 복잡
해지는 것이다.

유아는 양분된 상태를 극복하고 어머니가 지닌 양면성을 통합하
려 노력한다. 내 마음에 사랑과 증오를 동시에 일으키는 대상이 있
다는 새로운 인식이 생겨나고, 이 인식은 다시 아버지를 비롯해 유아

기에 접하는 다른 사람들에게도 적용된다. 미국의 심리분석가인 로버트 캐런Robert Karen은, 한 사람의 인성 안에서 양극을 이루는 감정들이 융화하는 이 통합 과정의 결과물을 가리켜 '감정적 일신교emotional monotheism'라고 일컫기도 했다.

이렇듯 사물에 대한 새로운 시각이 생김으로써 아이는 저항의사를 적당한 선에서 표출할 줄 알게 된다. 부모가 보이는 태만, 부모가 주는 상처, 조종 등을 거부하되, 그것 때문에 사랑을 잃을까봐 전전긍긍하지 않는다. 이때 부모가 할 일은, 아이가 과잉반응이나 분노발작을 일으켜도 단박에 억압하거나 벌하지 않는 등, 아이가 느끼는 모든 종류의 감정을 일단 인정해 주겠다는 제스처를 보이는 것이다.

아이는 자신을 받아들여주는 너그러운 분위기에서 자신의 감정세계가 정당하다는 것을 인지한다. 그러면서 한편으로는 부정적인 생각이나 환상, 욕구를 상상하는 것과 그것을 실천하는 것 사이에는 중요한 차이가 있음을 배운다. 더욱이 상처와 화해의 역학까지 함께 배운다. 부모는 아이에게, 사랑하는 사람끼리도 서로 상처를 줄 수 있다는 사실을 알려주어야 한다. 화해와 보상이 가능하다는 것, 그리고 어떤 갈등이 있어도 한 가지 원칙은 꼭 지킨다는 점을 몸소 실천해야 한다. 무슨 일이 생겨도 결국에는 서로를 용서하고 함께 함으로써 관계를 허물어뜨리지 않는다는 사실을 말이다.

특히 유아기 때 겪는 위기 상황은 부모자녀의 관계의 질에 결정적인 의미를 부여한다. 부모가 아이와의 유대를 얼마나 강하게 유지하고 있는가? 얼마나 안정감과 따스한 태도를 보이는가? 아이의 자율성과 독립성은 어떤 감정적 분위기에서 다뤄지는가? 가정 바깥의 세계를 스스로 탐구하기 위한 여지는 얼마나 허용되는가? 애착이론 전문가들은 이런 부분들이 잘 충족될수록 한 사람의 사회적 관계 형성 역시 튼튼하고 긍정적으로 이루어진다고 말한다.

애착 형성이 불완전하면 일종의 '내적 드라마'라는 것이 생긴다. 그래서 어린 시절 겪은 패턴이 자꾸 그 뒤의 인간관계에 형태를 바꿔가며 개입하는 것이다. 그래서 다양한 상황에서 '상처입은 자아'가 불쑥불쑥 얼굴을 내밀곤 한다.

내 자아가 소외되었다는 느낌을 받으면 옛날에 부모가 보였던 거부와 무관심이 다시금 고개를 든다. 뒷전으로 처지고 등한시되었다는 느낌이 드는 순간, 부모가 자기 아닌 다른 형제자매를 편애한 기억이 되살아난다. 부당하게 무시당하고 희생되었다는 생각이 들면, 부모가 쏟아냈던 힐난과 질책이 다시 귓전을 울린다. 그래서 이내 거센 반발심이 생기거나 아니면 발을 빼고 후퇴해 버린다.

살다 보면 언제 어느 때 예고 없이 모욕, 무시, 공격이 들이닥칠지 모르며 우리 중 누구도 그것에 타격을 받지 않으리라는 보장이 없다. 다만 앞서 열거한 내적 드라마는 그런 상황을 더욱 악화시키는 독이며, 유아기의 패턴으로 돌아가는 것이 바로 미끼를 덥석 물어버리는 행위다. 애착 형성 과정에서 겪은 경험 때문에 적절한 항의 표시를 하지 못하는 경우도 있다. 부모의 사랑을 충분히 느끼지 못했기 때문에 어릴 때나 커서나 끊임없이 모욕, 화, 분리불안에 시달린다.

스코틀랜드 심리분석가인 로널드 페어베언Ronald Fairbairn은, 정서적인 혼란을 주는 이 내적 드라마가 실제로 고통을 유발하는데도 불구하고 자꾸만 그것에 이끌리는 이유는, 우리가 알고 있는 열정이 유일하게 그것뿐이기 때문이라고 말한다. 이 사랑과 증오의 게임은 좀처럼 거부하기 힘들 만큼 우리 마음을 끌면서, 왜곡된 방식으로 상황을 즐길 수 있도록 우리를 자극하는 것이다. 그러나 용서도 잘 하지 못하겠고 차라리 '피해자'의 달콤쌉쌀한 아픔을 붙들고 있는 편이 더 좋다면 심리적인 발전은 끝이다.

이렇게 고착된 상황에 처하면 인간은 누군가에게 책임을 전가하고 싶은 강한 충동을 느낀다. 세계는 다시 양분되고, 누군가 죄인이 되고 악역을 맡아야 한다. 결국 형제간 혹은 부부간에 누가 잘했고 누가 잘못했나를 영원히 따지고 드는 악순환이 되풀이되기도 한다. 겉에서 보기엔 심지어 '누가 더 상처받았나'만 놓고 열심히 경쟁하는 모양새로 비칠 정도다. 그것은 아마 유치하고 미숙한 플레이어들의 게임을 보는 심정일 것이다.

잘 가라, 람보!

잘잘못에 지나치게 집착하고 서로에게 책임을 돌리는 데 급급하다 보면 문제를 자세히 분석하고 관찰하기가 어렵다. 그러나 그런 관찰이 가능하기만 하다면 갈등을 촉발한 데에 자신도 공동의 책임이 있다는 점을 받아들일 수 있게 된다.

그렇게 잘잘못을 따지고 책임 소재에 집착하는 패턴은 개인뿐 아니라 사회적으로도 쉽게 찾아볼 수 있다. 공적인 일에서 일일이 책임자가 누구인지 따져 묻고, 원리원칙만 내세워 '법질서'로 해결하려는 문화가 점점 정착되어 가는 것이 그 예다. 동전의 양면처럼, 정치적 우파는 끊임없이 적대시할 대상을 찾는 데 집착하며, 좌파는 '정치적으로 올바른' 것을 편협하게 주장하기도 한다. 이념에 따른 경직된 태도, 근본주의, 앞뒤 생각하지 않는 폭력은 모두 그런 정서가 드러난 증상들이다.

사회 곳곳에서 책임을 추궁하고 비난하는 습관적 반응 패턴이 난무하고 있다. 에어푸르트 총기난사사건(2002년 독일의 한 학교에서 퇴학생이 교사와 학생들에게 총을 쏘아 17명이 사망하고 범인 스스로도 목숨을 끊은 사건 - 옮긴이)과 같은 재앙이 발생하면 가해자 색출과 조사가 대대적으로 벌어진다. 누군가 그 일에 대한 죄와 책임을 덮어써야 하기 때문이다. 책임 소재를 정해 일괄 공격할 수만 있다면, 손가락질하는 주체는 일단 복잡한 문제에 대해 복잡한 해결책을 찾지 않아도 된다. 죄인이 정해지면 분노의 대상도 알아서 생기고 슬픔과 부끄러움도 모두 그 분노로 충당된다. 심지어 에어푸르트 사건의 범인부터도 책임 전가할 곳을 찾다가 결국 파괴적인 행동으로 표현한 것이다. "봐, 너희들이 나한테 한 짓을! 내가 이런 짓을 하는 것도 다 너희 때문이야. 너희가 나를 철저히 냉대했으니 이렇게 내 목숨마저 끊겠어!"

피해자가 되고, 또 어떤 대가를 치르더라도 계속 피해자의 지위를 고수하는 이유는, 그 지위가 일면 자기 파괴적이라 할지라도 일종의 권력을 행사할 수 있는 무기로도 쓸 수 있기 때문이다. 무고하게 박해받는 역할을 맡게 되면 어느새 가공할 에너지가 솟는다. 당하지만 말고 적극적으로 공격하자, 받은 것이 있다면 그대로 앙갚음하라, 원인 따위는 굳이 따지지 말라. 이것이 무분별한 '묻지마'식 폭력이 증가하게 되는 이유다. 미국의 철학자 조지 산타야나George Santayana는 광신자fanatic를 이렇게 정의했다. "광신자, 그들은 행위의 목적이 눈앞에서 사라지거나 근거를 잃을 것처럼 보이면 오히려 지금까지의 노력을 물거품으로 만들지 않으려고 더욱 열심히 헛된 노력을 하는 사람들이다."

다행히 그런 내적 드라마는 실행에 옮겨지지 않는 경우가 많다. 액션영화가 그만큼 많이 제작되는 이유도, 유치하긴 하지만 거침없이 보복을 행하는 '피해자'들의 반응 패턴을 가장 후련하고 이상적으로 보여주며 쾌감을 선사하기 때문이다. 람보가 적에게 받은 모욕을 몇 배로 앙갚음해 주는 과정은 비단 젊은 '사나이'들만 열광하는 판타지가 아니다. 여성들이 좋아하는 멜로 영화와 드라마도 마찬가지다. 그 안에서는 사랑, 증오, 무제한의 편집증 따위를 여과 없이 실천할 수 있고, 이성적으로 복잡한 문제를 해결하기 위해 골치 아파할 필요도 없다.

이런 미숙한 반응 패턴을 극복하거나 화해하거나 하다못해 복수심에서 놓여나기라도 하는 일은 생각만큼 쉽지 않다. 그래도 노력은 해볼 만하다. 도덕적 혹은 종교적 이유가 아니라 나 자신을 위해 용서해 보자. 용서하는 순간 우리 마음속에 얹힌 짐이 떨어져나간다. 용서란 완벽한 보상이나 완전한 정당성을 포기하는 것이며, 이론으로 존재하는 정의로운 사회에 대한 순진한 믿음을 포기하는 일이기도 하다. 교과서에 나오는 ― 특히 나에게 호의적인 ― 좋은 어머니와 좋은 친구들만 있는 사회, 과연 현실에서 가능한 일일까?

나를 향한 타인의 공격과 가해를 용서하려고 노력할 때 우리 마음의 키는 성큼 자란다. 선과 악 사이에서 갈등하는 괴로움, 분노와 짜중으로 인해 겪는 스트레스 등, 용서하지 않았을 때 치르는 심적 비용은 상당히 크다. 그에 비하면 화해를 시도하면서 겪는 수고의 비용은 매우 적다. 그리고 그 두 가지 비용을 비교하는 것부터가 의미 있는 첫걸음이다. 화해를 위한 시도는 이런 의미를 갖는다.

- 잃었던 마음의 안정을 되찾을 수 있다.
- 아직 희망이 있는 관계를 복구하고, 그렇지 않은 관계는 더 이상 그것 때문에 괴로워하지 않을 방식을 택해 미련 없이 끝낸다.
- 피해자이기를 포기하고 적극적으로 행동하는 역할로 돌아간다. 나를 발전시킬 수 있는 과제를 택해 그것에 몰입하며 진짜 인생을 사는 것이다.

용서와 잊기는 시간을 필요로 한다. 용서의 절차 전에는 대개 분노, 질책, 보상과 회복에 대한 갈망이 앞선다. 용서라고 해서 가해자에 대한 비판적인 태도를 전혀 가져서는 안된다는 뜻은 아니다. 다만 무조건 비난하고 오명을 덮어씌우는 것은 부적절하다. 잘못을 저지른 이를 미워할 수는 있어도 확대해석하지는 말아야 한다. 용서할 수 있다면, 그때부터는 더 이상 상처나 손실에 연연하지 말자. 피해자와 가해자를 가르는 이분법적이고 미숙한 사고방식을 버리고, 다양한 시각과 감성으로 인생을 바라보아야 한다. 다행인 것은, 불안했던 아동기의 애착관계를 딛고 성장한 사람에게는 그런 복합적인 감정이 자라날 가능성이 있다는 점이다.

용서는 단순히 감정만의 문제가 아니다. 화해의 의지는, 갈등을 지성적으로 관찰하고 자신의 반응 패턴이 왜 그러한지 그 뿌리를 캐

보는 노력을 할 때 비로소 생겨난다. 용서는 또한 맹목적인 이상화와 폄하 양쪽의 함정에서 벗어나 이렇게 말할 수 있을 때 가능하다.

"내가 사랑하는 사람은 때론 지독할 정도로 짜증나는 사람이 되기도 한다."

"이 친구(옆집 사람 또는 동료)는 비록 터무니없게 처신했지만, 그의 여전히 좋은 사람이며 나는 이 관계를 유지하고 싶다."

"이 사람이 나에게 한 짓을 과연 용서할 수 있을지는 잘 모르겠다. 하지만 더 이상 그걸 가지고 왈가왈부하고 싶지 않다. 이것으로 문제는 해결되었다. 거기에서 벗어나 다시 내 길을 가고 싶다."

물론 가해자가 진심으로 뉘우치고 피해를 보상하려는 노력을 보이면 용서가 더 쉬워질 것이다. 마지못해 수박 겉핥기식으로 사과하는 것은 용서를 더욱 어렵게 한다. 단, 가해자가 꽉 막힌 태도를 보이면 그가 언젠가 뉘우치고 잘못을 깨달을 거라는 기대를 버리는 것이 낫다. 즉 상대가 어떤 행동을 보이든 결과적으로 용서하는 것이기 때문에, 이 경우엔 굳이 표현하면 그의 잘못을 '묵과'하는 것에 가깝다. 어쨌든 상대가 뉘우쳐야 하는 것은 맞는 얘기지만, 나는 그것을 그냥 무시하고 새로운 일과 사람들에게 관심을 돌리면 된다.

용서의 능력은 자포자기가 아니다. 오히려 그것은 자신을 적극적으로 주장하고 표현하는 일이다. 자기 주장이란 정당하게 항의하고 분노와 언짢은 심정을 적절하게 표출하는 기술이다. 그래서 굳이 용서에 도덕이라는 잣대를 갖다붙이거나 종교를 끌어들일 필요가 없다. 그 자체가 심리적인 성숙도와 통찰력의 표현이기 때문이다. 누구나 잘못을 저지른다. 타인과 같이 살고 싶다면 나 자신은 물론 상대에게도 새로 시작할 기회를 주어야 한다. 그것이 용서다. 무조건 빨리, 아무에게나 다, 무슨 일이든 용서하라는 것은 아니다. 다만 기본적인 용서의 의지를 갖고 있다면 모두에게 삶은 더 원만하고 평화로운 것이 될 것이다.

용서하는 사람이 되어야만 언젠가 한나 아렌트가 말한 '돌이킬 수 없는 것의 굴레'에서 벗어날 수 있다. 맞다, 어차피 한번 엎질러진 물은 주워담을 수 없다. 그러니 용서가 없다면 너와 내가 한 행위의 결과에 영원히 갇힌 포로가 되어버리지 않겠는가.

6장 영혼의 연금술

불행 중 다행을 찾다

불행에 대한 올바른 대처

현대사회는 종종 불안하고 시끄럽고 분주하게 묘사되지만, 그 속에서도 사람들 대부분의 삶은 비교적 안전한 궤도로 흘러간다. 그래서 그런 반복이 지루할 정도로 일상을 지배하는 일이 잦으며, 하루하루가 별반 다르지 않을 때가 많다. 하지만 그런 관조적인 생활이 시간이 갈수록 강하게 흔들릴 위험은 점점 높아지고 있다.

온갖 위기 혹은 질병이 통상적인 삶의 추이를 깨는가 하면, 크고 작은 재앙들 덕분에 사람들은 극적으로 변하는 생활조건에 계속 적응해야 한다. 그로 인해, 우리에게 익숙하고 심지어 무미건조하게 보이기까지 했던 조화로운 삶은 급격히 위협을 받고 있다. 일상 전체가 감정적으로 혼란에 빠지는데다, 인간이 부딪힐 수 있는 불행은 그 규모가 어마어마해져서 삶의 의미 자체가 퇴색되기도 한다.

어떤 인생의 위기는 갑자기 발밑이 꺼지는 낭떠러지처럼 순식간에 우리를 무너뜨린다. 심장발작, 폭행, 자동차 사고를 비롯해 서서히 악화되는 부부관계나 만성통증처럼 야금야금 우리의 생명이나 행복을 갉아먹는 것도 있다. 때로는 겉보기에 중립적으로 보이거나 일방적으로 일어나는 사회적인 변화들이 실제로는 개개인의 생활과 심리에 크나큰 영향을 주는 일도 있다. 유럽에서 2000년대 들어 새 통화인 유로화가 도입되면서 특히 나이 든 시민들에게 적잖은 의구심과 불안감을 심어준 것이 그런 예이다.

테러 사건이나 지역분쟁은 대규모 '문화 간 전쟁' 그리고 '세계질서 재편'을 둘러싼 암투의 전조로 비춰져 많은 이들이 지속적인 심리 과부하를 겪고 있다. 그밖에도 위협, 소요, 무기력, 공포, 히스테리 등이 사회 전반에 퍼지고 있다. 9·11 사태 이후 자주 들리던 "앞으로 예전과 똑같은 것은 하나도 없을 것nothing's gonna be the same"이라는 표현이, 이제는 모든 위기나 붕괴나 도전이 있을 때마다 단골 표어로 등장하게 되었다. 그런 사건들로 삶 전체가 현저히 달라지게 되었다는 말이다. 좋은 삶에 대한 개인적인 개념에도 이런 의미심장한 의문이 붙게 되었다. 우리는 더 잘 살기 위해 사는가, 아니면 더 나쁘게 살기 위해 사는가?

일상에서 발생하는 생활 스트레스를 해소하고 싶을 때 숨만 깊게 들이쉬어도 흥분이 가라앉고 머리를 식히는 데 충분했다. 운동, 명상, 요가, 다이어트, 휴가를 통해 일상의 부담을 덜고 변화가 주는 압박감을 완화하는 법도 배웠다. 맞다. 실제로 그런 안티스트레스 테크닉들이 효과 좋은 응급처치 수단이긴 하다. 하지만 삶에서 마주치는 큰 고비를 그럭저럭 넘기기보다 배움의 기회로 삼고 심지어 그 일로 자신의 영혼을 한 뼘 더 자라게 하고 싶다면 그런 응급처치만으로는 부족하다. 심리학의 한 분야는 얼마 전부터 카핑coping이라는 분야를 연구해 왔다. 인생의 위기에서 쓰러지지 않고 더 강하고 수완 있게 헤쳐나오도록 도와주는 전략과 작전은 무엇일까? 위기로 인해 마냥 치명타를 입거나 지속적으로 불행을 느끼지 않는 동력을 제공하는 심리적인 힘은 과연 무엇인가?

카핑, 즉 '인내'와 '극복하기'는 우리가 일상적인 수준을 넘어서는 스트레스를 겪으면서 그것을 얼마나 잘 버티는가 하는 기술의 문제다. 위기 극복을 훌륭히 해낸다는 것은 곧 장애를 유발하거나 심지어 트라우마를 안겨주는 경험을 딛고 다시 일정 수준 이상의 만족감 혹은 행복감까지 되찾는 것을 뜻한다.

사람은 누구나 쓸모가 많든 적든 위기 상황에서 거의 자동적으로 튀어나오는 극복 전략을 보유하고 있다. 어떤 때는 감정적으로 에너지를 낭비하지 않기 위해 그냥 '잠수'를 타거나 한동안 의사표현이나 활동을 자제하고 조용히 지내는 것이 도움이 될 때도 있다. 아니면 반대로 문제의 핵심을 향해 정면 돌파해서 사태를 단숨에 끝내는 것이 나을 때도 있다. 위기 대처의 심리학은 과연 어떤 전략이 어떤 때 가장 쓸모가 있을지 오늘도 연구를 계속한다.

불행한 은메달리스트

지금 막 병원에서 암 1기 진단을 받은 환자

의 기분은 어떨까? 같은 병원에 누워 있는 다른 환자들, 특히 말기 증세를 보이는 중증 환자들을 매일 보면서 어떤 느낌이 들 것인가? 그런 환자들과 비교하면 비교적 상황이 괜찮으니까 좀 낫다고, 일찍 병을 알아차려 다행이라고 생각할 것인가? 아니면 나도 저들처럼 될수도 있었을 거란 생각에, 아니 정말 그렇게 될지도 모른다는 생각에 더 기분이 나빠지진 않을까?

지금 내가 나쁜 상황인지 좋은 상황인지, 지금 기분이 좋은지 착잡한지 판단이 잘 안될 때, 그리고 이 의문에 대한 답을 찾을 객관적인 기준이 없을 때(살면서 이 기준을 찾을 날은 결코 오지 않는다) 사람들은 흔히 자신의 상황을 남들과 비교한다. 남들은 어떻지? 그들과 비교해서 나는 얼마나 건강한가? 남들과 비교해서 나는 얼마나 성공했고, 건강하고, 너그럽고, 인기 있고, 정보에 훤하고, 순발력이 있을까? 우리를 지배하는 잣대는 결국 '타인'이다.

미국 사회심리학자인 레온 페스팅거Leon Festinger는 1954년 이런 현상을 사회적 비교론이라는 이름으로 정리했으며 그뒤 수많은 심리학자들이 여러 번의 실험을 거쳐 그것을 입증했다. 단, 페스팅거는 사람들이 대체로 자신보다 사정이 나은 사람들과 비교한다는 점을 전제로 했다. 사람은 내면에 깊이 자리잡은 자기 개선의 욕구로 인해 조금만 노력하면 다다를 수 있을 것 같은 기준을 저절로 선택하게 된다는 것이다. 실제로도 수입, 건강, 외모 등 몇 가지 영역에서는 변함없이 '상향 비교' 추세가 존재한다. 그러나 삶의 위기에서는 오히려 '하향 비교'가 큰 비중을 차지한다는 사실도 추가로 밝혀졌다.

하향 비교는 가장 수준 높은 카핑 전략 중 하나이다. 위기를 겪은 사람, 병이나 실패를 딛고 일어서야 하는 사람은 무엇보다도 자존감을 다시 끌어올려 행동을 취할 에너지를 얻어야 한다. 그럴 때는 당연히 나보다 아래의 수준과 비교하는 것이 유리하다. '지금보다 더 나쁠 수도 있었는데 이만하면 정말 다행이지 뭐야! 저 사람 좀 봐. 나보다 더 힘든 일을 겪고 있잖아.' 이런 생각만으로도 기분이 한결 나아지기 때문이다. 이따금 비행공포증을 겪는 사람이 비행기에 타서 서서히 불안감을 느낄 때쯤 우연히 옆에 앉은 승객 얼굴이 완전히 파랗게 질려 있는 것을 보면 갑자기 걱정과 공포가 사라진다. 방금 시험을 망쳐서 기분이 우울했던 학생도 훨씬 더 성적이 나쁜 같은 반 친구를 보면 위안을 느낀다.

비교를 위한 기준은 여러 가지 방식으로 찾을 수 있다. 일부러 나에게 위안이 될 만한 비교 기준을 탐색할 때도 있다. 또 간단히 여러 매체를 이용해서 안도감을 느낄 수 있는 방법도 있다. 각종 인쇄매체, 라디오, 텔레비전에서는 나쁜 소식만이 좋은 소식이라는 역설적인 법칙이 존재한다. 끊임없이 들리는 불행한 소식들에 상대적인 안도감이 들 수밖에 없기 때문이다. 더욱이 텔레비전 연속극이나 대중 공연물에서도 끊임없이 재앙이나 불행을 다룬다.

심지어 상황을 '허구' 혹은 '가상'으로 지어내 비교하고 대조해서 위기를 극복하려는 노력도 보인다. 고질병에 시달리는 환자들이 의사나 주변 환자들을 대상으로 비교적 자주 강조하는 말이 있다면, 배우자가 자신을 돌봐주니 얼마나 다행이냐는 말이다. 다른 사람 같으면 벌써 자기를 버렸으리라는 것이다. 물론 통계적으로는 맞는 주장이 아니다. 고질병을 앓는 배우자를 떠나는 경우와 건강한 배우자와 결별하는 비율은 그다지 차이가 없다. 그러나 그런 대조 전략이 적어도 아픈 당사자들에게는 큰 위안이 된다.

하향 비교의 내용이 사실과 어긋나고 오직 환상 속에서만 기준이 존재한다 해도 그 기능은 여전히 유지된다. 실험 대상자들이 아무리 갖가지 상실과 질병에 시달리고 있다 해도, 더 나쁜 상황을 상상해 보라는 요구를 받은 후 심리적인 상태가 호전되는 현상을 보였다.

물론 성과에 관련된 위기가 찾아오면 대부분 "다음엔 더 잘할 거야!"라면서 상향 비교 쪽으로 상상을 끌고 가려는 경향이 있다. 상향 비교는 실패를 딛고 일어서려는 승부욕과 동기를 가동시키는 반면, 하향 비교는 위안을 주고 운명에 순응하게 하는 기능을 한다. 올림픽 메달리스트들에 대한 조사만 봐도 이 점이 확인된다. 동메달을 획득한 선수들은 전반적으로 은메달을 딴 선수들보다 훨씬 만족도가 높다. 왜 그럴까? 동메달리스트는 아차 했으면 4위로 밀려났을지도 모르는데 그래도 메달을 딴 것이 기쁜 반면, 은메달리스트는 금메달을 놓쳤다는 자책으로 괴롭기 때문이다. 조금만 잘했으면 내 것이 되었을 행운이 너무 아깝게만 느껴지는 것이다.

그렇다고 하향 비교가 늘 좋은 결과를 약속하는 것은 아니다. 앞서 말한 1기 암 환자 얘기로 돌아가 보자. 그 환자에게는 더 상태가 나쁜 환자들과 같이 있는 것이 오히려 위협이 되고 부담스럽기만 하다. 차라리 낙관주의에 힘을 실어줄 다른 사례를 찾는 것이 낫다. 다시 나아질 수 있다는 희망을 안겨주는 사례 말이다.

어쨌든 인간은 힘든 일이 있을 때 자동적으로 아래를 보고 비교하는 것이 보통이다. 어쩔 수 없이 자꾸 상향 비교가 될 때는 그 결과를 축소하는 방법을 찾아내기도 한다("경쟁자가 나보다 앞선 것은 사실이야. 하지만 속임수를 쓴 게 확실해!"). 이런 메커니즘은 말하자면 인간이 자신에게 유리한 쪽으로 자기 지각을 적당히 왜곡하는 과정이다. 적어도 몇 가지 중요한 성격적 특징에서만이라도 자신이 남보다 한참이나 우월하다는 환상을 안고 사는 것이 인간의 본능이며, 힘든 상황에서는 이 본능이 더욱 가치를 발휘한다.

내 감정은 어떤 것인가?

힘든 시기에는 무엇보다도, 그리고 가장 먼저 타격을 받는 것이 감정이다. 문제를 해결할 방안을 모색하는 일은 둘째 치고, 일단 격한 감정의 소용돌이가 우리를 괴롭히기 때문이다. 갑자기 덮쳐오는 큰 파도에 익사하듯, 인생의 시련은 불안, 절망, 분노, 공격성, 슬픔, 우울감을 연신 우리에게 쏟아낸다. 이 감정들이 워낙 고통스럽고 장애가 되기 때문에 우리는 한시라도 빨리 그것들을 통제하고 싶어한다. 그래서 그 감정들을 무시하거나 최대한 서둘러 극복하거나 덮어버리고 싶어한다.

카핑 이론에서도 한동안 감정 자체가 원활하고 합리적인 문제 극복에 도움이 안되는 장애 요소라고 여겨왔다. 과학의 신화 가운데 하나가, 인간이 감정에 휩싸이면 이성적이고 적절한 방안을 떠올릴 수 없다는 것이었다. 그러나 이것이 오류라는 인식이 보편화되었다. 감정이란, 문제에 수반되어 나타나는 성가신 현상이 아니라 오히려 중요한 정보와 해결의 실마리를 제공한다는 사실이 밝혀진 것이다.

다만, 이 중요한 정보의 원천을 신뢰하고 활용하는 법을 다시 배워야 한다. "감정이 문제가 아니라 감정을 소외하는 것이 문제"라는 미국의 심리치료사 마이클 마호니Michael Mahoney의 말처럼 말이다. 부정적인 감정은 뭔가 잘못되었다는 신호이며, 우리가 마주해야 하는 현실을 비추는 가장 투명한 거울이다. 비록 그 안에 비친 풍경이 즐겁지 않고 불편하다 할지라도 말이다.

극복을 잘 해내기 위해서는 무엇보다 감정 조절 능력을 키워야 한다. 자기의 감정을 뚜렷하게 인식하고 평가할 줄 알며, 적절한 방식으로 표현하고 조절할 수 있는 사람은 감정에 내재한 지혜를 십분 활용하는 사람이다.

감정 조절의 능력은 바로 주의집중과 관찰력에서 시작된다. "내 마음속에서 일어나고 있는 일은 정확히 무엇인가? 내 감정은 정확히 어떤 것인가?" 많은 사람들이 자신이 느끼는 감정적 혼란과 복잡한 정서를 세심히 따져보는 작업을 거치지 않고 행동 위주의 판단을 내리거나 외면하거나 아무 조치 없이 무기력한 상태를 유지한다. 그러나 감정이 지닌 판별력은 아주 중요한 능력이다. 자신의 감정을 빨리 포착하고 제대로 분류하고 정의하며 그것이 사고에 어떤 영향을 미치는지 실감하는 사람은, 그것을 일정 부분 조종하고 변화시킬 줄 알기 때문에 비교적 빨리 감정의 늪에서 빠져나올 수 있다. 반대로 삶의 위기에서 자신의 감정을 살피지 못하고 그 결과를 솔직히 받아들이기를 두려워하는 사람은 너무나 쉽게 비생산적인 고민과 난관에 빠지고 만다.

삶의 위기를 효과적으로 극복하는 첫 걸음은 자신의 감정을 정정당당하게 대면하는 일이다. 두 번째 단계는, 미국의 감정학자인 수전 놀렌 회크세마Susan Nolen-Hoeksema의 말을 빌리면, 그렇게 부정적인 감정의 존재를 인정하고 정의를 내리고 성격을 구분하고 난 다음에 그것에 대해 여러모로 고찰을 해보는 일이다. 이 성찰의 과정을 겪다 보면 차츰 자신의 감정과 객관적인 거리를 유지할 수 있게 된다.

'감성지능'의 창시자인 피터 살로베이Peter Salovey와 존 마이어John Mayer는 감정 안에 우리가 따라야 할 일종의 응축된 지혜가 저장되어 있다고 보았다. 그들은 나아가, 불운한 사건에서 오히려 배울 점을 찾고 더 강하고 현명하게 거듭나는 능력이 곧 '탄성resilience'이며 감성지능은 탄성과 관련된 핵심적인 능력이라고 밝혔다.

탄성이 뛰어난 사람은 감정이 생각을 어떻게 좌우하는지, 그리고 기억을 어떻게 조종하는지 잘 안다. 또한 감정의 '언어'와 풍부한 어휘를 구사할 줄도 안다. 그래서 부정적인 감정을 조금 덜 부정적인 것으로 이양하는 변형의 기술도 사용한다. 아무리 심한 절망감도 은근한 슬픔과 용납으로 순화시킬 수 있다는 뜻이다. 아울러 남과 교류할 때 더 쉽게 소통하고 그 사람의 도움을 얻기 위해 감정을 표현하고 활용하는 법도 터득하고 있다.

나에게 위기가 닥쳤을 때

삶의 위기를 어찌어찌 넘기는 정도가 아니라 그것에서 무언가 긍정적인 것을 얻어내는 사람들은 대체 무슨 비결을 갖고 있는 걸까? 극단적인 스트레스(이를테면 아동이 겪은 폭행, 상해, 사망)를 딛고 어떻게 그후의 삶을 정상적으로 유지할 수 있을까? 카핑 전문가들은, 어떻게 피해와 손해에서 긍정적인 점을 끌어내고 '트라우마 이후의 발전'을 도모할 수 있는지 연구한 바 있다. 중증 이상의 질환자, 심각한 고질병을 극복하고 살아남은 사람, 사고로 인해 평생 지속되는 장애를 얻은 피해자들이 연구 대상자들이었다. 힘든 위기를 비교적 잘 극복한 사람들에게는 한 가지 공통점이 있었다. 자신이 겪은 트라우마적인 사건에서 의미를 찾으려 하고 그것을 인생의 한 부분으로 받아들이기 위해 많은 숙고와 시간을 들였다는 점이다. 지독한 경험을 통째로 도려내기보다는 자신의 전체 인생사에 편입시키고 받아들인 것이다.

모든 트라우마는 두 가지 '믿음'을 깨뜨린다. 한편으로는 우리가 '정의로운 세계'에 대해 가졌던 순수하고 비현실적이리만치 낙천적인 믿음을 뒤흔들며, 다른 한편으로는 '부당하고' 우연한 운명의 장난에서 나 하나만은 어떻게든 보호되고 있다는 확신을 깨뜨린다. "나에게는 설마 그런 일이 안 일어나겠지!"라는 환상은 트라우마를 유발하는 사건들에 의해 여지없이 깨진다. 갑자기 세상은 너무도 공정하지 않고, 예측 가능하지 않으며, 우연이나 자의로부터 보호받을 가능성이 '제로'인 공간으로 돌변한다. 트라우마에 희생된 이는 산산이 부서진 쓸모없는 옛 가설과 확신의 잔해 위에서 새로운 세계관을 다시 끼워맞춰야 한다. 어쨌든 다시 살 수 있게 해주고 신뢰를 재생시키되 이 세계가 극히 제한적으로만 안전한 장소라는 인식을 어그러뜨리지 않는 그런 세계관 말이다. 거기에 자신을 보는 자아상 역시 수정을 필요로 한다. "나는 능력도 있고 안전하게 살고 있다.

다만 늘 그런 것은 아니다"라는, 현실에 입각한 자아상 말이다. 새롭고 현실적인 세계관을 다시 세우려면 외부의 도움이 필요한 경우도 많다. 트라우마에 시달리는 사람은 자칫하면 염세론과 허무주의에 빠질 수 있으므로 주변과 타인의 관심과 도움이 각별히 필요하다.

또 트라우마를 겪은 뒤 자신에게 중요한 것들의 우선순위와 사회적 관계를 새로 정비하고 지금까지의 경험을 다시 훑어보는 것도 큰 의미를 지닌다. 힘들었던 경험에서 교훈을 얻거나 삶에 필요한 깊은 인식을 얻은 사람은 허심탄회하게 "나에게 정말 중요한 것이 무엇인지 이제 알겠어! 그리고 누구를 믿고 의지할지도 분명히 깨달았어!"라고 말할 수 있다. 이런 깨달음에 다다르고 나면 타인의 약점에 대해서는 좀더 인내를 갖고 너그럽게 대할 수 있게 되는 한편, 시간 낭비나 불필요한 분쟁은 엄격히 배제하게 된다. 성실한 친구와 가족 구성원들과의 유대는 위기를 겪을수록 더욱 강해지고 더욱 가치를 갖게 된다.

트라우마를 훌륭히 극복해 낸 사람은 자신이 이겨낸 불행에서 새로운 자기 존중을 이끌어낸 사람이다. 그런 사람은 위기에 당당히 맞서 용기와 투지를 입증했기 때문에 충분히 스스로를 자랑스러워할 만하다. 에이즈 감염 환자, 교통사고 피해자, 마약중독을 이겨낸 사람들 중 상당수가 개인적인 위기를 극복하고 나서, 혹은 지금 위기를 맞아 해결해야 하는 숙제에서 인생의 또다른 의미를 발견한다. 그리고 비슷한 상황에 처한 다른 이들에게 조언을 하고 지원하고 보호하는 역할을 맡기도 한다.

미국의 스트레스 전문가인 수전 포크먼Susan Folkman은 자신이 관찰하던 만성통증 환자 그룹에서 부정적 감정보다 긍정적 감정이 서서히 우세해지는 장면을 목격했다. 환자들은 자신들이 스스로 고통에 맞서는 전략을 생각해 내고, 힘든 상황에서도 하루하루를 잘 견디고 있으며, 미약하나마 자신의 병에 영향력을 발휘하고 있다는 사실에서 뿌듯함을 느꼈던 것이다.

포크먼은 또한 생명이 꺼져가는 에이즈 환자들을 돌보는 배우자나 연인 그리고 간병인들을 상대로 연구를 진행한 적도 있다. "소중한 사람의 고통과 죽음이라는 슬픈 경험이 얼마만큼이나 그들의 힘을 빼앗고 있을까"에 대한 의문이 출발점이었다. 그러나 대부분의 보호자들은 자신들에게 닥친 위기를 자신의 능력과 의지를 입증할 하나의 계기로 받아들였다. 그들은 대부분 이렇게 말했다. "한 사람을 도울 수 있는 거잖아요. 난 그냥 허물어지지 않았어요. 내가 통제력이 있고 튼튼하고 믿을 만하다는 점을 보여줬어요." 또 일상의 작은 것들, 이를테면 누군가의 작은 미소, 매일 떠오르는 찬란한 태양 같은 것도 그들에게는 모두 축제처럼 느껴졌다. 그런 긍정적 시간이 그들에게서 강한 의지와 밝은 태도를 이끌어낼 수 있게 도왔다.

죽음의 공포에 대처하는 법

자신이 언젠가 죽어 사라진다는 사실만큼 두려운 일은 없을 것이다. 아무리 좋은 삶도 생명의 종말이 던지는 그늘을 항상 짊어지고 있다. 반드시 죽어야 한다는 것, 그것이야말로 '목숨과 삶의 문제'인 것이다. 생명체 중에 미래를 고민하는 존재는 인간이 유일하다. 그러니 자신의 생물학적인 끝을 자꾸 떠올릴 수밖에 없다. 이 생각이 일상을 끊임없이 지배한다면 아마 견디기 힘들지도 모른다. 그래서 우리는 대부분 '나의 종말'을 떠올리게 하는 것들을 한켠에 밀어두고 산다.

다만 이따금 하루하루 내 수명이 줄고 있다는 사실이 떠올려질 때가 있다. 누군가 죽어 조문을 갔을 때, 재앙이나 참사를 눈으로 목격했을 때 내가 그 희생자가 될 수도 있다는 생각이 여지없이 떠오르기 때문이다. 아니, 그냥 생명보험 신청서를 훑어보다가 '사망시 보장 내역'이라는 단어를 보는 것만으로도 충분하다. 그럴 땐 삶을 미처 다 살지도 못하고 '완성'하기도 전에 퇴장해야 하나 하는 불안감이 슬며시 고개를 든다. 좋은 삶을 원한다면 '훌륭한 완성', '좋은 형태'도 중요한 요인이다. 완성된 예술품처럼 마무리가 좋아야 하는 것이다.

심리학의 몇몇 새로운 분파는, 인간이 죽음의 공포에 어떻게 대처하는지 그리고 우리가 보통 생각하는 것과 달리 죽음이라는 요소가 일상에서 인간의 행동에 얼마나 큰 영향을 미치는지를 연구해 왔다. 타나토 심리학('thanato'는 죽음을 뜻하는 결합사 – 옮긴이)과 테러관리론 terror-management theory은, 지구상의 생물들이 여러 생존 장치를 본능적으로 갖고 있는 것과 비슷하게, 인간은 죽음을 회피하는 의식으로서 문화적 메커니즘을 발달시켰다고 주장한다. 그래서 불멸의 환상을 갖게 해주는 수많은 관행과 의식, 신화, 종교가 우리의 몸과 마음에 뿌리를 내린 것이다. 그것이 천국이든 열반이든 말 그대로 '불사 不死'를 믿기도 하고, 자손을 낳아 종족 번식을 위해 노력하기도 한다. 아니면 예술작품이나 문학작품을 남기거나, 종교와 관습 등을 충실히 실천함으로써 인류 전체의 문화, 도덕, 종교, 세계관 속에 편입해서 상징적인 불멸을 시도하기도 한다.

테러관리론에 따르면, 인간은 자신이 언젠가는 죽는다는 것을 강하게 인식하면 유달리 성실한 구성원이 되고 규칙과 가치를 평소보다 더 잘 지킨다고 한다. 죽음을 떠올리고서야 자신에게 중요한 집단의 협약에 더 충실하고 '동류'로 여겨지는 타인을 더 배려한다는 것이다. 하지만 동시에 외부인 혹은 아웃사이더들에게는 더 비판적이고 냉혹하게 대하며, 자기가 속한 문화에 반하는 행동을 하는 이들에게 훨씬 엄격한 태도를 보이기도 한다.

2001년 9월 11일의 테러사건 후에 미국인 대다수의 태도에서 일종의 테러관리전략이 뚜렷이 관찰되었다. 애국심이 파도처럼 온 나라에 들끓고, 뉴욕 시민들은 너도나도 자원봉사 구조대로 활약하거나 강한 연대의식을 보였다. 다만 이 테러를 다른 식으로 해석하는 것에는 철저히 거부하는 경직성을 보였다. 그와 상응되게 지구 건너편의 아랍 쪽 테러 지지자들은 더욱더 자신들의 전통에 유대감을 보였다. 오히려 이른바 '테러범'들이 자살테러를 적극적으로 감행한 것이 이슬람의 강력한 불사 개념을 더 강하게 상기시켰던 것이다.

저승에서의 삶을 약속하는 종교의 신자들이 너무나 당연하게 여기는, '이승에서의 선행으로 저승에서의 영생을' 얻는 거래가 수백년 동안 줄기차게 효력을 발휘해 왔다. 그 메커니즘이 얼마나 미묘하고 무의식적으로 작용하는지 밝혀낸 학자들도 있다. 미국의 사회심리학자들인 제프 그린버그Jeff Greenberg와 아서 로젠블래트Arthur

Rosenblatt는 형법재판소 판사들을 상대로 실험을 진행했다. 실험은 판사들이 최종 벌금형을 선고하는 날에 실시되었다.

첫번째 그룹은 아침 일과가 시작되기 전, 장례업체로부터 전화를 받는다. 장례업체는 당신은 장례 준비를 얼마나 잘 해놓고 있는지를 물었다. 그에 반해 다른 그룹은 이른바 '메멘토 모리'(Memento mori, '죽음을 기억하라'는 뜻 - 옮긴이) 없이 재판에 들어갔다. 그리고 나서 저녁에 각기 그룹마다 부과된 벌금이 얼마였는지 조사했다. 첫번째 그룹의 판사들은 상당히 엄한 판결을 내려, 별로 중하지 않은 범죄에 대해서도 평균 455달러의 벌금을 매겼다. 그러나 두 번째 그룹의 판사들은 앞 그룹에 비해 무려 9분의 1에 불과한 벌금인 평균 50달러 선을 부과하는 데 그쳤다!

우리는 '착한 시민'으로서 자신이 속한 문화적 체제의 규칙을 준수하면서 소속감을 느끼고, 그런 방식으로 상징적인 불멸성을 확인받고 싶어한다. 이것은 규율 준수와 윤리적이고 집단연대적인 행동으로 죽음에 대한 공포를 이겨보려는 바람이라고 볼 수 있다.

종교, "상처받기 쉬운 것의 창"

궁핍, 고통, 번민, 질병, 갈등은 인생에서 피할 수 없는 문제이며, 그것을 어떻게 잘 극복하느냐가 대부분의 종교들이 추구하는 핵심 주제다. 미국의 인류학자 클리포드 기어츠Clifford Geertz는, 모든 종교가 "인간이 어떻게 번민하는지, 물리적인 고통에 어떻게 대처하는지, 개인이 겪는 피해와 실패를 어떻게 다루는지, 타인의 고난을 무기력하게 지켜볼 수 밖에 없는 상황에 어떻게 대처하는지 연구해야 하며, 그 모든 고통을 견디고 감내하고 참을 수 있게 할 '그 무엇'을 만들어내야 한다"고 역설했다. 즉 우리가 평가, 위기, 혹은 기독교 용어로 '시험'을 거론할 만한 상황에 처했을 때 여러 방식으로 역할을 담당하게 되는 것이 바로 종교라는 말이다.

종교와 위기극복 심리학은 서로 일치하는 점이 많다. 극단적인 시험에 들거나 위기를 겪을 때는 한동안 당사자의 '진면목'이 그대로 드러난다. 타고난 성품이 겉으로 표현되며, 가장 성스러운 면과 야수 같은 면이 동시에 표출된다. 유사시가 되면 인간은 극도로 이기적이 되는 동시에 최대의 희생정신을 발휘할 줄 안다. 또 살고 싶은 의지를 불태우거나 끝없는 절망에 몸을 내맡기기도 한다. 때로는 자기를 속이고 현실에서 도망치거나 자신의 자아를 더 깊이 파헤치기도 한다.

따라서 종교는 단순한 규율, 의식, 신앙의 도구, 상징의 추상적 체계 이상이다. 종교는 인간과 인간을 둘러싼 세계의 관계를 다룬다. 또한 삶의 구체적인 순간과 위기 상황에서의 인간의 행동을 밝히고 길을 제시하고자 한다. 그래서 종교 연구의 가장 중요한 영역은 인간이 겪는 곤궁과 위기, 그리고 그것을 극복하는 과정이다.

위기는 우리 안에 내재한, 일종의 '종교 스위치'를 건드린다. 거의 모든 사람이 비상시를 맞으면 자신도 모르게 종교의 뿌리를 끄집어내며, 인류 역사상 가장 오래된 극복 테크닉을 곧잘 떠올린다. 그렇다. 우리는 난관에 처하면 저절로 기도하는 법을 배운다.

아우구스티누스, 모세 마이모니데스, 파울 틸리히, 윌리엄 제임스 등의 위대한 신학자와 심리학자들은 인간 안에 내재한 종교성을 파헤치면서 이른바 '상처받기 쉬운 것의 창'에 집중했다. 그것은 역경과 위기가 닥치면 열리는 창이며, 인간의 가장 내밀한 부분을 들여다볼 수 있는 창이다. 우리가 곤경, 고통, 위기로 인해 동요된다면 그것은 곧 인생 계획, 행동, 가치관 등이 변할 것이라는 전조일 경우가 많다. 그래서 심리치료를 할 때나 종교적인 수행과정에서는 일부러 이 창을 열기 위해 의도적으로 상대방을 동요시키기도 한다. 스승이 참선하는 수도자를 의도적으로 혼란스럽고 모순적인 상황에 빠뜨림으로써 아집이나 신념을 깨고 새로운 것에 마음을 열게끔 유도하는 것도 그런 맥락에서다. 그런 의미에서 위기는 더 나아지고 더 고양되고 더 높은 차원으로 가는 변신과 발전의 기회다.

종교에 몰입하는 주된 모티브로 가장 자주 거론되는 것이 '의미를 찾고 추구하는 것'이다. '나'는 의미를 필요로 하기 때문에 믿는다. 단 종교는 삶의 의미만 제시하는 것이 아니라, 삶의 위기마다 여러 방식으로 힘을 발휘한다. 종교는 긴장과 두려움을 누그러뜨리며, 충동과 파괴적인 욕구로부터 스스로를 보호하게 해준다. 종교에 내포된 자기 통제 체계 덕분이다. 종교는 그렇게 심리를 통제함으로써 몸의 건강에도 영향을 미친다.

또한 영성과 종교에 관한 활동 중에 '치료'라는 모티브가 빠져 있는 경우는 거의 없다. 뉴에이지 풍의 '치료사'들이 넘쳐나고 샤먼과 명상 등이 부활하는 것만 봐도 알 수 있다. 목적은 영혼의 평화와 건강이 하나로 연결되는 것이다.

세 번째 모티브는 더 깊이 있는 진리와 의미를 찾는 것이다. 종교는 진리와 영적인 자기계발을 위해 지속적으로 분투하는 행위다. '탐구자'는 정통이나 교리만을 내세우는 신자들에 비해 종교적인 복잡한 문제들을 기꺼이 마주할 줄 안다. 또한 자신이 믿는 확실성만을 고집하기보다는 세밀하면서도 열린 태도로 신앙의 질문에 접근한다.

다만 그 중에서도 심리적인 극복 프로세스야말로 신앙과 신념에 잠재한 치유 효과가 가장 확실하게 드러나는 부분이다. 이 프로세스는 다음과 같이 여러 단계에 걸쳐 진행되는 것이 원칙이다.

우선 우리는 의미를 찾으려 노력한다. 위기를 맞은 내게 지금 가장 중요하고 가치 있는 것은 무엇인가? 무엇을 지키고 싶은가? 누구와 있을 때, 무엇을 할 때 몰입과 매력을 느끼는가?

다음 단계로, 우리가 의미를 부여한 사건이 재구성된다. 이때부터는 어떤 일도 그냥 우연히 일어나지 않는다. 나에게 중요한 가치와 목표, 관계를 위주로 삶을 편성하고 그에 따라 계획하고 예측한다. 어떤 사건이든 과제든 인생에 어떤 영향을 미칠지에 따라 평가와 해석을 내린다. 말하자면 이 위기가 나에게 장애를 남기는지, 질병인지, 실패인지 판단하는 것이다.

그러고 나면 이런 질문이 뒤따른다. 나는 이 상황을 타개할 수 있을까? 나에게 어떤 자원과 도구가 있는가? 이 문제들의 답이 무엇이냐에 따라 스트레스의 정도가 달라진다. 몸 대부분이 마비된 채 살아가는 스티븐 호킹 박사는 자신의 운명에 대해 이렇게 평했다. "난 운이 좋아요. 중요한 기관들은 아직 잘 움직이니까요!"

인생의 위기에 낙관론으로 대처할지, 숙명론으로 이겨낼지, 아니면 전투적인 자세로 접근할지는 예전의 경험들이 크게 좌우하며, 얼마나 도움과 지원을 받을 수 있는지에 따라서도 달라진다. 요약하면 위기극복의 전략과 방향에는 네 가지가 있다. 아이를 갖고 싶지만 오랫동안 소망을 이루지 못한 한 부부의 이야기를 예로 들어보자.

- 이들은 도움받을 곳과 희망을 주는 정보를 찾는 등 목표를 포기하지 않고 계속 수단을 강구한다. 성공할 수 없을지도 모른다는 가능성은 아예 차단한다.
- 목표는 유지하지만, 여러 가지 저변에 깔린 가능성도 시험한다. 완전히 새로운 수단, 이를테면 인공수정이나 대리모 등을 시험해 보겠다는 결론에 이른다.
- 최초의 목표를 다시 점검하고, 친자녀만 고집하는 대신 입양도 가능하다는 사실을 고려한다.
- 최초의 목표를 이루기가 어렵거나 그 과정이 아무래도 불가능하다고 판단되면 새로운 목표를 세운다. 아이를 낳는 것과 거의 동일한 가치를 지닌 일 쪽으로 눈을 돌린다.

사람들은 위기 중에서도 설득력 있고 매력적으로 보이는 방식을 택해 극복의 절차를 걷는다. 어쨌든 대부분 하나 이상의 선택은 하게 되지만, 그 전에 여러 목표와 방식 사이에서 고민해야 하고 나름대로 내적·외적 합의도 도출해야 한다. 어떤 쪽이 내 가치관과 인생에 최대한 손실을 적게 가져다주면서 동시에 조금이라도 더 이득을 얻게 해줄 것인가?

인생의 온갖 모순들

철학자 리히텐베르크는 "무모한 바보들이 지배하는 소국小國과 인간이 다른 점은 무엇인가"라고 물었다. 독일 철학자 중 가장 위트 넘치는 인물로 알려진 그는 프로이트보다 먼저 후기모더니즘적 심리학을 전제로 하는 '다중자아'의 개념을 창안했다. 그로써 인간은 바라는 바와는 달리 이성적이거나 내적으로 안정된 존재가 아니라는 점을 날카롭게 지적했다. 누구든 한 사람의 생애는 정신분석 사례의 대상이 될 수 있으며, 그것은 온갖 모순되는 역할, 욕구, 신념, 견해의 총합이다. 모든 사람은 그 안에 역설과 부조리가 한데 어우러진 '짬뽕'인 것이다.

하지만 리히텐베르크조차 그런 바보들이 만들어낸 혼란에도 불구하고 '소국'이 용케도 무너지지 않고 굴러간다는 사실을 놀랍게 여겼다. 대개는 그 나라들이 존속할 뿐 아니라 심지어 대충 말 되는 국내 정치를 펼 줄 알며 다른 '소국'의 바보들과 평화로이 교류도 한다. 어떻게 그것이 가능할까? 인간이라는 닫힌 구조 안의 주민들, 그러니까 다중자아들이 서로 중립을 잘 지키기 때문일까? 아니면 이 다중자아들을 잘 다독여, 무작정 욕구를 따르기보다는 이성적으로 행동하고 사고하도록 만드는 재판관이라도 있는 것일까?

인간의 내면을 빗댄 자세하면서도 비교적 이름난 비유 개념이 있다. 지그문트 프로이트의 자아, 초자아, 이드 개념이다. 그는 자아가 결코 자기 집의 주인이 아니지만 시간이 지나면 그 집의 거주자들을 중재하는 몇 가지 트릭을 개발한다고 보았다. 자아는 이드의 위험천만한 욕구충족 시도와 초자아의 숨막힐 것 같은 강요와 억제를 하나로 통합하려고 끊임없이 노력한다. 자아가 구사하는 트릭은 곧, 내적 현실과 외적 현실에 동시에 적응하게 해주는 의식의 트릭이나 마찬가지다.

현대의 자아심리학은, 자아가 초조하게 모든 것을 감시하고 중재하는 역할만 하거나 최악의 사태를 방지하는 기능만 하는 것이 아니라고 보고 있다. 특히 프로이트 이후에는 자아라는 개념을 오히려 지혜롭고 풍부한 발상을 가진 고도의 기관으로 간주한다. 이런 해석으로 본다면 자아는 인생의 모순들을 화해시킬 뿐 아니라, 부조리와 불합리성으로부터 오히려 이타성, 창의성, 유머 등, 어느덧 좋은 삶과 성공한 삶의 징표가 된 인간적 성향들을 만들어내기도 한다.

영혼의 면역체계

때론 삶이 지긋지긋하고 말 그대로 '미칠' 것 같을 때가 있다. 스트레스와 근심이 일상을 야금야금 갉아먹는다. 실패, 상실, 이별, 거기 동반된 비애나 분노가 우리의 감정과 사고를 망가뜨릴 위험도 다분하다. 온갖 모욕, 차별, 침해가 영혼 안에서 상처가 되어 쓰리고 아프다. 근심과 불안 때문에 밤에는 잠도 오지 않는다. 불가피한 갈등, 실망, 좌절이 우리의 영혼을 갉아먹고 있다.

이런 문제가 생겼을 때 우리는, 자기가 가진 모든 정신력을 총동원하고 지금까지의 경험과 이성을 이용해 안정을 되찾음으로써 해결을 시도한다. 아니면 가족이나 친지의 도움을 받아 위안을 삼기도 한다. 그러나 세상에는 이성이나 경험으로는 해결이 안되거나 적어도 즉시 풀기 힘든 문제들이 항상 존재한다. 우리를 압도하고 서서히 진짜 미치광이로 만들어가는 그런 문제들 말이다. 만약 인간의 심리가 특별한 면역체계를 갖추지 않았다면 그런 위협에 무릎을 꿇는 건 시간문제였을 것이다.

지금 이 순간에도 우리 몸은 우리가 전혀 알아차리지 못하지만 끊임없이 병원균, 바이러스, 박테리아 등에 대항하는 싸움을 벌이고 암세포까지 포착해 죽인다. 마찬가지로 인간의 마음도 무의식적으로, 그리고 자동적으로 다양한 보호장치를 동원해 영혼의 건강을 지킨다. 미국의 생리학자 월터 캐넌Walter Cannon은 무의식적으로 진행되는 이런 조절 프로그램을 가리켜, 인체가 살기 위해 반드시 갖추고 있는 호메오스타시스Homeostasis, 즉 모든 생물학적 과정에서 건강을 지키기 위해 균형을 잡는 기능인 항상성恒常性을 유지하기 위해 '몸의 지혜'가 작용하는 것이라고 말했다. 그것을 인용해 다시 심리치료사인 조지 E. 바일런트George E. Vaillant는 '자아의 지혜'라는 표현을 쓰기도 했다. 인간의 자아는 정신건강을 위협하는 것으로부터 스스로를 방어하기 위해 자가면역 시스템이라는 결정적인 메커니즘을 작동시킨다는 뜻이다.

자아는 우리가 현실에 적응하는 일을 관장한다. 그 과정에서 이드의 충동과 욕망, 초자아(양심)의 도덕적인 요구를 균형 있게 관리한다. 마음의 '지하'에 사는 난폭한 '섹스광'의 충동과 '다락방'에 사는 꼬장꼬장한 '노처녀'의 엄격한 윤리관을 적당히 화해시킨다는 점에서, 자아는 일종의 중재위원회 노릇을 한다. 그때 자아가 사용하는 수단이 바로 프로이트가 말한 '한정적 의식 차원의 방어기제'이다.

자아는 현실을 이리저리 주무르고 변형해서, 영혼의 은밀한 욕구충동과, 교육이니 외적인 의무니 하는 것들이 인간에게 부여한 도덕적인 규율 사이에 균형이 이루어지도록 애쓴다.

프로이트는 방어기제가 현실을 극복하려는 병적이고 신경증적인 노력에 가깝다고 보았다. 그가 보기에는 이 메커니즘이, 마음속 본능이 일으키는 갈등을 회피하기 위해 심리적으로 동원된 비상수단이었던 것이다. 그래서 방어기제가 현실을 왜곡하고 뒤집어버리는 기능을 한다는 점만 특히 강조했다. 문제는 이 메커니즘이 인간에게는 결코 포기할 수 없고 생명과도 직결되는 기능이라는 사실을 그가 간과했다는 점이다.

요즘에는 심리학이 방어기제의 긍정적인 면을 오랫동안 등한시해왔다는 의견이 힘을 얻고 있다. 최근 자아심리학은 광범위하고 장기적인 연구를 통해, 한 인간이 나머지 생애 동안 자신의 욕구 갈등에 대응하는 패턴을 결정하는 시간이 생후 첫 5년간에 한정되지는 않으며, 방어기제가 평생 동안 수시로 변하고 발전한다는 것을 입증했다. 중요한 것은, 더 성숙하고 영리한 인간이 되기 위해 이 보호기제를 스스로 개발하는 것이 가장 이상적이라는 점이다. 단, 그러려면 원초적이거나 신경증적 형태에 가까운 방어기제를 창의적이고 '현명한' 형태로 바꿔가야 한다는 조건이 있다.

프로이트의 다른 오류도 그 이후의 연구를 통해 수정되었다. 방어기제는 단지 성적인 충동을 억누르고 감추는 데만 쓰이는 것이 아니다. 자아는 자신을 압도할 위험이 있는 모든 종류의 감정, 그러니까 폭력성, 슬픔, 의존성, 질투 등과도 꾸준히 맞붙어 싸워야 한다. 즉 방어기제는 마음속의 상태를 통제하고 정리하는 일을 할 뿐 아니라, 타인과의 인간관계를 이런저런 형태로 형성시켜 주며, 거기서 생기는 사회적 감정의 성격을 결정하는 역할도 한다.

자기 기만의 다양한 형태

정신건강을 유지하려면 나를 둘러싼 거친 현실을 나 자신에게 어느 정도 속여야 할 필요가 있다. 끊임없이 일어나는 온갖 잔혹한 현실들과 나의 참모습을 있는 그대로 견뎌낼 수 있는 사람은 없다. 아주 가끔은 자기 자신을 비판적이고 냉철한 시선으로 관찰하고, 있는 그대로의 진실만을 받아들여야 하는 짧은 순간도 있다. 하지만 우리는 거의 대부분 약간 흐릿한 불빛 아래에서 스스로를 바라본다. 그래야만 이런저런 행동을 취할 마음이 생기고, 어찌되었든 계속 살면서 큰 과제를 수행할 만한 자의식도 갖춘다.

'자기 기만'은 그 체계가 정교해야 하며 정확한 균형을 잡는 것이 중요하다. 내가 낀 안경이 너무 오래 장밋빛 일색이면 경솔해지고 거만해진다. 반대로 차가운 잿빛 안경이라면 강박관념에 사로잡히고 불안감을 느낀다. 스스로에게 딱 쓸모 있을 만큼의 환영幻影, 긍정적인 판타지와 현실 왜곡은 마음이 발휘하는 최고의 능력이며, 방어기제 역시 복잡다단한 여과 및 정화 시스템이다. 방어기제의 효과는 꿈, 공포증, 망상, 그리고 유머나 종교적 경험 혹은 예술적인 여러 표현 형식에서 곧잘 드러난다. 그런 모든 정신적인 행위가 현실을 견디는 데 도움을 주며, 갈등을 해소하고 고통을 줄이는 데에도 유용하다.

방어기제는 대개 무의식적으로 이루어진다. 그래서 그것을 활용하는 당사자는 적어도 그 당시만큼은 방어기제가 작동하고 있다는 사실을 지각하지 못한다. 방어기제는 우리가 어떤 현실에 위협을 느끼는 순간, 그 현실의 주요한 내용을 왜곡하거나 부인하거나 억압하는 기능을 한다. 사랑하는 사람의 죽음을 알게 되는 순간, 거의 반사적으로 나오는 반응이 "그럴 리가 없어! 난 절대 안 믿어!"이다. 남들 눈에는 어떤 저항전략은 기이하고 불합리하고 터무니없게 보이지만, 그것은 곧 정신건강을 지키려는, 적응능력이 뛰어난 자아가 있다는 증거다. 몸의 면역체계가 취하는 반응이 때론 병처럼 보이기도 하지만 실제로는 열심히 병원균과 싸우느라 그런 현상 — 이를테면 열이나 기침 같은 — 이 생기는 것처럼, 정신적인 면역체계 역시 내적 균형을 맞추기 위해 그런 이상반응을 나타내는 것이다.

인간의 마음은 현실을 처리하고 그것이 주는 충격을 완화하기 위해 실로 광범위한 스펙트럼의 기술을 고안해 냈다. 그것들은 때론 지극히 원초적이거나 세밀하고, 때론 단순하거나 복잡하며, 또 때론 비성숙하거나 성숙하다.

심리적인 방어기제는 때로 정신적인 갈등을 풀기 위해 가장 간단한 방편을 들이민다. 그냥 현실을 부인하거나 바꿔버리는 것이다. 자신이 아끼던 고양이의 사체 옆에서 몇 시간이고 다시 고양이가 깨어나기를 기다리는 어린아이는 끔찍한 현실을 부정하고 있는 것이다. 그런 단순한 무시보다 더 공이 많이 드는 것이, 자신의 정신적 필요에 맞게 외부 현실을 왜곡하는 일이다. 어린 십대 팬이 자기가 좋아하는 팝가수와 언젠가는 사귈 수 있을 거라는 허망한 꿈을 채우기 위해 최대한 섹시한 옷을 사들이는 것도 그런 예다. 그러느라 현실에 존재하는 '진짜' 남자친구의 성적인 욕구는 외면되고 배척당하기 일쑤다. 이럴 때 인간의 정신은 되도록 자기 기만이 성공하도록 하는 데 총력을 기울인다. 특히 어린이들은 외부 현실을 가장 거리낌 없이 부인하곤 한다. 어른들 역시 꿈속에서 종종 그런 현실 부정을 만끽한다. 더구나 그 누구도 현실을 신경쓰지 않아도 되는 상황, 즉 종교 혹은 정치적인 신념을 실천하는 과정에서 종종 현실 부인이라는 기제가 강력한 힘을 발휘하는 일도 있다.

이런 비교적 원초적인 방어기제는, 아주 어린아이들도 갑자기 닥친 감정적 혼란과 고통에서 자아를 보호하기 위한 수단으로 택할 수 있는, 즉시 사용 가능하고 효과 빠른 비상 프로그램이라고 할 수 있다.

자아를 지키는 방법

원초적 방어기제와 달리, 두 번째 종류는 한층 정교하고 고차원적인 편이다. 이 전략은 대개 오래 지속되면서도 해결이 요원해 보이는 갈등에 사용된다. 이른바 '비성숙한' 형태의 방어기제는 외부 관찰자에게는 종종 희귀하고 엽기적일 정도의 행동방식으로 비춰진다. 한 사람의 정신세계가 이 메커니즘의 영향을 강하게 받기 시작하면, 과대망상이나 정신분열의 증세로 보이는 성격 특징들이 자라난다. 예컨대 자존감이 턱없이 부족하거나 자기가 중요시하는 주변인의 사랑을 잃을 것 같다는 걱정을 하는 사람은, 자신의 열등감과 금지된 욕망을 타인에게 투영한다. 정치적 올바름

political correctness에 매달리는 사람은 어딜 가나 여성차별과 부당행위만 눈에 들어오고, 부정을 저지른 남편은 오히려 아내가 바람을 피운다고 의심한다. 인종차별주의자인 소시민은 자신의 인색함과 악덕이 오히려 소수민족 때문이라고 주장한다. 투영 과정에서는 주체가 객체와 혼동되거나, 거꾸로 객체가 주체로 인식되기도 한다. 자신에 대한 비판에서 편견이 나오고, 혼란스럽고 불안한 자신의 감정을 남에게 전가해 제어해 보려는 것이다.

공상의 세계에만 틀어박혀 사는 자폐증적 성격의 칩거도 이런 비성숙한 방어기제의 하나이다. 상상 속에서라면 위험을 감수할 우려 없이 모든 욕망을 실현할 수 있다. 인간은 누구나 정도가 조금씩 다른 백일몽을 즐기지만, 어쨌든 그것이 꿈에 불과하며 곧 다시 현실세계로 돌아와야 한다는 것을 안다. 다만 공상과 백일몽이 도를 넘어서서 일상의 많은 시간을 점령하기도 한다. 특히 오래 지속되고 고통 정도가 강하며 해결 방도가 없어 보이는 문제를 잊고 싶을 때면 더욱 그렇다.

우울증 역시 비교적 위험 없이 심리적 갈등을 표현할 수 있는 방법이다. 이때는 몸이 직접 저항의 무기로 나선다. 우울증을 앓는 이는, 병을 통해 무언의 비난을 하는 셈이다. 우울증이야말로 환자 자신에게는 어떤 폭력적이거나 슬픈 감정이 자아를 압도하려 들 때 그 감정을 드러낼 수 있는 유일무이한 수단이기 때문이다.

방어기제 중에 의식적으로 사용되는 단 한 가지가, 의도적으로 현실의 일부를 떼어내 방기하는 일이다. 영화 〈바람과 함께 사라지다〉에서 스칼렛 오하라가 마지막 장면에서 "내일 일은 내일 생각하자"

라고 말하는 것처럼 그 현실은 항상 연기되고 미뤄진다. 너무 많은 문제가 몰려들면 일부러 그것을 무시하는 방법밖에는 없다. 불안과 위협이 다가오지 않게끔 어떤 식으로든 자물쇠를 잠가버리는 것이다. 또 자기 최면, 명상, 약물 등의 여타 의식상태로 도피하는 것도 잠시나마 현실을 차단하는 방식이다.

그러나 방어기제 중에는 극단적인 자기 기만이나 과도한 현실 왜곡을 수단으로 하지 않는 것이 한 가지 있는데, 이른바 신경증적인 저항이다. 신경증적인 저항은 '모 아니면 도' 식의 방안을 택하지 않고, 외부세계의 기대나 요구 그리고 내적인 강박과 욕망 사이에서 원만한 합의를 찾는 것을 목표로 한다. 그래서 신경증적인 방어기제는 그다지 눈에 띄거나 병적으로 보이지 않는다. 신경증 증세가 있는 이들은 현실에서 곧바로 도피하지 않고 오히려 자기 생각과 감정이 평소 생활을 지나치게 방해하지 않도록 적당히 조절한다(아마 심리분석가들은 우스갯소리로, 신경증 환자들이 워낙 감정 조절을 잘해서 치료비를 실수 없이 계산하고 지불할지도 모른다고 덧붙일 것이다).

신경증적인 방어기제의 '고전'으로 꼽히는 것이 '전가'이다. 자아를 불안하게 만들고 자꾸 새로운 갈등을 촉발하는, 용납할 수 없는 욕구를 비교적 무해하게 보이는 다른 객체에 전이시키는 일이다. 젊은 여성이 실제로는 젊은 남성과 사랑하고 성적 욕구도 해소하고 싶지만 그것보다는 '위험하지 않은' 애완동물을 키우면서 대리만족을 하는 경우가 그런 예다.

'합리화' 역시 위협적인 감정을, 용납할 만한 방식으로 제어하려는 노력이다. 말하자면 합리화는 격한 감정의 원인을 어떻게든 대상화하는 경향이 있다. 예컨대 사랑하는 가족의 장례를 최대한 근사하고 웅장하게 치르고 싶어하는 것도 슬픔과 고통을 억누르기 위한 조치일 수 있다. 그래서 이 형태의 저항을 실행하는 사람은 무척 냉랭하게 보이거나 강박관념이 심한 사람으로 비치기 쉽다.

자아를 지키는 더 나은 방법

비교적 원초적인 방어 형태는 내면 혹은 외부의 일부 현실을 완전히 차단하거나 아니면 적어도 상당히 훼손하는 데 주력한다. 하지만 이것 말고도 이른바 연금술에 비견될 만큼 성숙하고 발전된 방어기제도 존재한다. 삶의 연금술은 고통스럽고 불편한 경험, 이를테면 삶의 납이라고 표현할 만한 것을 금으로 탈바꿈시키는 기술이다. 여기서 '금'이란, 혼란스럽고 괴로운 현실을 극복하기 위한 창의적이고 효과만점이면서 사회적으로 용납되는 전략들이다. 승화, 유머, 이타주의, 금욕주의, 선견지명을 통한 예측 등이 그런 것들이다.

자아의 방어기술은 결코 한 자리에 머물러 있거나 경직된 것이 아니라, 오히려 시간이 갈수록 더 정교하고 빛나게 갈고 닦을 수 있다. 그 과정에서 인간이 지닌 통합적 능력과 창의적 잠재력이 한껏 발휘되기도 한다. 감정이 우리를 혼란으로 몰아가는 일도 있지만, 꽤 쓸모 있는 굉장한 지능을 발휘하는 일도 있지 않은가. 더욱이 인간의 의식은, 긍정적인 감정영역을 벗어나지 않으려고 노력할 때, 그리고 부정적인 방향으로 끌려가지 않으려고 노력할 때 더욱더 풍부한 상상력을 발휘한다. 인간은 그런 문제를 이성과 경험에 의지해 해결하는 습관을 들였다. 어떤 문제를 '의식적이고 합리적으로' 극복하고 싶다면 성숙과 지능이 결코 포기할 수 없는 요소인 것도 사실이다. 그러나 무의식적인 문제 해결 전략 역시 성숙과 지능의 힘으로 진화하고 발전했다.

자아심리학에서 말하는 '성숙', 다시 말해서 방어기제의 하나로 거론되는 완숙미란 무얼까? 완숙미는 사랑하고 희망하는 능력, 현실적이고 적절한 목표를 정하는 능력, 그리고 그것을 달성하는 능력을 모두 내포한다. 완숙미란, 부정적인 감정 역시 자신에게 피해가 가지 않는 선에서 그리고 어느 누구에게도 상처 주지 않으면서 표현할 줄 아는 능력이다. 그와 동시에 어른이라는 정체성을 잠시 내려놓고 일부러 아이가 되어 순수하게 뛰놀고 강렬한 감성을 누리는 것도 성숙한 사람만이 할 수 있는 일이다. 더욱이 변화에 적응하고 좌절과 손실을 견디고 극복하는 것도 성숙이다. 성숙한 사람은 자신이 겪었던 어렵고 힘든 경험을 거울삼아 타인과 사회에 보탬이 되려는 의지를 보이기도 한다. 그럴 때 윤리와 인간미를 발휘하는 진짜 주체가 양심이라고 생각하기 쉽지만, 양심은 외부의 도덕적 강요와 구속을 인간의 마음에 중개하는 역할을 할 뿐이다. 그때 힘을 발휘하는 것은 성숙한 자아다.

인간의 인격은 여러 단계와 시기, 라이프사이클을 거치며 달라진다. 미국의 저명한 심리학자 에릭 에릭슨Erik Erikson도 이렇게 묘사한 바 있다. 아동기의 몇몇 중요한 심리적 갈등이 일단 해소되고 나면, 성인이 된 개인은 먼저 세 가지 과제를 수행해야 한다. 그 세 가지는 첫째, 배우자를 만나 가장 중요한 인간관계를 맺는 것, 둘째는 조직적으로 직업활동을 하는 것, 셋째는 종족보존을 위해 아이를 낳아 자신이 성취한 것을 물려주는 것이다.

이 세 가지 과제는 방금 언급한 순서대로 실현되는 것이 자연스럽다. 각 단계의 과제들에 얽힌 내외부의 갈등을 극복하는 데 성공하고 나면, 그 다음 단계는 자연스럽게 성공으로 이어진다는 뜻이다. 아서 밀러의 《세일즈맨의 죽음》에서 주인공 윌리 로먼의 캐릭터는, 한 인간이 근본적으로 갈등을 처리하는 능력이 미숙한 탓에 남편으로서, 아버지로서, 직장인으로서 요구받는 복잡한 의무를 제대로 소화하지 못하는 장면을 생생히 보여준다. 그는 현실을 부정하고 왜곡하며 투영하고 공상에 빠진다. 그의 인성 발달은 성인의 단계 이전에 묶여 있다. 로먼은 '뭔가 허전한' 기분에 사로잡힐 뿐 아니라 뿌리, 즉 근거지로 삼을 무엇인가가 없다. 게다가 성숙하고 차별화된 방어기제를 발달시키지 못해 번번이 좌절하고 만다.

한 음악가의 환희

심리적인 자아 발달에서 성숙 다음으로 중요한 것이 창의력이다. 창의력은 예술가들에게 영감의 원동력일 뿐만 아니라 '보통' 사람들에게도 심리적인 위기와 갈등을 푸는 데 큰 역할을 한다. 자아는, 비록 개인마다 그 발상이 풍부한가 덜 풍부한가의 차이는 있을지언정, 복잡다단한 환경에 적응하고 그러면서도 인격적으로 성장하려는 시도(노력)의 총체이기도 하다.

심리분석가 조지 바일런트는 자아 발달 과정을 이렇게 표현했다. "인간은 여러 개의 조각으로 태어난다. 다만 조각들을 붙이고 수리함으로써 생존이 가능하다. 그리고 자아가 갖는 지혜는 조각을 수리하는 데 필요한 접착제를 인간에게 제공한다." 다시 말해 인간은 실패를 통해 성공을 이루고, 자신의 모습이 우습다고 배꼽을 잡으며, 중심을 지탱하고, 아무리 스스로는 상황이 안 좋아도 남을 돌보는 법을 배우고, 삶을 현실적으로 설계하는 법을 배워나간다. 다른 말로 하자면 성숙한 방어기제를 발달시키는 것이다.

어느 삼십대 음악가가 친구에게 이런 편지를 썼다. "나는 불행한 삶을 살고 있어. 그리고 자연과 창조주를 상대로 질긴 싸움도 하지. 특히 창조주를 저주해. 그가 피조물들을 비정한 우연에 내맡겨버렸기 때문이야. 하필이면 가장 아름다운 꽃을 꺾어버리거나 짓밟는 그런 우연 말이야." 그에게 이 편지를 쓰게 만든 것은 점점 심해져 가는 난청증세 때문이었다. 그로 인해 서서히 그는 모든 사회적 활동에서 물러나 칩거해야 했다. 그의 머릿속은 자살에 대한 생각으로 가득 찼다. 일 년 뒤 그는 유서를 남긴다. 절망의 기록이었다. "멀리서 들리는 피리 소리를 들을 수 있는 사람 옆에 서 있는 것은 얼마나 큰 고문인가! 나에겐 아무것도 들리지 않는데! 지금 서둘러 사신을 만나러 가는 일이 내겐 기쁘기만 하구나."

하지만 그후 25년간이나 이 음악가는 생을 이어간다. 그리고 53세의 나이에 빈 왕실극장의 지휘대에 올라 자신이 방금 막 초연 지휘를 끝낸 교향곡의 악보를 뚫어져라 들여다보고 있다. 독주자 중 한 사람이 그를 청중들 쪽으로 돌려세운다. 그가 귀로 듣지 못한 것을 눈으로 보게 하려고 말이다. 열광적인 환호, 우레와 같은 박수소리, 공중으로 치솟는 모자들, 흔들리고 춤추는 손들.

완전히 귀가 먹은 루트비히 판 베토벤은 9번 교향곡으로 대대적인 성공을 거두었다. 23년 전 사람을 싫어하고 장애에 시달리던 음악가가 쓴 유서를 다시 읽어보자. "오 섭리여, 나에게 그저 단 하루라도 완벽한 환희를 맛보게 하소서. 오 신성이여, 언제쯤이면 다시 기쁨을 느낄 수 있나이까. 이 상태에서 벗어날 수만 있다면 세상 전부라도 힘껏 껴안겠습니다."

그가 말한 '완벽한 환희'에 대한 갈망은 그의 교향곡 안에서 살아 숨쉰다. 베토벤은 실러가 쓴 〈환희에의 송가〉의 노랫말을 정제된 음악으로 옮겨 9번 교향곡을 완성했다. "백만 인이여, 껴안으라! 전세계의 키스를 받으라. 형제들이여, 저 별의 장막 뒤에는 선하신 아버지께서 사시는도다."

베토벤의 부친은 술주정뱅이였고 늘 아들을 구박하고 못살게 굴었다. 그리고 또다른 아버지인 신은 귀먹음이라는 고난으로 그를 내동댕이쳤다. 그러나 이 음악가는 자기 연민에 빠져 질식하지도 않았고 자기 파괴나 환상의 세계로 도망치지도 않았다. 예술적 승화의 과정을 통해 그는 자신에게 닥친 심적이고 신체적인 재앙을 그 누구보다도 독창적으로 이겨냈다.

승화는 격한 감정과 욕망을 배척하거나 위장하지 않으며 오히려 금으로 바꾼다. 마음속 격동, 심적 위기, 갈등 등이 고귀하게 격상되고 고차원적으로 활용된다. 예술가들의 생애를 보면 늘 억압의 경험, 정신적 갈등과 고난을 극복한 과정이 들어 있다. 승화란, 충동과 본능적 욕구를 양심과 외부 현실의 요구에 맞게 조절하여 여러 상황과 조건을 원만하게 만드는 일이다. 본능적 욕구는 용납 가능한 형태에서라면 충분히 충족될 수 있다. 다만 승화의 과정과 결과물은 양심에 비춰서든 사회적 환경에 비춰서든 단순히 용납 가능한 정도로 바꾸는 게 아니라 감동과 경탄마저 불러일으키게 한다.

성숙한 방어기제에는 인내와 금욕도 포함된다. 마음속에서 서로 다른 욕망과 의지가 충돌을 일으키고 있다는 걸 알면서도 그것을 통제하고 고통을 감내할 만큼 자아가 강한 경우에 쓰이는 방식이다. 사실 이 방식은 스토아학파의 철학적 갈등 해결법으로, 삶의 불가피한 문제들에 자제력 있고 의연하게 대처하는 태도를 말한다. 자아의 강인함은 자발적으로 고통을 견디고 욕구충족을 얼마간 미뤄둘 수 있는가 하는 데서 드러난다. 앞서 말한 심리적 성숙의 특징과 일치하는 대목이다.

예측은 내적·외적 현실을 재배치하는 것을 거의 완전히 포기하는 방어기제다. 자아는, 예상이 가능한 힘든 갈등에 미리 대비하고 다가올 위험에 대비해 일종의 예방접종을 하는 등 스스로 저항력을 구축한다. 그래서 불쾌한 감정을 미리 인식하고 분류해 다루기 쉽게 만들어둔다. 어떤 문제에 대한 대응훈련을 여러 번 되풀이하기 때문에 실제로 그것이 정신에 미치는 해독은 그다지 심하지 않게 된다.

위트와 유머의 하하반응

지그문트 프로이트는 유머를 각별히 효

과 있고 고도로 발달한 방어기제로 보았다. 유머는, 삶의 현실에 압도당하지도, 생경하리만치 왜곡시키지도 않으면서 현실을 정정당당히 대면하게 해준다. 유머를 통해서라면 나 자신은 물론이고 타인을 방해하거나 모욕하거나 착취하지 않고도 정신적인 갈등을 충분히 표현할 수 있다. 재치(위트)가 단지 잠깐 문제를 미뤄두고 현실을 슬쩍 위장하는 형식인 반면, 쾌활한 감각을 동반한 유머는 진실을 눈으로 확인하고 소리 내어 표현하고 만지고 느끼고, 그러면서도 대결구도에서 슬쩍 몸을 돌려 무사히 빠져나오게 해준다.

훌륭한 희극배우들과 연예인들의 삶은 유머로 인생을 헤쳐나간 사례집이라 해도 과언이 아니다. 찰리 채플린은 끔찍했던 어린 시절의 기억을 누구와도 견줄 수 없는 코미디로 탈바꿈시켰다. 유머를 수단으로 자신의 고통을 승화시킨 셈이며, 그의 '방어행동' 덕에 전세계가 함께 웃고 함께 울었다. 우디 앨런은 영화를 통해 삶에서 겪은 좌절과 갈등을 풀었고, 부질없어 보이고 혼란에 빠뜨리며 악의에 가득 차 있고 잔인하기만 한 세상의 부조리에 인간이 어떤 식으로 맞서 싸우는지 희화화하여 보여주었다.

아르투르 케스틀러Arthur Koestler는 '신의 전파'라는 이름이 붙여진 연구를 통해 창의성을 세 가지 영역으로 구분한 바 있다. 그 하나는 보는 이에게 '와!' 하는 탄성을 자아내게 하는(그러면서도 승화의 범주에 들어가는) 예술적 행위다. 두번째는 영감의 형식을 띤 문제 극복이다. 오랫동안 탐색하고 시행착오를 겪은 뒤 갑자기 찾아오는 번개 같은 깨달음 말이다. 우리가 흔히 '아하 경험'이라고 부르는 것이 그것이다. 그리고 마지막으로 홀가분한 웃음으로 꽉 찬 내적 긴장을 해소하는 일이다. 위트와 유머가 불러일으키는 '하하반응'이랄까.

이 세 가지 창의적인 행위 모두 복잡미묘한 심리적 과정의 산물들이다. 자아는 의식된 인풋(input, 합리적 사고와 경험의 총체)을, 문제 해결에 유용한 무의식적이고 직관적인 일련의 기술과 통합한다. 그에 대한 아웃풋output은 글자 그대로 '성숙한 행위'다. 자아가 구사하는 고도의 방어기제란 바로 이 창의적이고 통합적인 능력이나 다름없다. 이 방어기제를 통해 견딜 수 없는 현실을 감내할 뿐 아니라 나에게(그리고 남에게도) 유리하게 역이용할 수도 있다. 그렇게 발달하는 자아의 힘을 가리켜 안나 프로이트Anna Freud는 이렇게 말했다. "자아는 불안과 고통을 누그러뜨리고, 아무리 힘든 상황에서도 인간의 욕망을 어떻게든 변형시켜 조금이라도 그 욕망이 충족될 수 있도록 만든다. 이 능력이 유지되는 한 자아는 항상 승승장구할 것이다."

삶의 전환점에서

사람의 인생은 몇 시기로 나뉜다. 그 시기들의 경계는 때론 서로 맞닿아 있지만 때론 불연속으로 드문드문 간격을 두고 시작되었다 끝나기도 한다. 그래서 한 사람의 정신적 건강과 전체적인 행복은, 이 시기들 사이사이의 과도기를 얼마나 무사히 넘겼느냐에 따라 좌우된다. 첫 입학, 입학시험, 첫 직장생활, 결혼, 은퇴 등은 한 시기가 종결되고 새로운 시기가 시작되는 외적인 이정표들이다. 그러나 우리는 과연 그 사이의 시간들을 무사히 거치며 제대로 과도기를 이행하고 있는 걸까?

학교 배지와 이름표, 결혼반지, 은퇴여행을 위한 비행기 티켓 등으로 대변되는 문화적·시간적 전환 외에도 수많은 종류의 전환이 우리를 찾아온다. 이사, 결별, 이혼, 실직, 전직, 질환, 승진, 새 가족의 탄생 같은 크고 작은 일이 새로운 시작을 불러온다. 물론 그 시작은 때론 우리가 원하던 것이기도 하지만 때론 강제와 압박에 의한 것이기도 하다.

모든 전환에는 위태로운 상황이 동반된다. 무언가를 재설정한다는 것은 항상 동요와 스트레스, 감정적 혼란과 불안, 두려움을 유발한다. 과도기에 이런저런 것이 좌초할 가능성은 많다. 과거나 기존의 습관 등에 매몰될 우려도 있고, 워낙 새로운 가능성이 많아 혼란을 겪을 수도 있으며, 이전 시기에서 건너온 정신적 부담을 계속 끌고 가는 우를 범할지도 모른다.

지금 인생의 전환점에 서 있다면 우선 세 가지 단계를 해결하는 것이 원칙이다.

첫째, 이전 시기를 잘 마쳐야 한다. 무엇을 시작하려면 옛날 것을 마무리해야 한다. 그전까지의 관계, 습관, 태도를 끝내되 외면뿐 아니라 심리적으로도 종결해야 한다.

둘째, 새로운 방향을 잡아야 한다. 전환점이란 새로운 신념을 가질 기회요, 코스를 변경하고 개인적인 성장을 꾀할 수 있는 기회다. 물론 그러려면 충분히 미래를 설계할 시간과 계기를 마련해야 한다.

셋째, 새 술은 새 부대에 담아야 한다. 아직 처리가 끝나지 않은 과거사가 주는 중압감을 모두 털어버리고 새 목표를 가져야만 일신의 발전도 밀어붙이고 새 출발도 감행할 수 있다.

이 세 가지 단계는, 인류학자인 아놀드 반 게네프Arnold van Gennepp가 여러 전통 문화에서 관찰하고 발견한, 리테 드 파사주rites de passage, 즉 즉 과도기의 통과의례다. 이 의식들은 세 가지 발전 단계인 '상징적 죽음', '혼돈', '부활'과 일맥상통한다. 과거에는 공동체에서 각 구성원들이 하나의 시기에서 다음 시기로 넘어가는 고비를 쉽게 넘기도록 도와주는 의식이 있었지만, 요즘엔 서서히 그런 공동체적 장치들이 사라져가고 있다. 이제는 개인이 각자 알아서 자신이 전환점에 와 있음을 깨닫고, 위기를 극복하거나 궤도를 수정하는 일을 혼자서 극복해야 한다.

현대인은 살면서 예기치 못한 단절과 방향 변경을 예전보다 더 많이 겪어야 하고 스스로 적절한 대응책을 찾아야 한다. 따라서 개인이 체감하는 어려움은 그만큼 더 크다. 더욱이 오늘날은 직업과 이력이 복잡해지고 급격하게 변하는 것이 이상한 일이 아니다. 이직, 이사, 전직, 이혼에 관한 통계만 봐도 얼마나 많은 재적응과 역할 수정이 요구되는지 알 수 있다.

현대인은 어릴 적부터 극적인 변화와 끊김(비연속)을 자주 경험한다. 그러면서 각자 받은 교육이나 성격 등에 따라, 인생의 전환점에 섰을 때 서로 다른 행동방식과 사고양식을 취하는 법을 배운다. 그래서 개인마다 무언가 새 출발을 하고 옛것을 떠나는 것이 비교적 어려운 사람도 있고 쉬운 사람도 있다. 또 무언가를 좀체 놓아버리지 못하는 '집착형'도 있고 빨리 새것에 적응하는 '미래형'도 있다. 예전에 겪은 이별의 경험과 과도기적 상황을 돌이켜보면, 앞으로 다가올 변화에 내가 어떻게 대처할 것인가도 어렴풋이 짐작할 수 있을 것이다.

불행히도, 앞서 말한 과도기의 첫 단계부터도 실수할 여지는 많다. 무언가를 끝내고 좋게 마무리한다는 것은 꽤 어려운 일이다. 아무리 요즘 문화가 빨리 손 흔들고 헤어진 다음 툭툭 털고 잊는 것을 선호하는 분위기라 해도 마찬가지다. 우리는 한번 엎질러진 물은 주워담을 수 없다고, 인생의 모든 것에는 끝이 있다고, 앞을 보고 살아야 한다고 배웠다. 그러니 과도기에 처할 때마다 당연히 어떻게든 거기서 '빨리 벗어나고' 지체 없이 새것에만 집중하려 든다. 어쩌다 주변에서 끝을 잘 내지 못해 어려워하는 사람을 보면 안타까워하거나 비판도 서슴지 않는다.

그러나 아무리 빠른 세상이라지만 성급한 변화를 선호하는 정서 탓에, 인간으로서 잃지 말아야 할 중요한 절차와 과정이 묵살되고 있다. 어떤 마무리든 반드시 절차를 밟아야 하고 얼마간의 시간을 요한다. 엄청난 손실, 가족 구성원의 죽음, 이혼, 또는 이사라든가 이직 등 그밖의 중대한 변화를 속전속결로 처리해 버리면 빠르든 늦든 장기적인 심리적 문제가 발생할 가능성이 크다.

사람은 누구나 어떤 형태가 되었든 간에 변화를 성장, 발전, 상승, 그리고 가능성과 경험이 늘어날 좋은 기회로 보는 경향이 있다. 그러나 진정한 인성의 발전은 한 가지 것을 해체des-organization하고 새것을 조직new-organization하는 행위 사이, 즉 잃음과 얻음의 변증법을 전제로 한다는 것을 잊지 말아야 한다.

어제와의 이별

　　　　다시 말하지만, 새 것을 배우거나 새 출발하려면 먼저 어떤 것을 잊거나 털어내야 한다. 인생의 전환점에서 맞닥뜨리는 손실은 크게 네 가지로 분류된다.

첫째, 인생의 과도기는 종종 '일상적인 것의 상실', 말하자면 습관을 갑자기 끊거나 반복하던 일을 중단하는 데서 시작되기도 한다. 심장마비, 결별, 이사 같은 일을 겪으면 기존의 생활방식에서 벗어나게 된다. 삶의 외부적인 조건 역시 극적으로 바뀌고 우리는 거기에 나름대로 대응해야 한다.

둘째, 적어도 잠깐이나마 '정체성을 상실'하기도 한다. 때로는 전환점에 서서 중압감을 느끼기도 한다. "이게 정말 나에게 일어난 일인가? 이제 어떻게 하지?" 그럴 때 나는 내가 아닌 것 같고 어쩐지 스스로가 낯설게 여겨진다.

셋째, 전환점에 다다르면 익숙했던 환상에서 깨어나 자신이 얼마나 스스로를 속여왔는지 또렷하게 깨닫기도 한다. 인생이란 끝없는 각성의 고리로 연결된다고 해도 과언이 아니다. 아이였을 때는 이르든 늦든 언젠가는 산타클로스가 존재하지 않는다는 사실을 알게 되고, 어른들이 무조건 만능도 아니요 완벽하지도 않다는 사실도 깨닫게 된다. 커서는, 고마운 줄 모르는 상사나 친구의 배신 따위에 환상이 깨진다. 십대 때 그토록 멋져 보였던 아이돌 스타도 시간이 지나면 멍청하고 이기적인 인간성이 보인다. 그나마 인품이 낫다고 생각했던 소수의 정치가도 알고 보니 다른 사람들과 별반 다를 바 없이 부정부패에 찌들었다. 사랑한다고 믿었던 애인이나 배우자는 내 신뢰를 악용하기도 한다. 꿈에 그리던 휴가마저 끔찍한 여행이 된다. 실망은 자연스레 이상(비현실적이던)을 수정하게 만든다. 그리고 환상을 포기하는 순간 우리는 새 것을 배울 준비를 갖추게 된다.

물론 그렇게 마법이 스르르 사라짐으로써 더 심각한 고민과 문제가 발생하기도 한다. 또 진심으로 환상에서 깨어나지 않아 변화나 성장이 불가능한 경우도 있다. 그럴 때 우리는 그냥 더 신의 있는 친구, 더 맘에 드는 회사, 더 믿음직스러운 스타를 찾아 헤맨다. 매번 '이번에야말로' 나를 실망시키지 않을 사람을 찾았다는 생각에 기뻐하지만 결국 똑같은 각본이 되풀이된다. 아니면 냉소적이 되거나 늘 의심의 눈초리를 보낸다.

넷째, 결국 우리는 일시적으로 방향감각을 잃는다. 무언가가 끝나도 새 것이 눈에 잘 들어오지 않는다. 좌초한 느낌, 패배한 느낌, 공허감이 우리 안을 채운다. 과도기를 다룬 신화에서는 곧잘 주인공이 미로나 숲에서 길을 잃거나 동물이나 괴물 따위의 뱃속으로 들어가는 장면으로 이 시기를 묘사한다.

설령 어떤 것이 끝났음을 깨달았다 해도 아직 고비를 넘긴 것은 아니다. 아직 우리가 있는 곳은 익숙지 않은 중립지대이며 무인지대이다. 과도기란, 두 개의 장면, 두 개의 사연, 두 개의 꿈 사이에 끼인 시간이다. 하나의 인생이 종결되고 아직 새것이 (실제로) 시작되지 않은 때다. 아쉽게도 그런 빈 시간을 현대인들은 좀체 견디지 못한다. 그저 중간이 없이 새 일, 새 유대, 새 관계로만 빨리빨리 뛰어들려고 한다. 도시 어디서나 목격되는, 건널목 앞에서 조금이라도 빨리 길을 건너려고 발을 동동 구르는 사람처럼 말이다.

그러나 중립지대는 마음과 영혼을 위해 반드시 있어야 하는 유예기간이자 중요한 휴식기간이다. 잘만 활용하면 이 시간에 엄청난 자기 인식을 경험할 수도 있다. 따라서 중립지대를 빨리 넘겨버리려고만 할 게 아니라 그것을 충분히 활용해야 한다. 이 과도기의 백지 상태를 겸허히 받아들이는 순간 갑자기 모든 것이 또렷해지고 주변 환경도 더 민감하게 인지할 수 있다. 습관적으로 살아가던 일상에 대해서도 일정한 거리가 생기면서 그 일상이 이상하리만치 투명하게 보인다. 많은 것이 들여다보이고 사물의 이면이 눈에 들어온다. 그러면서 인생에 대한 지혜가 내 안에서 한 뼘쯤 커진 것을 느낀다.

종종 중립지대를 깊은 생각에 빠져 있는 상태, 즉 명상에 비유하기도 한다. 오래도록 잊고 있었고 젖혀두었던 많은 것이 한꺼번에 내면에 떠오르기 때문이다. 이따금 이 상태 때문에 불안해지기도 하지만 그것을 억누르기보다는 그것에 더 집중해야 한다. 그러려면 반복되는 일상에서 한걸음 물러나 잠시 홀로 있으면서 내적인 공허감을 수용하고 느껴야 한다. 중립지대에서는 스스로를 몰아붙이고 뭔가 해결책을 찾으려고 안달을 하는 것이 오히려 비생산적이다. 더욱이 공허감이 커지거나 우울해지더라도 애써 그것을 털어내려 하지도 부정하려 들지도 말아야 한다.

사색하고 자신의 목소리에 경청하다 보면 새로운 통찰을 가능케 하는 기억, 사고, 감정, 욕망이 수면 위로 떠오르기도 한다. 일정 정도 체계를 갖추기만 하면 이런 재료를 가지고 자기 성장을 꾀할 수도 있다. 인생의 한 단계에서 다음 단계로 넘어가는 중간기는 특히, 자기 인생의 중간결산을 뽑아보고 기억을 체계적으로 정리하기에도 참 좋은 때다. 그러고 나면 자신에게 이른바 결산보고서를 제출하고 평가를 기다려볼 수도 있지 않은가.

안식년, 휴직 등의 휴식기는 자신의 꿈과 동기를 더 섬세하게 다듬을 수 있는 기회이기도 하다. 내가 진짜 원하는 것은 무엇인가? 어떤 의무감, 어떤 양가감정이 나에게 영향을 미치는가? 혹시 나는 다른 사람의 기대에 맞춰 살아가는 것은 아닌가? 오늘 당장 내 인생이 끝난다면 어떨까? 미처 해보지 못한 것, 아직 끝내지 못한 것은 무엇인가? 나 자신에 대한 부고를 직접 써야 한다면 무엇이라고 쓸 것인가?

이런 성찰이 있은 다음에야 드디어 시선을 들어 앞을 보는 것이 가능하다. 앞으로의 시나리오를 구상하고 상상력을 펼쳐보고 미래를 가상으로 떠올려보기도 한다. 사색의 과도기는 오랜 침체기이지만 종착지가 아니다. 의식적이고 세심하게 사용하기도 해야 하지만 영원히 거기에만 안주할 수는 없는 노릇이다. 자칫하면 자신과 앞날에 대한 고민이 지나치게 깊어질 우려도 있다. 사시사철 준비만 하고 살아서는 안된다. 아무리 고민 많던 햄릿도 결국에는 행동을 취했어야 하지 않았나.

앞으로 가는 열 걸음

영국의 역사학자 에드워드 기븐Edward Gibbon에 따르면 인간은 인생에서 두 번 교육기를 거친다고 한다. 한 번은 부모와 학교로부터 받는 소년기의 교육이며, 두번째는 자발적으로 자신을 발전시키는 교육이다. 이 두 번째 자기 교육을 거쳐야 진짜 성숙하고 소양 있는 사람으로 거듭난다. 삶의 과도기야말로 이 자기 교육이 가장 강도높게 이루어질 수 있는 기회다. 다음에 열거하는 열 가지 방식을 통해 우리가 겪는 경험의 가치를 올바르게 평가하고 그 가치를 최대한 높일 수 있도록 노력해 보자. 인생이라는 학교가 마련한 새 학기를 얼마든지 훌륭하게 시작할 수 있다.

1. 충분히 자기 시간을 갖는다. 우리를 둘러싼 환경은 급속도로 변하지만, 우리가 그것에 정신적으로 적응하려면 무엇보다 시간이 필요하며 무조건 모든 걸 빨리빨리 해치워버리려 해서는 안된다.

2. 중간 해결책을 강구한다. 내적인 적응을 한다고 해서 모든 것을 스톱할 수는 없다. 따라서 단기적인 중간 방안을 세워 일상의 습관을 조금씩 바꿔야 한다. 임시로 주거조건이나 노동환경을 변경해서 방향설정을 위한 시간을 현명하게 넘기는 방법도 있다.

3. 무언가 하기 위해서는 역으로 '아무것도 안하기'도 도움이 된다. 과도기는 때때로 불안감과 스트레스를 주기도 한다. 게다가 한자리에 머물러 있지 않으려면 뭔가 해야 한다는 강박관념도 만만치 않게 클 것이다.

4. 자기 관찰을 통해 스스로를 단련시킨다. 두려움과 불안은 과도기에 있는 사람에게 흔히 나타나는 전형적인 특징임을 잊지 말자.

5. 자신에게 상을 주자. 과도기에는 특히 큰 변화의 틀에 영향을 끼치지 않는 범위 내에서 뭔가 기분이 좋아질 만한 작은 습관을 꾸준히 유지하는 것도 중요하다. 좋아하는 음악을 즐겨 듣거나 릴랙스 운동을 꾸준히 하고 질 좋고 맛있는 식사를 즐기는 것도 괜찮다.

6. 이후의 일을 탐색한다. 자신에게 닥친 변화가 자의에 의한 것이든 타의에 의한 것이든 간에, 머릿속에서 '이후'의 상황이 안고 올 필요비

용과 효용을 찬찬히 짚어볼 필요가 있다.

7. 내 말을 잘 들어줄 사람을 찾는다. 과도기를 통해 변하는 것들에 대해 누군가에게 허심탄회하게 털어놓는 것도 중요한 일이다. 꼭 조언을 얻기 위해서라기보다는 자신의 심리적인 과정을 표출하고 그럼으로써 더 투명하게 그 과정을 인식하기 위해서라고 보는 편이 맞다.

8. 나의 잠재력을 타진해 본다. 새 출발하는 삶에서 지금껏 소홀히 했던 재능과 실력을 드러낼 수 있을까? 어떤 관심사를 새로 시험해 볼 수 있을까?

9. 기꺼이 새로운 것을 배우는 자세가 필요하다. 새로 시작하는 인생의 단계는 대부분 지능적으로나 사회적으로나 새로운 지식과 능력을 요한다. 낡은 지식과 기술이 앞날을 약속해 주지 못할 때가 부지기수이기 때문이다.

10. 과도기가 갖는 기본적 패턴을 알아차린다. 어떤 과도기든 옛 질서가 와해되고 나면 거기서 생겨난 혼란이 이어지며 이윽고 새로운 형태가 생겨난다.

과도기의 세 번째 단계, 즉 새출발과 '부활'에는 어떤 왕도도 없다. 우리는 무언가 끊기고 나서 어색하고 어려운 중간 단계에 봉착하면 쉽사리 기계적인 인간상을 떠올린다. 물론 기계는 고장 나면 고쳐야 한다. 그런데 인간에게까지 그런 개념을 적용하는 일이 흔해졌다. 그래서 문제를 즉각 해결할 만한 처방을 찾거나, 심리치료사나 그밖의 전문가와 의논을 한다. 되도록 빨리 어떤 '기능'을 하고 싶은 마음이 굴뚝같기 때문이다. 그러나 내 인생의 앞날을 위한 결정을 대체 누구에게 맡길 수 있겠는가. 눈앞에 놓인 골짜기를 건너가야 하는 것은 나 자신일 뿐 남이 대신 건널 수는 없는 노릇이다. 어떤 원칙으로 전환점을 마주할지, 이 여행이 어디로 갈지는, 마무리에서 오는 감정적 혼란을 얼마나 잘 이겨내고 유예시기의 자기 관찰을 얼마나 진지하게 하느냐에 달려 있다.

종종 어렴풋한 아이디어, 모호한 감정, 직관 등에서 새로운 것이 시작되기도 한다. 마음속에 있던 그림이 서서히 형태를 완성해 가거나, 외부인이 툭 던진 말 한마디가 결정적인 단서가 되어 새 방향과 새 역할이 뚜렷이 보이기도 한다. 새로운 시작은 우리가 꿈꿔왔거나 두려워했던 것만큼 그렇게 낯선 것이 아니다. 우리는 항상 예전의 경험과 시간에서 만들어진 정체성을 밑거름 삼아 미래를 일구어간다. 새 출발이란 이 옛 정체성이 새 정체성과 하나로 합해지는 것이고, 옛 경험이 짐이 아니라 자원이 되어 '새 삶'에 통합되어야 옳다.

칩거, 사색, 고독의 시간 뒤에는 다시 새로운 출발을 통해 타인들과 작용 및 반작용을 주고받는 세상으로 나가야 한다. 때로 세인들은 '바뀐 나'에 대해 두려움과 불신을 보일 수도 있고 자신들이 소외되거나 뒤처질 것을 염려하기도 할 것이다. 그러나 아무리 자의였든 타의였든, 그리고 어떤 과도기든 개인적인 성장의 밑바탕이자 기회이기도 하다는 점을 기억하자.

이루지 못한 꿈

우리가 스스로 만들어낸 전환기나, 외적인 사건으로 불가피하게 일어난 전환기를 극복하는 것도 큰 과제다. 그러나 오히려 선택의 여지가 뚜렷이 보이지도 않고 좀체 변화가 일어나지 않는 정체된 문제를 해결하는 것이 더 어렵고 까다롭다. 바로, 내가 필요로 하는 어떤 '일'이 아예 일어나지 않는 현상이다.

'이루지 못한 꿈' 때문에도 마음에 병이 들고 불행한 감정에 휩싸일 수 있다. 무언가 시작되지 않아서 괴로운 경우를 아는가? 딱 맞는 배우자를 못 찾거나, 아예 진정한 사랑을 느낄 대상조차 없을 수 있다. 또 내가 원하는 직업을 갖지 못해 힘든 경우도 있다. 때론 직업은 있는데 승진이 안되기도 한다. 아니면 인생에 단 한 번 올까 말까 한 기회를 잡지 못하고 놓쳐버렸을 수도 있다. 기대하던 인정을 받지 못하거나, 그토록 바라던 성과가 나오지 않기도 한다. 아무리 아이를 기다려도 임신이 안될 수도 있다. 아니, 아이가 태어났지만 도무지 부모 마음처럼 자라주지 않는다. 무언가를 열렬히 바라지만 아무 일도 일어나지 않는 그런 때다. 이를테면 고도Godot를 기다리는 심정이랄까.

이루지 못한 꿈은 실망감을 준다. 채워지지 않은 기대이자 깨진 꿈이다. 그것은 드라마는커녕 그저 소리 없는 비극이다. 막다른 골목에 갇혀 출구를 모르는 상황이다. 마음속에서는 이미 사표를 냈지만 도무지 이 지긋지긋한 회사를 떠날 기회가 오지 않는다. 부부라는 족쇄를 차고 살면서도 아이니 재산권이니 하는 것 때문에 쉽사리 이혼을 감행하지 못한다. 노부나 노모를 모시느라 내가 꿈꿔온 직업이나 사적인 행복을 추구할 시간이 없다.

이루지 못한 꿈은 자의식을 갉아먹고 심지어 우울증의 숨은 원인이 될 때도 있다. 무언가 중요한 것을 자꾸 잃어버리고 있다는 느낌,

아무런 전망도 비전도 없다는 느낌이 영혼의 발전을 마비시키고 차단한다. 말 그대로 심장을 부수고 무력하게 만든다.

이런 좌절과 실망을 직시하고 지금까지 채우지 못한, 그리고 앞으로도 채울 수 없는 꿈을 너무 늦지 않게 포기하는 것은 인생에서 무척 중요한 숙제다. 아무리 늦어도 대략 삼십 세가 되면 이런 문제를 하나 둘 맞닥뜨리게 된다. 그러나 이 숙제에 정식으로 손을 대는 사람은 드물다. 자신의 실패를 인정하고 품었던 희망을 포기하기가 무척 고통스럽기 때문이다. 그래서 많은 이들이 무의식적으로 계획을 접지 못하고 같은 욕심에 매달린다. 그 소원이 결코 이루어지지 않으리라는 사실이 뚜렷이 가시화되었어도 마찬가지다. 차선책과 대안을 구상하고 삶의 전환을 꾀하기보다는 차라리 불만족과 절망의 늪에서 조용히 웅크려 있고 싶어한다.

그중에는 갑자기 액면 그대로 눈앞에 나타나는 것도 있다. 거절 편지 혹은 불임 진단은 너무 명백해서 달리 해석할 여지가 없다. 혹은 대학 때 같은 과였던 친구를 우연히 마주쳤는데 좋은 직장에서 잘 나가는 것은 물론 사생활도 행복하기 그지없다는 걸 확인하기도 한다. 그런가 하면 어떤 경우에는 특정한 형태로 나타나는 일도 있다. 자꾸 퇴짜를 맞고 되돌아오는 소설 원고, 몇 년 간 결혼날짜를 잡지 못하는 만년 약혼 커플, 번번이 떨어지는 승진시험. 또다른 경우는 몇 년이 흐른 뒤에야 정체가 보이기도 한다. 교수자격 취득을 위한 논문은 시간이 흘러도 좀체 완성되지 않고, 준비되었던 교수직은 점점 멀어져 간다. 때로는 강했던 확신이 서서히 약해져서 차츰 꿈이나 목표에서 멀어지기도 한다.

일부 이루지 못한 꿈들은 나의 치부를 드러내고 무능력을 입증하기 때문에 고통스럽다. 주변 사람들의 시선을 끌지 못해 패배자라는 딱지를 붙이고 살아야 하는 사람도 있다. 반면 너무 개인적인 일이라 혼자 끙끙 앓아야 하는 일도 있다. 어찌되었든 나쁜 감정이 우리를 힘들게 하는 것은 마찬가지며, 마음속에 수치심, 비탄, 분노, 질투, 무관심과 체념 같은 감정이 들면 그것이 곧 이루지 못한 꿈의 비극과 마주했다는 신호이기도 하다.

삶의 어떤 영역에서는 유독 이루지 못한 꿈이 자주 우리를 괴롭힌다. 사랑에 실패하고 싶지 않은 바람, 파트너십이라든가 절대적인 친밀감을 형성하고 싶은 소망 때문에 오히려 실망하고 좌절하는 일이 많다. 인간이 평생의 반려자, 아니 최소한 인생의 한 시기에 국한될지라도 연인과 행복하게 살고 싶은 마음이 얼마나 강한지는, 수많은 포털 사이트나 오락 사이트에 범람하는 애인구함 광고들만 봐도 알 수 있다. 자신이 가장 이상적인(흠이 거의 없거나 있어도 애교 있게 봐줄 만한 정도의) 연인이라고 생각하는 탓에 누구를 만나든 역시 '이상형'에 맞는지 아닌지만 따지게 된다. 이런 낭만적인 욕구들은 사실 결정적 순간에 용기가 없어 얼어붙게 만드는 한이 있더라도 늘상 헛되고 낭만적인 꿈에 젖게 만든다. 결국 무미건조한 현실이 우리를 기다릴 뿐이지만.

어찌어찌해서 두 사람이 만나 가정을 이루었다 해도, 그곳은 즉시 이루지 못한 꿈의 전시장이 되고 만다. 아이를 원해도 생기지 않고, 혹여 생겼다 해도 부모 맘대로 자라주지도 않거니와 배은망덕하기까지 하다. 리어왕조차 극중에서 "독사의 이빨보다 더 뾰족한 것이 배은망덕한 자식을 가진 일이로다"라고 말했다. 학교에서 문제아로 찍히는 아이, 부모의 소망을 채우지 못하는 아이, 평범하게 살았으면 했는데 동성애자가 되거나 아웃사이더가 되어 속을 썩이는 자식도 있다.

대부분의 사람들에게는 직업이 아주 중요한 자존감의 원천이다. 중요하고 쓸모 있는 사람이 되고 싶은 원초적 욕망, 자신의 능력을 입증하고 싶고 자신이 속한 집단의 일부로 인정받고 싶은 욕구는 워낙 강해서 우리 대부분은 에너지를 일과 직장에 쏟는다. 사회에서 인정받느냐 그렇지 못하느냐도 거의 직업적 성공 여부에 달려 있다. 그러니 직업과 관련된 꿈, 좌절, 실망은 그만큼 더 충격이 클 수밖에 없다. 인정받지 못하고, 승진하지 못하고, 이렇다 할 성과도 내지 못하고, 만년 말단직에 머무르는 괴로움이 정년퇴임까지 계속되기도 한다. 요즘 노동시장에서는 사실 그런 일이 부지기수로 예정되어 있다. 꿈에 그리던 직업에서 꿈같은 커리어를 쌓는다는 건 지극히 예외적인 일이다. 피라미드 구조의 조직에서 승진하기란 역시 제한된 조건 내에서만 가능하다. 아니, 그보다 더 지독한 비극은 그 전에 벌써 일어난다. 애초부터 일자리를 찾는 게 하늘의 별따기인 것이다. 설령 일자리를 얻었다 해도 평생 근무를 보장해 주지도 않을뿐더러 노동자에 대한 고마움이나 신의는 더더욱 기대하기 힘들다.

직업과 관련해서 마주치는 막다른 골목, 혹은 이루지 못한 꿈을 극복하고 싶다면, 너무 한 가지 목표와 경로에만 매달리지 말아야 한다. 또 신분 상징과 외양으로만 성공을 정의하려 해서도 안된다. 그보다는 일 자체에서 얻는 만족감, 자신에게 주어진 결정권한, 동료들이 건네는 인정과 칭찬, 자발적으로 참여하고 교섭할 재량권 등에 주목하는 편이 낫다. 또 아무리 일을 잘했어도 그 대가로 승진이 꼭 뒤따르지는 않는다는 사실을 납득하고 받아들여야 한다. 어찌 보면 승진은 여가가 줄고 가족과 보낼 시간이 빠듯해지고 스트레스는 몇 배로 늘어난다는 걸 뜻하니까 말이다.

환상은 환상일 뿐

이루지 못한 꿈은 워낙 강력한 기대감에 배치되는 것이어서 상대적으로 요즘 사람들의 깊은 불만, 우울증, 겉으로는 드러나지 않지만 실제로 비참한 상황들의 원인이 된다. 그 기대감이란 것도 알고 보면 성공, 능력, 멋진 외모를 우상으로 만들어서 자꾸 새 모델을 우리에게 들이미는 사회 탓이기도 하다. 그런데 그 사회는 다시 이 모델을 실현하는 기회를 자꾸 차단하고 제한한다. 내가 스스로 원해서 갖는 기대감도 마찬가지다(사실 어느 것이 타의에 의한 기대인지 자의에 의한 기대인지 구분하기는 어렵다). 현대인들은 자신에게 너무 많고 큰 것을 원한다. 성공 이데올로기를 내면화해서 어떻게든 실현 가능성이 있다고 생각되면 무엇이든 욕심을 낸다. 무한한 사랑의 행복, 짜릿한 섹스, 쭉쭉 앞으로만 뻗는 출세길, 말 잘 듣고 똑똑한 자녀, 날씬한 몸매, 건강하고 멋진 외모, 창의력, 똑똑함 등등 일일이 거론하기도 벅차다.

미국의 발달심리학자인 버니스 노이가르텐Bernice Neugarten은 현대를 사는 성인들에게는 끊임없이 자기 관찰을 하는 경향이 있다는 점을 확인했다. "나는 어떻지? 지금 어디쯤 서 있지?" 그리고 현대인들이 그런 평가의 기준으로 삼는 것은, 남에게 말하지 않은 나름대로의 계획표다. "내 인생은 '시간표' 대로 얼추 되어가고 있을까? 아니면 정해둔 목표를 달성할 기한이 벌써 넘은 건 아닌가?" 이런 불안감이 늘 우리를 지배하기 때문이다.

우리가 갖는 자아상은 꾸준히 이상형과 대치하기 때문에 자꾸 실패한 것만 보일 수밖에 없다. 무엇을 못했고, 무엇을 미처 못 끝냈고, 무슨 능력이 아직 없는가? 우리는 스스로를 너무 배려하지 않는데다, 이루지 못한 꿈이 사실은 우리의 개성과 환상을 혼란스럽게 한다는 점을 잘 간파하지 못한다. 왜 다른 길, 대안, 차선책이 있다는 걸 떠올리지 못하는가. 되도록 빨리 실패의 경험을 밑거름 삼아 더 이상 이루지 못할 목표나 타인의 기대치를 위해 시간을 낭비하지 말아야 한다. 나아가 실패에서 새로운 것을 배우고 발전해야 한다.

이루지 못한 꿈으로 인해 무력감과 상실감이 생기더라도, 그것이 일종의 전환의 계기라고 생각하고 차선책을 찾으려고 시도한다면 그 감정들을 극복하기가 좀더 쉽다. 진실을 직시하고 환상은 환상에 지나지 않는다는 걸 인정하자. 내가 누릴 자격이 있다고 믿어온 명성이나 위신을 (다음 생애가 아닌) '이생'에서 얻기는 불가능하다는 것도 실감해야 한다. 우리는 누구나 죽었다 깨나도 '이상적인 연인'은 만나지 못한다. 아무리 노력해도 되지 않는다면, 아이를 갖는 기쁨, 자식과 주고받는 사랑도 포기해야 한다. 또 벽창호 같은 상사가 나를 존중해 주리라는 바람도 일찌감치 접어야 한다. 미국의 심리학자 제임스 부젠탈James Bugenthal은 성인들 대다수가 특히 중년 즈음에

'평생 못한다'는 각성 때문에 괴로워한다는 사실을 관찰했다. 매리앤 페이스풀Marianne Faithfull의 노래에도 그런 감정이 표현되어 있다. "서른일곱이 되어서야 그녀는 자기가 그냥 주부라는 걸 알았네. 더이상 카브리오를 타고 따사로운 여름 바람을 가르며 파리를 질주할 수 없다는 걸 알았다네……."

우리는 인생에서 길을 잘못 들었다는 느낌이 들 때면, 마치 낯선 도시에 도착했을 때 그러는 것처럼, 지도를 펼쳐들고 '내가 어디에 있는지' 알아내려 애쓴다. 그렇게 '현위치'를 알았다면 이제 생각할 일만 남았다. 어디로 어떻게 갈 것인가? 어떤 길이 아직 유효한가? 나에게는 어떤 수단과 방법이 있는가?

미국의 심리학자인 낸시 슐로스버그Nancy Schlossberg는 75퍼센트의 법칙을 제안한다. 만약 삶에서 사분의 삼 이상의 시간을, 불행하다는 느낌, 놓쳐버린 기회와 채워지지 않은 욕망 때문에 고민하고 있다면 그때는 미련 없이 새 출발을 해야 한다는 것이다. 그럴 땐 애초의 목표가 주는 정신적 부담을 벗어던지고 제2의 계획(플랜 B)을 구상하는 데 힘을 쏟는 것이 더 현명하다.

자기를 부정할 때 얻을 수 있는 것

중년은 대부분 인생의 과도기에 해당한다. '후반생은 어떻게 살아야 할까?'라는 의문과 함께 삶의 목표와 방향을 재고하고 이룬 것과 못 이룬 것에 대해 진지하게 숙고하는 때다. 사람들이 곧잘 입에 올리는 '중년의 위기'라는 것도 이루지 못한 것이 이룬 것을 압도할 때 생겨난다. 무언가 중요한 것을 놓쳤다는 느낌 때문에 뒤늦게 그것을 만회하려다 보니 이런저런 불상사가 일어나는 것이다. 아니면, 이제 남은 건 반복과 판에 박힌 일상이라는 생각 때문에 자기 연민에 빠지는 사람도 있다.

사실 중년이라는 갈림길에서는 체념이든 행위주의actionism든 별반 도움이 되지 않는다. 필요한 것이 있다면 앞으로 갈 길에 집중하여 의식적으로 고민하는 일뿐이다. 이 길에서 어떤 낭떠러지를 비켜가야 할지 말해주는 문학작품도 있다. 바로 그 유명한《오디세이아》이다. 이 고대 서사시는 어떤 측면에서 인생의 제2막을 묘사하는 작품이다. 위험천만한 귀향길은 주인공의 성격이 서서히 변해가는 과정을 그린다. (확신 없는) 영웅적 행위는 이미 인생 전반기를 그린 앞 이야기《일리아드》에 다 나왔다. 모험, 약탈, 전쟁, 정복, 자만, 명예욕.

반면《오디세이아》의 주제는 전쟁에 신물이 난데다 집안 난롯가에서 누리는 평화가 그리워 집으로 돌아가는 한 지친 용사의 이야기다. 하지만 그러기 위해선 길을 잃고 헤매는 과정이 필요하다. 이를테면 좌절, 수수께끼 같은 만남들, 도피 등으로 이루어진 '매지컬 미스터리 투어magical mystery tour'를 마스터해야 한다. 오디세우스의 항해는 말하자면 상실의 과정이다. 거느렸던 선단과 선원들을 잃어버리고 겨우 여남은 명만 데리고 집에 도착하니까.

그러나 그가 잃어버린 것 중 가장 큰 것은 그의 옛 정체성이었다. 그는 한 걸음 한 걸음씩 에고에서 벗어나고 명예와 권력에 대한 욕심을 포기한다. 새로운 전략도 익혀야 했다. 게다가 자기를 부정함으로써 목숨을 구하기도 한다. 키클롭스가 이름을 묻자 자신의 유명세가 도리어 해가 될 것을 우려해 "아무것도 아닌 자"라고 대답한다. 정체성의 부재가 곧 새 에너지와 생존능력의 원천이 되는 순간이다.

여러 차례 오디세우스는 귀향을 포기하고 그냥 편하고 안락한 낙원에서 살고 싶다는 유혹에 빠지기도 한다. 키르케는 그를 유혹하고, 칼립소는 영원한 젊음을 약속한다. 하지만 그는 그것이 태만과 자포자기임을 무의식적으로 깨닫는다. 그는 모든 유혹을 뿌리치고 다시 귀향길에 오른다.

그렇게 집에 도착했지만 그에게는 가장 큰 본 과제가 남아 있다. 평화로워야 할 집안은 온통 무질서가 지배하고, 악하고 무례한 불한당들이 둥지를 틀고는 정숙한 페넬로페를 위협하고 있다. 이 돼지우리를 정리하기 위해, 그리고 마침내 '집'에 안착하기 위해 오디세우스는 한 번 더 자신을 부정한다.

이 무용담이 말하고자 하는 것은 중년의 '귀향'을 완성하려면 세 가지 단계가 필요하다는 점이다. 낡은 목표와 가치를 버리고 익숙했던 행동 패턴에서 벗어나기, 정주하고 싶은 유혹을 이겨내기, 그리고 자신의 보금자리, 즉 삶을 올바르게 재편하기가 그것이다.

7장 정원사의 기쁨

좋은 삶과 진짜 행복

행복은 태양과 같은 것

누구나 끊임없이 행복한 삶을 갈망하고 추구한다. 그리고 누구나 '행복'이 무엇인지 잘 안다고 믿으며 끊임없이 입에 올린다. 하지만 사실 행복만큼 정의 내려지지 않고 자꾸 우리 손아귀를 빠져나가는 개념도 없을 것이다. 누구나 행복이 나에게 다가온다면 곧바로 느낄 수 있으리라 믿는다. 하지만 현실에서는, 그것이 지나가버리고 난 다음에야 생생하게 실감되는 경우가 훨씬 많다. 돌이켜봐야만 그제야 어떤 시간이 참으로 행복했다는 걸 느끼기 때문이다. 더욱이 그럴 때조차 기억은 우리를 조금씩 속이기도 한다. 좋았던 옛 시절이라는 미명을 씌워, 힘든 일이 있을 때마다 종종 과거에 대한 향수를 떠올리며 스스로를 위안하는 것이 편하기 때문이다.

행복이 무엇인지 이해하거나 적어도 추측해 보려는 노력은, 곧 삶의 의미와 사랑, 노동, 정치, 즐거움의 가치를 알아내고자 하는 노력과 일치한다. 영국 작가 마이클 프레인Michael Frayn은 그의 소설 《태양에 착륙하다A landing on the sun》에서 이렇게 썼다. "인간의 사고체계를 태양계에 비유한다면, 행복은 태양계의 중심에 있는 태양과 같다. 그래서 (육안으로) 똑바로 쳐다보는 것조차 그토록 어려운 것이다."

그래서일까. 우리는 꽤 오래, 너무 자주, 너무 직접적으로 행복에 대해 말하기를 기피해 왔다. 하지만 여전히 '중심 별'은 사람들의 일상적인 판단과 계획에 일일이 강력한 광선을 쏘아보낸다. 우리는 직업을 선택하고, 커리어를 키우고, 사랑하고(조금 딱딱하게 말하면 '배우자를 선택하고'), 미래를 준비하고, 여가를 계획하고, 소비활동을 하고, 미디어를 이용하면서 꾸준히 행복을 만들거나 아니면 적어도 만들려고 노력했다.

행복에 대한 회의

행복하냐고, 얼마나 행복하냐고 단도직입적으로 물으면 다들 매우 조심스레 답을 한다. 너무 또박또박 행복하다고 말하면 신들의 질투를 살까봐 걱정이라도 되듯이 말이다. 일간지 《쥐트도이체 차이퉁》에는 "행복. 최근 어떤 것 때문에 당신이 더 나은 사람이 되었다고 믿습니까?"라는 제목과 함께, 인지도는 조금씩 달라도 이른바 공인에 속하는 사람들이 자신이 겪은 느낌과 경험에 대해 이야기하는 코너가 있다. 그 글들을 읽다 보면 좋은 삶과 개인의 행복이 무엇인지 새삼 확인할 수 있는 좋은 기회가 된다.

자신의 얘기와 행복에 대한 견해를 피력한 사람들은 거의 일관되게 유데모니즘eudemonism이라 불릴 만한 정서를 내비쳤다. 말하자면 쾌락과 절제의 복잡한 변증법을 깊이 있고 회의론적인 태도로 통찰하는 것이다. 인터뷰 대상자들은 성취의 순간, 실현의 순간, 그리고 예술적인 체험, 즐거운 만남, 기대하지 않았기에 더욱 효과가 컸던 인간적인 경험 같은 매우 심오한 기쁨과 예기치 않은 행운의 순간을 답변으로 들었다.

　　배우인 헤르베르트 크나우프는 이렇게 답을 달았다. "열한 살짜리 아들과 같이 있을 때면 항상 행복합니다. 같이 누리는 시간을 그야말로 즐기는 거죠. 언젠가 숲을 쏘다닐 때였는데, 아들이 지팡이로 상상 속의 적과 싸우는 걸 보고 제 어린 시절이 생각났어요. 그야말로 순수하고 때 묻지 않은, 이제는 잃어버린 시절 말이에요." 뒤이은 그의 말은 또 이랬다. "유진 오닐의 희곡 〈밤으로의 긴 여로〉에 참 많은 생각을 하게 해주는 대사가 나옵니다. '그다지 오래 가지 않아, 행복과 장미의 나날은. 뿌연 안개 속에서 시작된 오르막길이 한동안은 이어지겠지. 하지만 그러다 꿈처럼 사라져버려.' 이 대사는 내 인생의 매순간마다 함께 했어요. 인간은 행복을 붙들어둘 수 없다는 거였죠."

　　상원의원 아드리엔네 괼러는 자신의 행복 체험을 또 이렇게 묘사했다. "'행복'이란 엄청난 말입니다. 그래서 나는 그 말을 오히려 작은 순간들에만 조심스레 씁니다. 한트케가 말한 '복 받은 하루'가 나에게는 충분히 길다고 느껴져요. 행복이란 말은 내 마음속에서 어떤 마력을 행사합니다. 내가 정체를 모르는 그 어떤 것에 대한 그리움을 불러내죠. 그 어떤 것이, 무언가 상실했다는 의미에서 '잃어버린 꿈같은 시간'이라고 칩시다. 그런데 그 잃어버린 꿈같은 시간을 아주 짧은 순간이나마 다시 되찾을 것 같은 기분이 드는 거예요. 바로 그럴 때 쓰는 말이 있죠. 그건 바로 '가족'입니다."

개인의 행복에 조심스레 접근하는 태도는 현대문학에서도 잘 반영된다. 존 맥거헌은 《호숫가에서 By the Lake》라는 소설의 주인공인 루틀지의 입을 빌려 이렇게 말한다. "행복은 찾아지는 것도, 조달되는 것도, 심지어 파악되지도 않는 것이다. 그냥 그것이 자기 템포대로 느릿느릿, 내가 모르는 사이에 오도록 놔둬야 한다. 정말 오기나 한다면 말이다."

행복은 제로섬게임인가?

행복은 삶의 영원한 원동력이다. 행복을 목표로 삼든, 그냥 방관하든, 아니면 환상일 뿐이라고 믿든 마찬가지다. 행복을 평가절하 하는 사람들은, 행복이란 그것의 반대 개념인 고독, 궁핍, 자기 연민, 마조히즘 등을 반대로 투영한 네거티브 필름에 지나지 않는다고 말한다. 즉 불행의 상대적인 개념일 뿐이라는 얘기다. 하지만 그들 논리대로라면 거꾸로, 일부러 불만을 품고 억지로 불행해진다 해도 역시 당사자가 거기서 주관적인 만족감을 느끼기만 하면 상대적인 행복이 될 수 있다는 얘기다. 그 예로, 마조히스트들은 그들이 겪는 고통이 알맞게 조절되기만 하다면 행복을 느낀다. 행복은 그만큼 개인적이면서도 때때로 아주 독창적으로 해석될 수 있다.

인류 역사상 행복감의 뿌리를 이루는 감정은 늘 똑같았다. 문학비평가인 한네로레 슐라퍼Hannelore Schlaffer는 현대의 행복론을 비평하며 이렇게 말한 적이 있다. "인문학사의 사조들은 하나같이 줄기차게 행복에 대해 얘기해 왔다. 하지만 그것의 해답은 시대가 바뀌어도 언제나 한결같이 제자리에 있었다. 시대가 달라질 때마다 우리는 행복이 무엇인지 되풀이해서 묻곤 하지만, 그 답은 항상 시대의 흐름에도 변하지 않는 인간의 본질과 결부되어 있다."

행복은 수백, 수천 년 동안 오직 유일하게 보람 있는 철학의 대상이었고 유일하게 보람 있는 인생의 목표였다. 아리스토텔레스는 일찍이 "인간이 어떤 것을 귀하게 여기고 가치 있게 보는 이유는 그런 것들이 인간을 행복하게 해줄 거라고 믿기 때문"이라고 말했다. 명예, 건강, 돈은 그저 수단이며 중간 목적일 뿐이다. 행복은 단지 그 자체만으로도 추구할 가치가 있다. 인간의 모든 갈망과 삶이 최종 목적지로 삼는 것이 바로 행복이다. 하지만 정말 이런 말들이 모두 사실일까? 정말 행복만을 위해 사는 사람을 실제로 본 적이 있는가?

한 기자가 샤를 드 골에게 이렇게 물은 적이 있다. "대통령 각하, 행복하십니까?" 그러자 대통령이 기자에게 일갈했다. "지금 내가 바보로 보이시오?"

어떤 시대든 보수의 표본이라고 일컬어지는 사람들에게는 늘 행복회의론이 두드러지게 나타난다. 행복은 장님들만이 좇는 신기루 같은 것이라는 얘기다. 그들이 보기에 행복하고 싶은 마음은 우매함에서 나온다. 보수주의자들은 자신들의 가치 등급에 포함되지 않거나 저 밑에 있는 것에 대해서는 깔보는 듯한 시선으로 내려다본다. 그들은 들뜬 감정 따위는 일체 달가워하지 않는다. 고양된 감정이란 통제가 안되고 길들여지지 않은 본능이 튀어나와 날뛰는 것이라는 주장이다.

보수적인 가치 중에서 그나마 행복과 관련된 것이 있다면 질서와 절제뿐이다. 그것만이 조용하고 소소하지만 때로 진통제 구실을 하는 행복을 가져다준다. 대부분의 평범한 인간은 근본적으로 어떤 식으로든 이미 행복하다. "여기 백성들 있는 곳이 진짜 천국이다"라고 말한 파우스트도 '소시민'들의 명랑한 모습과 평범한 기쁨을 내려다보는 듯한 시선으로 논평했다. 시인 고트프리트 벤Gottfried Benn은 또 어떤가. "묵묵하게 그저 노동하며 사는 것, 그것이 곧 행복이다"라고 쓰지 않았던가. '평범한 일상'은 소소한 행복을 가장 확실하게 지켜주는 보험이다. 원칙적으로 보자면 이 평범한 일상을 지켜주는 것이 복지국가가 해야 할 일이며, 무질서를 예방하고 사회적 차원의 불행을 막는 것이 바로 정치의 역할이다.

반면 좌익과 진보주의자들은 시대를 막론하고 사회적인 조건이 다수의 행복을 저해하는 것에 반기를 들어왔다. 그들이 내세우는 변화의 요구들은, 원칙적으로 만인의 행복이 가능하며 설사 유혈과 폭력이 필요할지언정 현 조건이 타개되는 것만이 유일한 해결책이라는 주장의 방증이었다. 차츰 유럽 대부분의 국가들에서는 보수와 진보 양극단의 사이 어디쯤, 사회민주주의적 복지국가를 표방하고 그 누구의 책임이라고 할 수 없는 불행들을 최소화하며 좋은 삶의 기회를 극대화하고자 하는 '제3의 노선'이 생겨났다.

행복 추구란 과연 제로섬게임일까? 사무엘 베케트의 《고도를 기다리며》에 나오는 포조Pozzo는 "세상의 눈물은 모두 헛되도다"라고 읊조린다. "누가 막 울기 시작하면 다른 누구 하나는 울음을 멈추지. 웃음도 마찬가지야. 그러니 이 시대의 나쁜 점에 대해서는 말하지 말자고. 옛날보다 지금이 더 불행하다고 말할 수는 없어."

행복 혹은 불행의 함량을 따지는 이 가정은 일단, 고통과 쾌락이 양적으로 측정 가능하며 우스꽝스럽게도 손해와 이익을 서로 평등하게 맞추는 것이 가능하다고 전제한다. 행복을 생활수준이니 국민소득이니 혹은 그밖의 지수로 잴 수 없는 것이 현실이다. 이처럼 한 개인의 삶에서도 불가능한 그런 행복의 대차대조가 하물며 국가 차원에서 가능할지는 미지수다. 역사학자 야코프 부르크하르트는 그래서 '행복'이라는 단어를 역사학의 어휘 목록에서 삭제해야 한다고 주장하기도 했다.

"점수를 매겨보세요!"

심리학의 아버지인 지그문트 프로이트는 행복의 가능성을 아주 낮게 보았다. 그는 오히려 인간이 불행해질 수 있는 다양한 가능성과, 정신과 마음의 뒤틀린 모습들에 집착했다. 프로이트는 예의 그 표제적인 문장에서, 환자가 신경증적인 고통에서 일상적인 불행으로 넘어갈 수 있으면 그것만으로도 벌써 많이 나아진 것이라고 말하며 행복의 가능성에 대한 회의를 내비쳤다. 그리고 저서 《문명 속의 불편함》에서는 "문명화된 인류는 행복의 가능성

일부를 안전의 일부와 뒤바꿔버렸다"고 쓰기도 했다.

그러나 과학적 심리학의 다른 창시자들, 이를테면 빌헬름 분트나 윌리엄 제임스 등은 행복을 인간의 생존에서 감히 침해할 수 없는 영역이라고 보았다. 윌리엄 제임스는 행복이란 개인의 내적 성향에 달린 문제이므로 어디까지나 사적인 현상이라고 규정했다. 그래서 행복을 과학적으로 파악하려는 시도, 말하자면 객관화하고 비교 가능한 것으로 다루는 일 자체가 어불성설이라고 주장했다.

그런데 20세기 후반 들어서 이 관점이 달라졌다. 인간 삶의 핵심 동기인 행복을 장기간 무시하는 것이 불가능했던 것이다. 개중에는 몇 단계를 거쳐 행복의 본체에 다가선 심리학자들도 몇몇 있었다. 오스트리아의 심리분석가인 한스 작스Hanns Sachs는 1939년 이런 글을 썼다. "인간 정신의 평범한 기능은 행복을 향한 분투다. 인간에게 영혼이 있는 이유는 인간을 행복으로 이끌기 위해서이다(이번 생에서 불가능하다면 저승이나 다음 생에서 그 목적을 이룰 수도 있다). 따라서 인간에게 영혼이 있다는 사실은, 행복이 비록 인생의 유일한 목적은 아니지만 적어도 궁극적인 목적이라는 뿌리 깊고 보편적인 신념의 증거이기도 하다."

요즘 같은 가능성의 사회에서 행복은 하나의 선택사항이다. 인간은 경험을 토대로 현실주의를 만들고, 그것을 가지고 다시 좋은 삶을 실현하는 데 필요한 테크닉과 능력을 갈고 닦는 데 집중한다. 자신에게 다가온 최소한의 기회조차 놓치지 않고 행복의 재료로 쓰겠다는 욕심 때문이다. 더욱이 요즘 시대에 일단 불행을 예방하거나 피해가는 데 성공하기만 했다면 그것만으로도 큰 성과다.

인간이 느끼는 행복은 학문적으로 객관적인 정의를 내리거나 분류할 수 없을 만큼 종류가 천차만별이다. '삶의 질'이니 '리빙스탠다드(생활수준)'니 하는 어려운 용어도 행복의 '필요조건'을 가리키고 있지만 '충분조건'을 알려주지는 못한다. 좋은 삶이란 최소한의 물질적, 문화적 조건을 필요로 하지만, 어쨌든 개인마다 일일이 다른 지극히 사적인 개념이기 때문이다.

잉여사회에서도 다를 바 없다. 보편적으로 풍요로운 사회와 다수가 행복한 세상은 겉보기엔 유리한 조건임에 틀림없다. 다만 그것 자체가 개개인의 주관적인 행복까지 보장하는 것은 아니다.

개인의 행복은 꽤 오랫동안 방법론적으로 접근불가한 항목이었다. 그후 조금씩 상황이 달라졌다. 심리학자들이 행복의 실재를 사회학자들처럼 간접적으로 추정하거나 경제학자들처럼 어떤 지표를 찾으려고 애쓸 게 아니라 사람들에게 다음과 같이 직접 물어보자는데 퍼뜩 생각이 미친 것이다. "행복하세요? 언제요? 왜요? 얼마나요? 마이너스 5부터 플러스 5까지 중에서 점수를 매겨보세요!"

무엇이 행복인지, 혹은 어떤 것을 행복으로 여길지는 각자의 기준에 따라 달라진다. 우리는 자기 관찰을 거쳐 스스로 내린 자기 평가를 외부에서 주어진 행복의 기준과 비교해 본다. 행복이 무엇인지 알고 싶은가? 그렇다면 요즘에는 남들 눈에 행복하게 보이고 싶다는 욕망이 중심이 된다는 점을 반드시 고려해야 한다. 행복 연구가들도 설문조사를 하다 보면, 자기가 행복하다고, 아니 심지어 매우 행복하거나 평균 이상으로 행복하다고 말하는 사람들이 '지나치게' 많다는 사실을 심심찮게 발견한다. 더욱이 우리는 남들에게서 잘 지내느냐는 물음을 빈번히 받다 보니, 자꾸만 자신의 행복지수, 나아가 사회 전체의 행복지수를 알고 싶은 생각이 든다.

역사적으로 보면 이 의견은 영국의 공리주의 철학자 제레미 벤담(Jeremy Bentham, 1748~1832)에서 출발했다. 그는 행복 계산felicific calculus을 국가철학으로 연결시켜 한 국가의 성공 여부는 그 구성원들의 행복에서 읽을 수 있다고 보았다. 단 그러려면 행복을 측정 가능한 변수로 축소시켜야 한다. 이를테면 교향곡을 들을 때의 행복과 맛있는 케이크를 먹을 때의 행복감을 비교할 수 있을 만큼 객관적이고 체계적인 등급체계를 마련해야 한다. 하지만 그런 식으로 객관화된 행복에는 단순한 플러스, 마이너스 등의 점수만 즐비할 뿐 상대성과 다양성의 가치는 묵살될 것이다. 그래서일까. 영국에서 한창 이 공리주의가 붐을 이루고 있을 즈음, 프랑스에서는 전혀 다른 행복관이 꽃피고 있었다. 그것은 단순하게 행복과 복리를 계산하는 것보다는, 최대한 포괄적으로 즐거움의 다양성을 나누고 세분화하는 행복관이었고, 서로 다른 기호와 욕구를 인정하는 이론이었다.

역시 영국 사상가인 존 스튜어트 밀은 훗날 이 '프랑스 식' 개념을 다시 받아들였다. "불만족스러운 소크라테스보다는 행복한 바보가 낫다."

그러나 공리주의식 사상은 계속 맥을 이어갔다. 신공리주자들neo-utilitarian은 비교 가능하고 숫자로 표시 가능한 '삶의 질'을 파악하겠다는 일념으로 '리빙스탠다드', 즉 생활수준을 측정하는 일에 여전히 몰두하고 있다.

행복의 수많은 정답들

데카르트 이래 근대의 특징 중 하나는 뚜렷한 개인주의다. 생각하는 자아가 모든 인식의 목표이자 원천이 되고 모든 윤리적, 정치적 판단을 스스로 내릴 수 있게 되자, 근본적으로는 자아만이 모든 것의 유일무이한 심판자가 된 셈이다. 그런 의미에서 자아가 존재하는 세계는 곧 개인이 세우는 모든 계획의 배경이다. 진정성의 이상理想, '참 자아'의 이상이 서구 인문학사에서 승승장구하기 시작한 것도 이때부터다. 그러자 개인적인 행복이라는 관념도 삶의 정당한 목표가 되었다.

니체는 행복을 가리켜 "힘이 자라서 저항을 이겨내는" 감정이라고 했다. 아들러 학파 정신분석가인 마네스 슈페르버도 "행복은 극기에 대한 보상이다"라고 말했다. 루소는 평소의 그답지 않은 반어법을 동원해 "행복이란 두둑한 지갑이며, 솜씨 좋은 요리사이고, 굉장한 소화력을 지닌 것"이라고 평했다. 여배우 잉그리드 버그만도 "행복은 몸이 건강하고 기억력이 나쁜 데서 온다"고 했다. 키케로, 헨릭 입센, 버트란트 러셀도 모두 여기에 동의했다. 행복은 무엇보다도 마음의 평화에서 온다고 말이다.

몽테스키외, 조지 버나드 쇼, 빅토르 위고는 행복은 나눌수록 커진다며 사회적인 변수를 강조했다. 에피쿠로스, 토마스 아 켐피스, 라로셰푸코는 앞으로 올 즐거움을 위해 지금의 향락을 적당히 조절하는 데서 행복이 가능하다고 말했다. 아리스토텔레스와 아우구스티누스는 행복이란 실천의 미덕이며 탁월함을 향해 노력한 결과라고 보았다.

행복의 개념이 얼마나 두루뭉술한지 잘 나타나는 지점이 바로, 학자들과 연구가들이 구사하는 유치하고 동어반복적이며 자기 풍자적인 경구들이다. 행복은 그 많은 정의에도 불구하고 단순 소박하게 압축해 말하자면, 그냥 기쁨의 순수 총합이다. 비트겐슈타인의 말도 어찌 보면 참 뻔하게 들린다. "행복한 사람의 세계는 불행한 사람의 그것과 판이하게 다르다." 그러나 뭐니뭐니해도 동어반복의 대표주자는 영국 철학자 A. J. 에이어다. "행복이란 꾸준히 만족스러운 만족이다." 그렇게 말한 다음 그는 스스로도 자기가 뱉은 말이 우스웠던지 다시 방어적으로 이렇게 덧붙였다. "더 나은 설명이 있다면 여러분이 찾아보시오!" 볼테르는 심지어 잔뜩 비꼬는 말투로 이렇게 말했다. "확실한 것을 알고 싶다면 철학자들에게 물어라!"

행복에 대한 철학적 질문은 심오하고 불명확함 투성이인 반면, 정작 행복의 이유와 행복감은 상당히 피상적이고 단순할 때가 많다. 앙리 드 몽테를랑은 "행복은 흰 종이 위에 흰 잉크로 쓰는 것"이라고 말한 바 있다.

한편, 시간과 상관없이 유효하며 항상 반복되고 또 여전히 줄어들지 않는 전염성을 가진 행복신화가 있다면, 행복을 재단하고 배우고 손아귀에 넣을 수 있다는 믿음이다. 주말 세미나를 듣거나, 색색가지 약을 먹거나, 이런저런 심리 테크닉을 쓰면 된다는 믿음, 웰빙 호텔이나 펜션에 머무는 날만큼은 한없이 행복할 수 있다는 믿음 등이 그것이다.

행복은 단순함 속에 있다. 단순한 삶으로 포장된 사이비 지혜, 때마다 업데이트되는 '단순하게 살아라 Simplify your life!'식 표어 등은 기독교의 절제론, 불교의 금욕, 혹은 월든 호숫가에 머문 헨리 데이비드 소로의 거창한 탈문명 모델의 잔향들이다. 하지만 이런 현대판 교리들이 교묘히 감추고 있는 진짜 핵심은 따로 있다. 즉 성 프란체스코처럼 고행하며 살 것이 아니라면 가난이 결코 추구할 만한 가치가 있는 생활양식은 아니라는 메시지다.

행복은 때론 비도덕적이다. 임마누엘 칸트는 선함과 행복을 분리해서 보았다. "인간을 행복하게 만드는 것과 선하게 만드는 것은 다른 문제다." 칸트는 부정적인 향유, 즉 가끔 발생하는 '비이성적인' 일탈에 대해서도 언급했다. 그의 판결이, 그 당시 그렇지 않아도 즐거움, 쾌락, 향유 따위와 선善 사이에 건널 수 없는 줄을 그어놓은 청교도적인 발상을 더욱 부추긴 셈이었다. 반면 고대 그리스 철학자들은 선과 행복을 분리하지 않았다. 그들은 행복에서 도덕적인 것을 보았고 도덕에서 행복을 발견했다. 거기에는, 순간적인 향유와 쾌락은 빛이 바래기 때문에 도덕적이고 선한 행복이 그보다 우월하다는 인식이 깔려 있었다.

행복은 또한 광기이며 비정상이기도 하다. 한 의학 잡지는 "행복은 모든 심리적 장애의 기준에 들어맞는 정신상태"라고 묘사한 바 있다. 이를테면 비정상적인 두뇌활동, 비현실적 사고, 심각하게 왜곡된 지각능력, 초현실적인 기대감 등이 그렇다. 그렇다면 우리가 흔히 비정상이라고 보는 '사랑에 막 빠진 상태'가 그렇듯, 일종의 정신질환이자 지성과 감정의 예외 상황들이 곧 엄청나게 행복한 상태라는 말은 아닐까?

옛 지혜를 새로 포장하며

요즘 행복을 내세우는 '스승'들은 이런 저런 신화들에서 영감을 얻는 한편, 플라톤이니 스토아학파니 부처니 노자니 하는 위대한 철학자들을 가장 이상적인 행복론과 처방의 출처로 내세운다. 그들이 말하는 기본적인 개념들은 크게 세 가지로 요약된다.

첫째, 기대치를 낮춰라! 욕심과 헛된 희망을 줄이거나 아예 버려야 행복이 온다. 욕망의 포로가 되면 불행해질 수밖에 없다. 행복이란 쉽게 말해 만족이며, 최고의 행복 전략은 '욕망 치료'라고 말한 미국 철학자 마르타 누스바움Martha Nussbaum의 금욕적이고 냉소적인 철학도 같은 맥락이다.

둘째, 여유를 지녀라. 모든 것은 지나간다! 삶을 근심걱정에 휘둘리다 보면 결코 행복해질 수 없다. 성공과 실패, 환희와 슬픔에 깃든 무상함을 깨닫는 순간, 여유가 주는 참된 행복을 깨달을 수 있다. 영원이라는 시간에서 보면 모든 것은 허무하기 짝이 없다. 인간이 아무리 크고 작은 일을 겪어도 세계 전체는 아무런 영향을 받지 않는다. 우주는 내 불행이나 환희에 그야말로 꿈쩍도 하지 않는다.

셋째, 잔에는 물이 반쯤 '차' 있다. 보이지 않는가? 행복은 관점의 문제다. 항상 밝고 긍정적인 면만 보려고 하는 것, 불행이 굵직한 볏단 안의 무수한 볏짚같이 많다면, 행복은 그 안에 숨은 몇 알 안되는 찬란한 황금빛 알곡이다. 그리고 이 몇 안되는 알곡이 우리를 결국 삶과 화해시켜 줄 만큼 큰 힘을 발휘한다. 어두운 면 대신 아름다운 면에 주의를 기울이고, 갖고 싶은 것에 욕심내기보다 이미 가진 것으로 시선을 돌려라. 삶은 저절로 행복해진다.

잘 살 것인가, 최대한 즐길 것인가?

중국 속담에 이런 말이 있
다. "한 시간 행복하고 싶으면 술을 마셔라. 사흘을 행복하고 싶으면
결혼을 하라. 영원히 행복하고 싶으면? 정원사가 되어라!" 행복 연
구가들도 원칙적으로 이 속담에 담긴 지혜에 너나 할 것 없이 고개를
끄덕인다.

도취는 확실히 잠깐의 행복을 원할 때 단번에 질러 갈 수 있는 지
름길이다. 인간의 두뇌에 있는 행복중추는 꽤 많은 가짓수의 물질을
주입했을 때 아주 빠르고 효과적이고 직접적으로 자극을 받는다. 단,
이 '지름길'은 찰나의 행복만 보장할 뿐, 자극의 효과는 급격히 줄어
든다. 고통스러운 숙취는 거의 언제나 따라붙는 덤이며, 원하는 쾌락
을 얻기 위해서는 매번 양을 더 늘려야 한다. 페요테 선인장, 헤로인,
마리화나, 술 등 인간의 정신상태와 감각을 강하게 바꾸는 것은 상당
히 많다. 그러나 이 지름길들에는 가장 중요한 성분이 빠져 있다. 바
로 자신이 스스로 이 절정감을 만들어낸 장본인이라는 의식이다. 행
복은 그냥 우연히 혹은 별다른 노력 없이 누려서는 안되는 것이며,
우리가 적극적으로 만들어낸 것이어야 한다.

한편, 화려한 결혼식과 신혼여행 혹은 살면서 가끔 겪는 황홀한 희
열감은 전반적인 행복의 대차대조표에서는 오히려 손실로 돌아설
수 있는 이벤트들일 뿐이다. 결혼식, 수여식, 승진, 근사한 휴가여행

에서 느끼는 감정적 범위는 상당히 제한적이다. 물론 그런 사건들 역시 좋은 삶의 바탕인 경우도 많고 장기적인 안락, 만족감, 균형감을 가져오기도 한다. 신혼 초에는 한없이 황홀하며, 차츰 결혼생활이 행복하게 자리잡을 수도 있고, 부부가 함께 긍정적인 경험을 하다 보면 감정적인 유대가 더 강해질 수도 있기 때문이다.

그에 비해 '정원사'는 조화롭고 스트레스 없는 삶, 말하자면 좋은 삶을 가리키는 상징이다. 정원사로서의 삶은 광범위하면서도 지속적인 최대의 행복을 한 자리에 모아놓은 것이나 다름없다. 자연의 사이클은 물론이고 내 리듬에 맞춰서 쓸모 있고 의미 있는 일을 한다는 기쁨도 큰데다, 꾸준히 몸을 움직이기 때문에 건강도 유지할 수 있다. 게다가 스스로의 노력으로 눈에 띄는 결실을 맛볼 수 있으니 금상첨화다.

단순한 쾌락이나 즉각적인 욕구 충족의 차원에서, 행복은 인간이 기울이는 모든 노력의 직접적인 목표가 되기도 한다. 그리고 때로는 자기 삶에 대한 포괄적인 만족감 같은 궁극의 목표에 도달하는 수단이 되기도 한다. 어쩌면 행복 자체보다, 행복의 그런 재료를 좇는 것이 더 합리적으로 보인다. 항상 불행한 사람임을 자처했던 니체는 심지어 경멸적인 태도로 이렇게 말하기도 했다. "인간은 행복을 추구하지 않는다. 그런 건 영국인들이나 하는 짓이다." 아마 여기서 '영국인'이란 헌법에서 '행복을 추구할 권리'를 명시한 초기 미국인들을 가리키는 말이리라.

행복, 그 영구한 상태

　　　　　　　행복이 이리도 천차만별이니, 행복을 논할 때는 정확히 '어떤' 행복인지 확실히 말하지 않으면 안된다. 학술적으로 행복을 연구하는 전문가들이 주로 동조하는 정의, 즉 "행복이란 지속적이고 주관적인 안락이다"라는 표현도 그렇게 정확한 것은 아니다. 그래서인지 행복학자들이 은근히 관심을 갖는 것도 생겼다. "그렇다면 '주관적인 안락'의 조건을 충분히 연구하여 행복을 꾀하거나 만들어내거나 적어도 유도할 수 있다는 것일까? 아니면 주관적인 안락이라는 것이 워낙 개인차가 심하다 보니 애초부터 어떤 법칙을 찾는 것이 힘든 건 아닐까?"

　어떤 이들은 불행과 불행 사이의 시간적 간격을 행복이라 부르고, 고통이 잦아들거나 스트레스가 없는 상태를 행복이라 믿기도 한다. 한편 미국 사회심리학자 데이비드 마이어스David Myers가 "자신의 인생을 충만하고 의미 있고 즐거운 것으로 지각하는 꾸준한 상태가 행복"이라고 말했듯, 분명한 긍정적 감정을 행복으로 보는 사람들도 있다. 마이어스가 말한 '꾸준한'이라는 표현이 결정적 차이다.

　사회심리학에서 채택하는 행복관은, 다음에 나오는 프로이트의 행복회의론과는 사뭇 구별된다. "엄격한 의미에서 행복이라는 것은 오래 쌓아둔 욕구가 갑자기 해소되는 것에 가까우며, 원래 (행복의) 성격상 크고 작은 사건과 현상을 통해서만 실현이 가능하다. 정욕을 충족할 기회가 이어지면 처음엔 최고의 쾌락이었던 것도 나중에는 미지근한 쾌감에 그치고 만다. 인간은 본래 하나의 상태에만 만족하는 존재가 아니라 서로 다른 상태를 번갈아 경험함으로써 그 대조감을 강도 높게 즐기고 싶어한다. 따라서 행복의 가능성은 사람마다 가진 기질에 따라 많이 달라진다."

그러나 프로이트 이후의 심리학은 행복이 반드시 성욕이나 그밖의 다른 욕구에만 관련된 것이 아니라고 본다. 프로이트가 말한 긴장과 이완이 교차되는 '대조감'에서만 행복이 생기는 것도 아니고, 꾸준하고 미지근한 쾌감만이 행복의 전부는 아니다. 오르가즘에서 느끼는 찰나의 환희와 삶의 영속적인 행복 사이에는 그야말로 다양한 심리의 스펙트럼이 펼쳐져 있다. 이상하게도 심리학이 불행이라는 땅을 선택해 종횡무진 철저히 누비고 다닌 것에 비하면, 바로 얼마전까지만 해도 행복의 다양한 스펙트럼은 말 그대로 미지의 대륙이었다.

현대 행복학자들은 표본조사를 통해 대단위 인구의 전반적인 삶의 만족도를 체크하고 있다. 언제 사람들은 자신이 행복하다고 느끼는가? 그리고 왜, 한 인간은 자신이 행복하다고 느끼는가? 이 질문에 대한 답변들은 그야말로 천차만별, 각양각색이다. 더욱이 조사 통계를 분석하면 여러 농도의 처방과 추천 전략들이 걸러져 나온다. 초콜릿을 먹으면 '행복 호르몬'이 분비되기 때문에 기분이 좋아지고 당연히 행복해진다. 조깅을 하거나 연애를 하거나 따뜻한 물로 목욕을 해도 행복감을 느낀다. 중요한 것은, 로또 당첨 같은 행운과는 달리 개인적인 삶의 행복은 어느 정도 '작업'이 가능하다는 사실이다. 그런 행복은 우리가 능동적으로 '지속적인 안락감'을 조절하고 원하는 대로 꾸미면 된다. 좋은 삶은 순전히 운에 달린 문제가 아닌 것이다.

행복의 차이

　　　　　행복한 사람과 덜 행복한 사람의 차이점은 무엇일까? 전자는 자신의 인생을 이끄는 선장이 자신이라고 생각한다. '불가항력'이나 예측불능으로 보이는 것들은 잘 들여다보면 사실 '운명'과 별로 관계가 없을 때가 많다. 하지만 불행한 사람들은 운명이라는 것을 두려워한다. 내 감정은 내가 만드는 것이고 행복도 내가 스스로 노력해서 만들어낸 것이라야 진심으로 그것을 누릴 수 있다. 성공 역시 내가 애써 이룬 것이어야 행복을 준다. 눈먼 행복, '자초하지 않은' 행복(로또 당첨처럼)은 비교적 짧은 시간 동안만 머물러 있을 뿐이다. 실제로 로또 당첨자들을 대상으로 실시한 조사를 보면, 빠르게는 몇 주가 지난 뒤부터, 늦게는 일 년 뒤부터는 예의 '주관적인 안락감'이 평범한 수준으로 돌아가거나 심지어 평균 이하의 낮은 수준으로 내려가는 현상이 발견되었다.

　돈은 안정감을 주기는 하지만 장기적으로 보면 행복하게 만들어주지는 않는다. 돈과 부는 건강과 그 성격이 비슷하다. 상황이 좋으면 금세 거기에 익숙해지는 것이다. 몇 가지 기초욕구가 해결되면, 그 이후는 아무리 돈이 많아지고 부가 쌓여도 행복감이 비례해서 늘어나지 않는다. 소위 한계효용 감소법칙이라 불리는 이 원칙은, 국민총생산과 일인당 국민소득이 높은 부자 나라의 행복지수가 가난한 나라보다 훨씬 뒤처지는 현상에서도 그대로 드러난다. 부와 행복의 연관성에 대한 결론은 너무나 간단명료하다. 행복이란 원하는 것을 얻는 것이 아니라 가진 것에 만족하는 것이기 때문이다.

　물질적 풍요 외에도, 우리가 흔히 행복의 필요조건이라고 생각하는 다른 것들도 실제로는 별 영향력이 없다. 지능은 물론이고 멋진 외모도 상당히 과대평가되는 부분이 있다. 똑똑하고 예쁜 사람들은 남들의 부러움을 사고 많은 이점을 누리며 사는 것 같지만, 그 조건 때문에 평균 이상으로 행복하게 살지는 않는 것 같다.

행복은 참으로 탄성이 강하다. 인간은 크나큰 불운이 닥쳤을 때도 행복할 수 있고, 당시는 그렇지 못하더라도 적어도 그 이후에는 다시 행복해질 수 있다. 하반신 마비 같은 중증의 혹은 치료 불가능한 피해를 입었더라도 그 때문에 남은 인생이 불행하리라고 단정할 수는 없다. 대략 일 년쯤 지나 큰 고통과 분노, 우울감 등에서 꽤 회복되고 나면 다시 보통 수준의 행복감이 되돌아온다는 연구 결과도 있다. 비장애인보다 더 불행하다는 느낌이 따로 들지 않는다는 얘기다. 그만큼 인간의 마음은 탄력적이고 믿기 힘들 정도의 적응력을 발휘한다. 객관적인 생활 형편에 맞춰 요구 수준을 적당히 조절하는 일도 마음의 능력이다. 2억 원이 아닌 1억 5,000만 원을 연봉으로 받는다는 이유로 머리를 쥐어뜯는 프로 축구선수와, 수년간 실직자로 지내다가 쥐꼬리만한 월급을 받는 파트타임 일자리를 얻고서 자부심과 보람을 느끼는 사람 중 누가 더 행복할까?

미국의 여행작가 빌 브라이슨은 그의 책 《작은 섬에서의 기록Notes from a Small Island》에서, 영국의 서해안에서 손바닥만한 바닷가에 있는 오두막 앞에 자리를 잡고 앉은 부부의 모습을 그리고 있다. 그날은 바다 쪽에서 얼어붙을 정도로 찬바람이 휘몰아쳤다. 남편이 신문을 읽으려고 했지만 바람이 자꾸 종이를 휘날려 그의 얼굴을 따갑게 후려쳤다.

"그런데도 그들은 정말 행복해 보였다. 아니 적어도 그곳이 인도 양이나 되는 듯, 흐느적거리는 야자수 아래 앉아 칵테일이라도 마시고 있기라도 하듯 무척 흡족한 표정을 지었다. 살을 에는 듯한 영국 바다의 칼바람은 아랑곳 않는다는 듯이 말이다. 그들은 이런 작은 바닷가라도 차지하고 앉은 것이 기쁜 것이었다. 오랫동안 고대하고 원한 일이었을 테니까. 이것이 그 부부가 진짜 행복한 비결이었다. 언제라도 오두막으로 들어가면 추위를 막을 수 있을 테니까. 언제든 차를 끓여 마시고, 기분 내키면 다이어트 초코 비스킷을 꺼내 먹을 수도 있을 테니까."

브라이슨은, 워낙 쾌활한 태도로 삶의 기대치를 기꺼이 낮추는 기술을 가진 영국인들을 가장 행복한 사람들이라고 평가한다. 영국인들이 자주 입에 올리는 "더 나쁠 수도 있었는데You could do worse", 혹은 "대단하진 않지만 싸고 멋지잖아It's not much, but it's cheap and cheerful", 아니면 "그래도 괜찮았어!It was quite nice, really!" 같은 말버릇이 그 점을 입증해 주지 않던가. 삭막한 산책로에 서 있는 적적하고 온기 없는 카페에서의 묽은 차 한 잔과 굳은 과자 몇 조각. 영국인들에게는 이런 '참을 수 없는 궁상'조차도 그 순간을 즐기기에 충분한 요소들이다.

완벽한 몰입의 기쁨

우리는 흔히, 긍정적 감정을 샘솟게 하는 원천으로서의 노동의 가치를 과소평가해 왔다. 일할 때가 행복한지 아니면 여가 때 더 행복한지 묻자 뚜렷한 대다수가 "당연히 일을 안 할 때 더 행복하다!"고 답했다. 그러나 미하이 칙센트미하이에 따르면, 그들은 거짓으로 스스로를 벌하고 있으며 행복의 현실을 완전히 왜곡해서 보고 있다. 그는 광범위하고 대대적인 조사를 통해, 실제로 행복을 느끼는 순간은 일터에 있을 때가 훨씬 많다는 사실을 알아냈다. 그는 실험 참가자들에게 몇 주에 걸쳐, 매번 다른 시각마다 자신의 현재 기분과 상태를 일지에 기록하게 했다. 그러자 감정의 고저 패턴, 기분과 정서의 패턴, 지루함과 행복의 패턴이 그려진 기록물이 완성되었다. 그토록 동경의 대상이 되는 여가는, 실제로는 많은 이들이 스트레스와 지루함, 실망감 때문에 힘들어하는 시간으로 드러났다.

활동적인 사람일수록 행복한 사람일 개연성이 높다. 집중적인 활동은 일종의 몰아지경에 빠지게 한다. 활동에 빠져든 그 순간만큼은 마음속에서 일어나는 독백과 자신으로의 집중에서 벗어날 수 있기 때문이다. 나만의 내면세계와 생각, 감정에 몰두하는 일은 분명 중요하고 필요한 능력이긴 하다. 그러나 때로는 장기적으로 사람을 굼뜨고 불안하며 우울하게 만들 수도 있다. 따라서 이따금 일(활동)을 해서 내면에 쏠린 시선을 밖으로 돌리는 것이 정신건강을 위해 좋다. 반복해서 어떤 일을 하다 보면 쾌감이 느껴지기도 하고, 일에 전적으로 집중하다 보니 그 일에 완전히 빠져들어서 자신을 잊는 일도 있다. 이런 상태가 곧 플로우flow, 즉 완벽한 몰입이다.

플로우는 우리가 무언가에 극도로 심취해서 심리적이고 육체적인 능력을 최대한 발휘할 때 생겨난다. 어떤 일이든 너무 쉽거나 일할 거리가 적으면 쉽게 지루해진다. 반대로 무리한 일은 스트레스와 불안, 좌절을 유발한다. 참된 자부심은 적당히 어려우면서도 결국에는 해결할 수 있는 과제를 완수하는 데서 느낄 수 있다. 자신이 능력과 영향력이 있으며 나 스스로와 완벽한 조화를 이루었다는 걸 확인했기 때문이다. 또 능력의 한계까지 자신을 끌고 간 것뿐 아니라 그것을 넘어서려고 시도했을 때 행복감은 유달리 증폭된다. 극기克리는 사람을 지치게 하고 크나큰 희생을 요하지만, 자신의 약점과 태만을 이겨냈을 때의 기쁨은 세상 무엇보다도 짜릿하고 근사하다. 그리고 그 기쁨은 오래오래 우리를 떠나지 않는다.

행복은 여행이다

행복한 사람은 일을 인생의 전부로 만들지도 않고, 광적으로 활동에만 전념하지도 않는다. 활동과 일이 소위 워커홀릭처럼 중독성을 띄는 것도 아니고 무언가로부터의 도피처도 아니다. 행복하게 일하는 사람은 휴식 모드로 들어가 느슨하게 여유를 갖고 긴장을 풀 줄 안다. 자기 극복의 심리적 가치와 능력을 높이 사면서도 괜한 명예욕에 휘둘리지는 않는다. 행복한 이들은 긴장과 이완의 교차를 이해하며, 왕성한 노동 뒤에 느긋한 휴식과 차분한 성찰의 시간이 뒤따라야만 비로소 그 노동의 대가로서 참된 행복을 느낀다는 점을 잘 안다.

행복은, 우리가 가진 것과 여전히 얻고자 노력하는 것 사이의 복잡한 상호간섭이다. 별다른 수고 없이도 원하는 걸 얻는다면 창의성과 호기심은 마비되고 만다. 창의성과 호기심은 행복을 위해 없어서는 안되는 요소다. 반대로 아무리 노력해도 아무것도 얻어지는 것이 없다면 당연히 좌절하고 의기소침해질 수밖에 없다. 아니면 어떻게든 결과를 보려고 무모하게 노력을 배가해서 '안되는 일'에 시간과 정력을 낭비하기도 한다. 하지만 행복은 가능성과 욕심 사이에서 균형을 잘 맞춰야 얻을 수 있다. 다만 이 균형이 너무 앞날의 목표에만 치우쳐 있거나, 거꾸로 이미 놓쳐버린 기회에만 연연해서는 안된다. 현실에 무게중심을 둔 균형이 가장 이상적이다.

행복은 겉으로 천명한 목표라기보다는 일종의 '여행'이다. 행복한 상태를 얻으려고 노력하기보다, 행복을 끌어들이는 삶의 태도를 취하려고 노력하는 것이 바람직하다는 뜻이다. 좋은 삶은 행복에 대한 '준비'에서 나오는 결과물이다. 잠깐 즐겁고 유쾌해지는 일은 쉽다. 도취성 체험, 재미, 쾌감을 찾으면 문제는 해결된다. 그러나 행복을 준비하는 방식은, 행복해질 방법과 기회를 찾기 위해 예리한 시선으로 삶의 곳곳을 관찰하는 것이다.

존 스튜어트 밀은 줄기차게 행복의 다양한 형태를 시험해 보았다. 젊은 시절에는 행복의 꽁무니를 쫓아다녔다. 하지만 그것은 계속 그에게서 달아났으며 그 때문에 자살을 결심할 만큼 그는 불행했다. 결국 그는 하나의 인식에 도달했다.

"행복이 행복인 줄 모르고 그것에 집중하는 사람만이 행복하다. 기쁨을 목표로 삼는 게 아니라 그냥 어쩌다 우연히 기뻐야만 삶이 즐거운 것으로 바뀐다. 내가 과연 행복한지를 묻는 순간 행복은 중단된다."

행복, 지극히 현실적인 것

"행복은 얼마나 강하게 느꼈느냐가 아니라 얼마나 자주 느꼈느냐가 중요하다." 미국 행복 전문가 에드 디너Ed Diener는 이 문장으로 자신의 행복론을 압축해서 표현했다. 행복한 사람은 기뻐하고 즐거움을 느낄 기회나 원인을 부지런히 찾아다닌다. 반면에, 몇 안되는 '큰 건'만 쳐다보고, 심지어 오래 그것을 준비하느라 소소한 행복의 기회를 등한시한 사람의 행복 대차대조표는 아마도 마이너스일 가능성이 훨씬 크다. 더욱이 인생에서 불가피한 타격이나 위기에 쉽게 무너질 위험도 크다. 눈앞에 더 큰 명분이 있다는 이유로 즐거움과 재미를 자꾸 미루다 보면, 정작 스트레스를 받았을 때 그것을 극복하게 해줄 완충장치가 생기지 못한다. 누구든 살다 보면 반드시 크고 작은 실망과 좌절을 겪는데, 그런 힘든 일을 상쇄해 주는 것은 결국 평소 경험한 행복한 기억들이다. 한편, 소위 큰 행복을 이룬 다음에는 오히려 지독한 실망을 겪는 경우가 꽤 흔하다는 사실도 과학적인 연구로 밝혀진 바 있다. 내 집 마련, 최고 경영자, 초호화판 세계여행도 막상 이루고 나면 생각했던 만큼 그렇게 거창한 행복감을 주지 않기 때문이다.

행복한 사람은 현실주의자다. 목표와 가능성을 가늠할 때면 특히 그렇다. 윌리엄 제임스의 공식에 따르면, 행복은 우리가 이룬 것을 우리가 바랐던 것으로 나눗셈한 몫이다. 그래서 결국 욕심을 줄이든지, 즉 다른 말로 현실적인 실현 가능성에 자신을 맞추든지, 아니면 기회가 눈앞에 보일 경우 노력을 더 하든지 둘 중에 하나를 선택해야 한다. 키워드는 '현실'이다. 무엇이 최선의 전략인지 알아차리는 것이 관건이다.

　행복한 현실주의란 당장의 관심사와 장기적인 목표, 소망, 인생의 궁극적인 소원을 잘 짜맞춰 좋은 포트폴리오를 묶어내는 것을 뜻한다. 그래서 생활 곳곳에 깃든 짤막한 행복의 계기들, 예컨대 음악, 우정, 몸이 좋아하는 일들을 장기적인 목표와 잘 버무린다. 그래서 그것에 자신이 사는 이유 또는 한 차원 높은 의미를 부여한다. 찰나에만 매달리거나 순간의 향락에만 고정된 삶에서 풍기는 맥 빠진 기운, 프로이트가 말한 '미지근함'을 배제한다면 좋은 삶은 가능하다. 행복한 사람은, 어쩌면 결코 닿을 수 없는, 혹은 실망만을 안겨주는 목표 때문에 '여기 그리고 지금'에 충실하게 사는 것을 잊는 어리석음을 저지르지 않는다.

　행복한 사람은 사회적인 관계를 유지하는 데 많은 시간과 에너지를 쏟는다. 그렇다고 '만인의 연인'이 되는 것은 아니다. 다만 자신에게 중요한 사람들과의 유대를 세심하게 발전시킬 뿐이다. 행복 전문가들은 일련의 조사를 통해 특기할 만한 사실을 발견했는데, 행복한 사람들은 남들도 자신을 높이 평가하고 좋아한다고 믿는다는 점이었다. 물론 그 성향이 때로는 진실을 호도하는 쪽으로 잘못 흐를 우려도 있지만, 장기적으로 보면 어느 정도의 기본적 신뢰와 따뜻한 태도는 자기 실현 예언처럼 좋은 효과를 불러온다.

너무 행복하면 게을러질까?

　　　　　　　　　　　"행복은 정말 좋은 것일까?" 에드 디

너가 '행복 학술 심포지엄'에서 자신의 연구 발표를 마치고 한 말이다. 이 질문에 한 마디를 덧붙여 보자. "누구를 위해 좋은 것일까?" 디너는 "행복한 사람 자신에게"라는 자문자답식 단서를 붙인 뒤 다시 물었다. "좋은 감정이 다른 성향이나 능력에도 좋은 기운을 미칠까? 아니면 행복한 사람은 별로 아는 것이 없어서 불편한 진실을 잘못 보는 건 아닐까? 혹시 다른 사람보다 좀더 우매한 건 아닐까?"

디너는 첫 질문에 조심스레 이렇게 답을 달았다. "맞다. 행복은 좋은 것이다." 해맑은 정서를 소유한 사람은 전반적으로 생활력 있고 성공적이며 건강하고 제약을 받지 않는 편이다. 다만 이런 성향이나 특징을 논할 때 항상 던지는 질문이지만, '왜' 두 가지 조건 사이에 그런 상관관계가 생기는 걸까? 혹시 건강하고 성공한 사람은 덜 성공한 사람이나 아픈 사람보다 행복을 느낄 이유가 더 많은 건 아닐까? 아니면 행복감이 질병에 대한 면역력을 높여주고 더 능력 있게 만들어주는 걸까?

대체로 기분이 밝은 편인 사람들은 몇 가지 중요한 생활영역에서는 물 만난 고기처럼 활력을 얻는다. 친구도 더 많고, 기꺼이 남들에게 다가가며, 타인을 긍정적으로 평가하며, 동호회나 단체 활동을 통한 의미 있는 만남을 추구한다.

그렇다면 유쾌한 기분이 게으른 자기 만족이나 정신적인 태만을 불러오지는 않을까? 그런 견해가 어느 틈엔가 대중 사이에 스며들어 있지만 실제로는 그렇지 않다. 실험실 안에서 행해진 몇몇 심리실험에서 있었던 일이다. 연구팀은 피험자들에게 그들이 좋아하는 음악을 들려주거나 작은 선물을 주어 기분을 좋게 만들었다. 그리고 나서 과제를 주자 피험자들은 독창적이고 창의적인 방식으로 사고하고 문제를 풀었다.

'생활의 창의성' 외에도 예술적 창작 행위 역시 긍정적인 정서가 큰 배경으로 작용한다. 에드 디너는 예술가들에 대한 장기적인 종단 연구를 실시해서, 조울증에 시달리던 작가들은 대개 조증 단계, 즉 환희를 느끼는 때에만 가장 뛰어난 작품을 만들어낸다는 사실을 알아냈다. 괴롭고 침울한 천재만이 걸작을 완성한다는 신화는 근거가 희박하다는 사실이 드러난 셈이다.

행복 측정기

사람에 따라 행복감, 만족, 활기를 특정 순간 집중적으로 느끼는 경우도 있고, 약하지만 폭넓게 자주 경험하는 경우도 있다. 또 쾌활하고 외향적이며 다혈질인 사람은 불안하고 내향적인 사람보다 행복한 순간을 더 잘 체험하기도 한다. 하지만 생각보다 행복은 타고난 기질과는 큰 관련이 없다. 물론 최근까지도 한 개인이 시간 변화에 따라 겪는 기분의 고저와 동요가 관심의 대상이 되지 않았지만, 결국 사람은 항상 똑같이 행복하거나 '업'되어 있는 것도 아니요, 항상 불행하기만 한 것도 아니라는 사실이 밝혀졌다. 행복에 재능이 있는 사람들도 가끔은 우울한 기분에 빠지며, 내향적이고 감정적으로 가라앉은 사람도 나름대로 희열과 명랑함을 체험하기 때문이다.

사람마다 감정의 기본 톤이 있어서 쾌활하다거나 차분하다거나 등의 평소 기분상태가 다르게 마련이다. 하지만 그 안에서도 하루 단위, 주 단위, 월 단위로 수시로 춤추는 기분 곡선에 따라 이 선 역시 움직이고 변한다. 더구나 기분뿐 아니라 어떤 상황에서 나에게 주어지는 자유의 정도와 자신을 표현할 가능성에 따라서도 많은 영향을 받는다. 행복은 자율의 문제, 그리고 실제 내가 느끼는 재량권의 문제인 경우도 의외로 많다.

우리는 방금 겪은 과거에서 지금 처해 있는 현 상태로 넘어가는 과정을 살피면서, 매번 주어진 시점에서의 자신의 상태를 측정한다. 방금 지나간 과거는 그보다 더 오래된 시간보다 더 생생하게 의식에 남아 있어서 현재를 평가하기 위한 잣대가 되기도 한다. 우리는 누군가 "어떻게 지내니?"라고 물어볼 때, 평소 나의 기본적인 기분상태와 최근의 상황을 비교해서 이야기한다. 그래서 밑도 끝도 없이 항상 느끼는 만족감이나 타인과 비교했을 때의 상태가 아닌, 물음과 답변 직전에 겪은 것을 대상으로 한다(프랑스에서는 "어떻게 지내니?"라는 물음이 원래 "Comment allez-vous ? la selle?", 즉 "용변을 잘 봤느냐"라는 질문에서 유래되었다고 한다. 말하자면 전적으로 신체적인 것에 치중한 표현이었다).

실제로 '쾌락주의에 입각한 평가'에서는 당사자의 상태를 판단하는 시간적 기준이 결정적 요인으로 작용한다. 우리가 꾸준히 전체 삶을 결산해서 과연 내가 잘 지내는지 그렇지 못한지 계산하며 사는 일이 없기 때문에, 우리는 부지불식간에 대개 최근 일 주일에서 열흘 사이에 있었던 사건의 유쾌함과 불쾌함을 저울질한다. 마음속에 들어 있는 계산기가 순식간에 다양한 플러스 마이너스 경험과 사건을 취합해서 이 기간에 해당하는 기분의 지수를 낸다. 힘들고 불편했던 일보다 밝고 좋은 일이 많았다면 당연히 우리는 잘 지내는 편이고 기분이 좋거나 만족스럽고 행복하다. 왜 그런지 뚜렷이 의식하지는 못하지만 말이다. 어쨌든 내가 행복한지 아닌지 판단해 주는 이 기분의 산술 시스템은 선천적으로 타고난다. 몸과 마음이 동시에 보유한 무의식적 프로그램으로서의 이 시스템은 우리의 행동을 조종하고 변화시킨다.

미래행 고속열차에서 내려라!

행복한 사람들을 관찰한 결과, 행복의 통계, 기분에 대한 기록 따위를 모두 취합해 보면 일종의 '행복법칙'을 도출해 낼 수 있다. 그 지침 안에는 유전적 기질, 습관, 가벼운 불행을 극복하는 개인적인 기술 등도 포함된다.

경험주의 심리학의 행복 전략은 역시 경험에 근거하는 긍정적 사고의 심리학이나 '좋은 게 좋은 것'이라는 태도("바꿀 수 없다면 그냥 잊어버려라! 그래야 행복하다")와는 다르다. 행복이 좋은 삶의 중심 요소임을 전제로 한다면 다음 질문으로 자기 탐구를 시작해야 한다. "무엇이 나를 정말 행복하게 하는가?" 즉 어떤 때 우리는 파우스트가 말했듯 "머물러라, 너는 정말 아름답구나"라고 말할 만큼 행복한 순간을 경험하는가?

그러려면 제일 먼저 그런 순간, 즉 '지금 여기'를 포착하는 법부터 알아야 한다. 현대인은 현재가 미래로 가기 위한 수단인 듯 사는 데 익숙하다. 블레즈 파스칼Blaise Pascal이 말한 대로 "우리는 사는 것이 아니라 언젠가 살겠다고 바랄 뿐이다." 미래에 무게중심이 쏠려 있으니 생활 곳곳에 있는 행복의 기회를 우리 스스로 종종 잘라내 버린다. 아무리 내가 가진 목표가 좋은 삶을 영위하는 데 중대한 구실을 한다 해도, 그 목표를 설정한 순간부터 삶의 모든 것을 목표 하나에만 맞춰 살 수는 없는 노릇이다. 목표를 이루려면 이것도 계획해야하고 저것도 준비하게 마련이다. 그러다 보니 터널시각에 사로잡혀 오직 저 먼 곳만 보고 달린다.

미래로만 질주하는 고속열차에서 내려 지금 이곳으로 다시 돌아오는 가장 좋은 방법은 관찰과 주의집중이다. 모든 감각과 생각을 동원해 현재를 사는 기술, 지금 막 하고 있는 일에 완벽히 집중하는 것이다. 한 가지 일에만 온전히 매달리는 것, 그것은 생각보다 그렇게 보잘것없거나 불편한 일이 아니다. 오히려 이제는 그 기술을 다시 체득해야 할 때다.

행복으로 가는 또다른 왕도가 있다면, 사람과의 관계를 최우선 순위로 두고 사회적 네트워크를 관리하는 데 투자하는 것이다. 주관적인 기분상태에 대한 설문조사 결과 중 거의 백퍼센트가, 사람들이 가장 흔히 그리고 강도 높게 행복을 느끼는 순간이 누군가와 함께 있는 시간이었다. 공생의 긍정적인 형식들, 이를테면 사랑, 우정, 친목, 동지애 등은 좋은 삶이 제공하는 이른바 '완충장치'들이다. 힘들고 어려울 때 얻는 도움, 온갖 희로애락을 표현할 대상, 함께 무언가를 도모하고 실천하는 기쁨 등은 바람직한 인간관계의 대표적인 요소다. 물론 사회적인 접촉이 내포하는 부정적인 요인들에서 잠시나마 자신을 지키기 위해 은둔과 고립을 의도적으로 선택하는 것도 필요한 전략이다. 타인이란 이따금 깊은 실망과 불행을 가져다주는 원인이기도 하니까. 그러나 장기적으로 볼 때 사회적 접촉을 새롭게 시도하고 꾸준히 관리하는 것이, 자기 만족이나 건강, 행복을 위해 가장 효과적인 투자다.

물론 다들 마음속에 "내 코가 석자"라는 생각밖에 없는 개인주의 시대에 이런 충고를 따르는 것이 쉽지 않은 일이라는 건 안다. 자율, 자기 실현, 독립은 우리에겐 너무나 고귀하고 소중한 가치들이다. 만약 이 가치들이 사회적 유대와 부딪혀 충돌하게 되고 남 때문에 내 자유를 조금이라도 포기해야 되는 사태가 생기면 요즘 사람들은 몇십 년 전 사람들에 비해 훨씬 더 쉽게 인간관계와 유대를 포기하는 쪽을 택한다. 그러나 행복 연구가들은 현대에 들어 다시 부활한 상호간의 의존성이 우울증, 불안, 고독 같은 현대병을 치유하고 예방하는 좋은 약이라고 말한다.

행복하기 위해서는, 그리고 좋은 삶을 살기 위해서는 어느 정도 노력해야만 이룰 수 있는 일을 꾸준히 하는 것이 좋다. 내 능력과 재능을 시험하고 활용하는 기쁨은 의외로 크다. 한편으로는 플로우 효과가 주는 희열의 체험도 유용하다. 어떤 문제를 풀면서, 혹은 산 정상에 오르거나 기계 하나를 수리하면서 온 힘을 쏟아부을 때, 시간과 공간은 망각되고 피로니 근심이니 하는 것도 잠시 잊을 수 있다. 다른 하나는 그렇게 이뤄낸 성과에 대한 자부심이다. 그 오랜 뿌듯함 덕에 자존감은 더 튼튼해지고 남들에게서 받는 인정도 진심으로 기쁘게 받아들일 수 있다.

사로잡히지 않는다는 것

우리는 비교적 풍요로운 물질적 부를 누리며 살고 있다. 또 상당히 많은 위험요소를 막아주고 무엇을 바라든 즉시 무제한으로 그 욕망을 충족시켜 줄 것처럼 보이는 안락한 세계에서 살고 있다. 뭘 먹고 싶든, 무슨 자극을 원하든, 어떤 기분전환이나 오락을 하고 싶든 곧바로 그 욕구를 충족할 수 있다. 그런데도 지금 세상에는 상상 이상의 지루함이 전염병처럼 퍼져 있다. 안헤도니아, 즉 기쁨을 느끼지도 누리지도 못하는 쾌감 장애가 곳곳에 널려 있다. 무차별적인 쾌락주의가 오히려 쾌감을 약속하는 조건들을 밀어내버렸기 때문이다. 그로 인해 감각의 기능과 분별력이 약해지고 집중력이 둔해져 버렸다. 따라서 쾌락의 과잉 공급을 영리하게 걸러내고 차단하는 법, 쾌락적 요소를 분별없이 닥치는 대로 소비하지 않는 법부터 배워야 한다. 진짜 즐거움을 맛보려면 중요한 것에 감각을 집중하고, 쉴새 없이 밀려드는 자극과 흥미들로부터는 멀찍이 거리를 두어야 한다.

현대 사회는 어떤 욕구든 당장 채울 수 있다고 은밀하게 속삭인다. 하고 싶은 걸 참지 말라. 그걸 위해 내야 할 돈은 나중에 생각하라. 이처럼 얼마나 빨리 욕구를 해소할 수 있는가가 행복의 척도처럼 되어버렸다. 시간이 조금이라도 걸리면 더욱 박차를 가해 성급히 욕망을 충족하려 든다. 내가 모든 것의 중심이며 행복이란 내게 즐거움과 쾌락을 주는 것이라고 여긴다.

반면 내 욕구가 즉각 흡족하게 충족되지 않으면 곧 불행해진다. 이 나르시시즘 탓에 인간관계 역시 소비 대상이 되며, '나'에게 유익

하느냐 그렇지 않느냐에 따라 가치가 매겨진다. 이런 극단적인 자기 중심주의는 결국 절망이나 위기를 견디는 힘을 앗아간다. 본격적인 운명의 타격이나 불운을 극복하는 힘은 더더욱 말할 것도 없다. 행복의 전제조건에는 여유와 포기, 보류도 들어가지만, 무엇보다도 자기가 줄기차게 세상의 중심이 되겠다는 욕심을 버리는 능력이 필요하다. 행복은 실망과 고통을 이겨낼 수 있으리라는 믿음이지, 쾌락과 향유에 사로잡히거나 오직 자신에게만 전부를 거는 것은 아니다.

행복을 위한 두 가지 길? 아니, 한 가지 길!

행복 추구의 전략은 두 가지가 있다. 쾌락주의와 유데모니즘이다. 철학과 심리학에서 정식으로 다루는 논리이기도 하고 나름대로 학파를 형성하기도 했다. 그러나 사적인 철학 영역과 개인들의 생활 패턴에도 이 두 가지 전략이 여기저기 분포되어 있다. 그리고 이 두 가지 중 어느 하나만 실천하려다 보면 결코 좋은 삶을 기대하기 어렵다. 쾌락주의 일변도로 가면 하루살이 인생처럼 공허함과 진부함만이 남고, 유데모니즘만 좇다 보면 독선적인 원칙주의와 융통성 없는 사명감에 매몰된다.

그러므로 좋은 삶은 조합된 행복에서 출발한다. "If it feels good, do it!"이라는 나이키의 광고 카피처럼 그때그때 소망과 욕구를 충족하며 행복을 추구하는 한편, 더 큰 목표를 위해 갖고 싶고 하고 싶은 걸 적당히 참을 줄 아는 의식도 동시에 필요하다.

반성이 많은 유데모니즘적 삶에서도 즉흥성과 작은 일탈은 허용

되어야 하고, 자꾸 감시만 하려 드는 이성을 잠깐씩 쉬게 해줘야 한다. 거꾸로, 넓은 범위의 인생 설계 전반에 쾌락주의를 심어두고 그것 자체가 목적이 되지 않게 통제하는 것도 중요하다.

어떤 특정한 종류의 행복을 포기한다는 건, 선호하는 다른 종류의 행복을 택하기 위해서이다. 철학자 안네마리 피퍼Annemarie Pieper는 이렇게 썼다. "온전한 하나의 복된 삶, 보람 있는 삶을 살고 싶다면 행복의 무상함을 열심히 메워야 한다. 또 쓸데없는 환상 때문에 진짜 행복을 놓쳐버리지 않으려면 과거, 현재, 미래를 모두 포함하는 인생의 의미를 설계하고 그것으로 매순간 삶을 튼튼하게 지켜가야 한다. 그러고 나면 영원한 행복을 바라는 욕심도 가라앉고, 행복이 왔다가 금방 사라지기도 한다는 사실에 쉽게 실망하지도 않게 된다. 삶에 단단한 틀과 버팀목이 생겼다는 확신이 들었기 때문이다."

행복, 만족, 좋은 기분으로 이루어진 유데모니즘 개념에서는 다이몬, 즉 참된 내면의 나와 조화를 이루며 살 것을 촉구한다. 자신이 정한 가치에 맞게 생각하고 행동할 수 있다면 진솔한 감정과 자기 표현의 자유를 맛볼 수 있다. 쾌락주의와 유데모니즘의 경험들은 서로 밀접한 관련이 있지만 정작 개인이 느낄 때는 뚜렷한 차이가 있다. 쾌락주의에 가까운 안녕은 이완된 상태, 스트레스나 문제가 없는 쾌활한 즐거움과 직결된다. 반면 유데모니즘에 입각한 안녕은 개인의 성장과 발전을 꾀하거나 도전과 문제를 이겨내는 활동과 행위의 결과에 가깝다.

쾌락주의는 되도록 자주 그리고 집중적으로 유쾌한 감정을 체험하려는 노력이다. 반면 유데모니즘은 비록 얼마간 불편함과 금욕이 요구되더라도 자신의 잠재력을 발굴하는 데 주력한다. 그래서 쾌감과 향락은 그것 자체가 목적이 아니라 유데모니즘에 입각한 생활 형태와 활동이 낳은 장기적인 부산물이다.

유데모니즘의 삶의 방식은 실천하는 금욕주의(스토이즘)다. 이 생활철학에서는 행복이 존재의 가장 높은 목표가 아니다. 오히려 쉼 없이 그것을 이룰 수 있을까 없을까를 따지는 것이 고상치 못하고 성가신 일이 된다. 더욱이 그 성가신 일이 천편일률적인 쾌락주의와 다를 것이 무엇이겠는가.

인생의 소소한 기쁨과 큰 즐거움을 모두 갖는 것이 나쁠 것은 없다. 다만 좋은 삶을 산 사람이 느끼는 행복이란, 지나간 시간들의 마음 상태를 합산한 결과라기보다는, 훗날 자신의 과거를 돌이켜봤을 때 뿌듯함과 흡족함을 느끼게 하는 삶의 방식이 켜켜이 쌓인 결과물이라고 할 수 있을 것이다.

정원사의 행복을 꿈꾸며

최근 한 지인과 전화로 이야기를 나누며 이 사람은 지금 정말 불행할까, 하는 의문을 품은 적이 있다. 아이 둘이 거의 동시에 아프고, 남편의 사업은 휘청거리며, 본인의 직장생활 역시 잘 안 풀리고 있다고 했다. 그래서 너무 힘들고 답답하다는 거였다. 하지만 그는 여전히 이런저런 희망을 갖고 있었고 그런 힘든 상황을 극복하기 위해 맛있는 것을 많이 먹고 힘을 내야 하고 새로운 돌파구를 찾아야겠다고 말했다. 경제 사정, 건강, 장래, 가족 문제 모두 정상이 아닌 것들이 많았는데도 그의 말에서는 미래를 보는 씩씩한 의지가 묻어났고 자신과 통화하는 나, 즉 타인을 배려하는 마음씀씀이까지 보였다.

생각해 보니 그는 어느 정도 부침은 있을지언정 자신이 원하는 '일'을 꾸준히 하고 있었고 돈을 많이 벌어다주지는 못해도 성격 맞는 착한 남편과 가끔 아픈 것 말고는 어느 것 하나 뒤지지 않는 아이들을 키우고 있었다. 아니, 조금 무리한 말일지는 몰라도 오히려 그런 소소한(?) 불행이 그 사람에게는 일종의 자극제가 되는 건 아닌가 하는 생각까지 들었다. 일본의 어느 작가는, 환자들이야말로 자기가 아픈 곳을 알고 어떤 점을 노력해야 할지 알기 때문에 더 희망이 있고 잘 살 가능성이 높은 사람들이라고 말했다. 오히려 건강한 이들은 자기에게 무엇이 문제인지, 어떤 점을 바꿔야 하는지 몰라서 고인 물처럼 정체되어 있고 위태롭게 사는 경우가 많다는 것이다.

《고도를 기다리며》에 나오는 포조는 "세상의 눈물은 모두 헛되도다"라고 읊조린다. "누가 막 울기 시작하면 다른 누구 하나는 울음을 멈추지. 웃음도 마찬가지야. 그러니 이 시대의 나쁜 점에 대해서는 말하지 말자고. 옛날보다 지금이 더 불행하다고 말할 수는 없어."

조금 다른 차원이긴 하지만, 이 책에 나오는 위 인용문처럼 어쨌든 불행도 덧없는 것이요 행복도 영원한 것이 아니다. 그러니까 이 책의 제목을 정확히 다시 말하자면 "왜 나는 영원히 행복하지 못한가?" 정도가 될 것이다.

가끔 80년대 운동권이었던 사람들을 만날 기회가 있어 이야기를 듣자면, 그 당시 열정을 갖고 일했으니 행복했겠구나 싶다가도, 다시, 저렇게 살아왔는데 보람이 조금은 있어야 할 텐데 하는 생각이 든다. 대의를 위해 젊음과 열정을 퍼부은 이들에게서는 문득 낯선 세상을 본 당혹감이랄지 평생 꼭 이것 하나만은 하며 움켜쥐었던 손을 펼쳐보니 아무것도 없더라 식의 허무함 같은 것이 간간이 엿보인다. 요즘 자주 많은 이들이 입에 올리는, 춤추면서 하는 혁명, 즐기면서 하는 일, 내 욕망과 감정을 결코 무시하지 않는 운동도 그런 맥락이다. 그것 모두가 목표를 위해 달리다가 지금의 행복을 놓쳐버리지 않으려는 대안이다.

2009년의 한국, 조금 더 좁게 말하면 대도시나 신도시에서 일하고 사는 사람들은 대부분 번듯한 집 한 채, 그것도 이왕이면 브랜드 있는 아파트에 근사한 인테리어를 해놓고 사는 것을 지상의 과제처럼 여긴다. 그뿐인가. 몇 살이면 으레 도달해야 하는 목표를 정해두고 그것에 맞춰 나와 타인을 평가한다. 주말에는 외식도 하고 나들이도 꼬박꼬박 가줘야 진짜 여유 있는 삶이라고 얘기한다. 성공한 삶과 만족하는 삶이 물질적 가치와 표준, 기준이라는 틀에 찍힌 듯 제시된다. 돈도 못 버는 일에 평생을 바치고 남이 알아주지 않아도 자신의 한계를 시험해 보거나 하는 사람을 만나면 안타깝다는 시선으로 바라보며 아웃사이더로 낙인찍기 바쁘다.

그렇기 때문에 나는 이 책을 번역하면서 이런 삭막한 풍경에서 이 책이 나왔을 때 일어날 조용한 파장이 기대됐다. 행복을 논하면서 재테크도, 연애도, 장수 비결도 말하지 않는 책. 난데없이 자신의 다이몬과 캐릭터에 귀기울이라고 요구하고, 자신의 인생을 한 편의 이야기로 바라볼 것을 권하며, 이 바쁜 세상에 천천히 가라고 제동을 거는 책. 잘 나가는 물건이나 트렌드를 빨리 받아들여 어떻게든 활용하는 것이 급선무인데 이 모든 걸 천천히 비판하고 골똘히 따지고 생각하라는 책. 남의 잘못을 아무리 추궁해도 속이 안 시원한데 용서하고 화해하라고 달래는 책. 끊임없이 저자가 강조하는 행복의 정의는 거의 시대착오적으로 보일 정도다. 기뻐하고 즐거웠던 순간이 얼마나 자주 강하게 왔느냐도 중요하지만 얼마나 열심히 '충만하고 만족스럽게, 책임을 갖고 살았느냐'에 고개를 끄덕일 수 있어야 곧 행복한 사람이라고 주장한다.

하지만 처음엔 껄끄러운 느낌으로 더디게 책장이 넘어갈 독자들도 결국엔 인생의 의미를 찾고 그것을 실현하려 분투하고, 실패도 하고 눈물도 흘리는 시간에서 느끼는 행복이 얼마나 소중할지 충분히 공감할 것이다. 나는 이 책이 시간관리, 부동산, 출세, 승진, 주식투자, 미용과 다이어트를 외치는 자기계발서 안에서 은은한 빛을 발할 것이라는 기대와 함께 열심히 자판을 두드렸다. 더욱이 이 책은 수많은 심리학적 지식과 사회학, 철학, 역사를 섭렵하는 저자의 글쓰기 덕분에 행복을 논하는 최고의 인문학적 에세이이기도 하다. 맞다, 책에 나오는 아리스토텔레스의 말처럼, 인간은 자신을 행복하게 해줄 것을 가장 가치 있게 여기고 추구한다. 행복해지고 싶은 욕망은 삶의 원동력이다. 지금은 물질 가치에 밀려 행복의 다른 많은 조건들이 퇴색된 듯 보이지만, 이 책을 찬찬히 읽고 우리의 삶을 곰곰이 관찰하면 그 말이 맞다. 행복은 정원사가 그러듯 땀 흘려 일하고 그 소박한 결실을 보았을 때의 느낌이다. 지난 세월 동안 꾸준히 물을 주고 하루하루 잎과 줄기를 살피고 마음을 써서 키워낸 것, 즉 내가 산 시간 전체를 돌아보았을 때의 뿌듯함 말이다.

전국 도처에 개발 바람이 불고, 여기저기서 삶과 죽음이 교차하며, 거짓과 불법이 난무하지만 또 한편에서 정직하게 뜻을 세우며 사는 우직한 이들이 있어 가끔 진짜 좋은 삶이 무엇인지 돌아보게 하는 이때, 이 한 권의 책이 우리의 머리와 마음을 가라앉히고 진정한 행복으로 가도록 이끌었으면 한다.

| 참고문헌 |

Baltes, Paul B./Staudinger, Ursula M.: Wisdom: A Metaheuristic to Orchestrate Mind and Virtue Toward Excellence, in: *American Psychologist*, 1/2000, S. 122-135

Bandura, Albert (Hg.): *Self-Efficacy in Changing Societies*, New York 1995

Bridges, William: *Managing Transitions. Making the Most of Change*, London 1996

Bruckner, Pascal: *Verdammt zum Glück. Der Fluch der Moderne*, Berlin 2001

Buss, David M.: The Evolution of Happiness, in: *American Psychologist*, 1/2000, S. 15-23

Ciaramicoli, Arthur/Ketcham, Katherine: *Der Empathie-Faktor. Mitgefühl, Toleranz, Verstandnis*, München 2001

Claxton, Guy: *Wise Up. The Challenge of Lifelong Learning*, New York 1999

Cooper, Kenneth H.: *Can Stress Heal? Converting a Major Health Hazard into a Surprising Health Benefit*, Nashville 1997

Csikszentmihalyi, Mihaly: If We Are So Rich, Why Aren't We Happy?, in: *American Psychologist*, 10/1999, S. 821-827

Csikszentmihalyi, Mihaly: *Flow. Das Geheimnis des Glücks*, Stuttgart 1999

Dertouzos, Michael L.: *What will be. Die Zukunft des Informationszeitalters*, Wien/New York 1999

Diener, Ed: Subjective Well-Being: The Science of Happiness and a Proposal for a National Index, in : *American Psychologist*, 1/2000, S. 34-43

Duerr, Hans-Peter: *Vom Nomaden zur Monade. 10,000 Jahre Menschheitsgeschichte*, Graz 2002

Enright, Robert D./North, Joanna (Hg.): *Exploring Forgiveness*, Madison 1998

Ernst, Heiko: Wie wir wurden, was wir sind. Psychologie der Evolution, in: *Psychologie Heute*, 12/1996, S. 20-29

Freeman, Mark: *Rewriting the Self. History, Memory, Narrative*, London 1993

Freud, Anna: *Das Ich und die Abwehrmechanismen*, Frankfurt am Main 1968

Freud, Sigmund: *Gesammelte Werke. In 18 Bänden und einem Nachtragsband*, Frankfurt am Main 1995

Hillman, James: *Charakter und Bestimmung. Eine Entdeckungsreise zum individuellen Sinn des Lebens*, München 1998

Hodges, Sara/Wegner, Daniel: Automatic and Controlled Empathy, in: *Empathic Accuracy*. Hg. von William Ickes, New York 1977, S. 311-339

Ickes, William (Hg.): *Empathic Accuracy*, New York 1997

Kahneman, Daniel: Objective Happiness, in: *Well-Being. The Foundations of Hedonic Psychology*. Hg. von Kahneman, Daniel/Diener, Ed.Schwarz, Norbert, New York 1999

Karen, Robert: *The Forgiving Self. The Road from Resentment to Connection*, New York 2001

Kennyon, Gary M./Randall, Milliam L.:*Restorying our Live. Personal Growth Through Autobiografical Reflection*, Westport CT 1997

Kingwell, Mark: *In Pursuit of Happiness. Better Living from Plato to Prozac*, New York 1998

Koenig, Harold George: *The Healing Power of Faith. Science Explores Medicin's Last Great Frontier*, New York 1999

Leider, Richard/Shapiro, David: *Lass endlich los und lebe*, Frankfurt am Main 2002

Leonard, George: *Der langere Atem. Die fünf Prinzipien für langfristigen Erfolg im Leben*, München 1998

Levoy, Gregg Michael: *Callings. Finding and Following an Authentic Life*, New York 1997

Marquard, Odo: *Philosophie des Stattdessen. Studien*, Stuttgart 2000

McCoullough, Michael E./Pargament, Kenneth I./Thoresen, Carl E. (Hg.): *Forgiveness. Theory, Research and Practice*, New York 2000

Myers, David G.: *The Pursuit of Happiness. What Makes a Person Happy - And Why*, New York 1992

Nussbaum, Martha C.: *The Therapy of Desire. Theory and Practice in Hellenistic Ethics*, Princeton 1994

Olbrich, Erhard: Die Grenzen des Coping, in: *Psychologic der Bewältigung*. Hg. con Tesch-Römer, Clemens/Salewski, Christel/Schwarz, Gudrun, Weinheim 1997

Pargament, Keneth I.: *The Psychology of Religion and Coping. Theory, Research, Practice*, New York 1997

Pieper, Annemarie: *Glückssache. Die Kunst, gut zu leben*, Hamburg 2001

Pollack, William F.: *Junge. Ein neues Blid von unserven Söhnen*, Bern 1998

Randall, William Lowell: *The Stories We Are. An Essay on Self-Creation*, Toronto 1995

Reis, H. T./Kennon, M. S./Gable, S.L./Roscoe J./Rynan, R.M.: Daily Well-Being: The Role of Autonomy, Competence, and Relatedness, in: *Personal and Social Psychology Bulletin*, Nr. 4, April 2000, S. 419-435

The Reutter Group: Was zeichnet erfolgreiche Autombil-händler aus? http://www.reutter-group.de

Rogers, Carl: *On Becoming a Person*, Boston/New York 1961 Ruggiero, Vincent Ryan: *The Art of Thinking. A Guide to Critical and Creative Thought*, New York 1998

Russell, Bertrand Arthur: *Eroberung des Glücks. Neue Wege zu einer besseren Lebensgestaltung*, Frankfurt am Main 1977

Ryan, Richard M./Deci, Edward L.: On Happiness and Human Potentials: A Review of Research on Hedonic and Eudaimonic Well-Being, in *American Review of Psychology*, 2001, 52, S. 141-166

Ryan, Richard M./Deci, Edward L.: Self-Determination Theory and the Facilitation of Intrinsic Motivation, Social Development and Well-Being, in: *American Psychologist*, 1/2000, S. 68-78

Samuelson, Robert J.: *The Good Life and Its Discontents. The American Dream in the Age of Entitlement*, New York 1997

Schlossberg, Nancy K./Porter Robinson, Susan: *Going to Plan B. How You Can Cope, Regroup and Start Your Life on a New Path*, New York 1996

Schmid, Wilhelm: *Auf der Suche nach einer neuen Lebenskunst. Die Frage nach dem Grund und die Neubegründung der Ethik bei Foucault*, Frankfurt an Main 1992

Schmid, Wilhelm: *Schones Leben? Einführung in die Lebenskunst*, Frankfurt am Main 2002

Schulze, Gerhard: *Die beste aller Welten. Wohin bewegt sich die Gesellschaft im 21. Jahrhundert?*, München 2003

Schulze, Gerhard: *Die Erlebnisgesellschaft. Kultursoziologie der Gegenwart*, Frankfurt am Main 1992

Schulze, Gerhard: *Kulissen des Glücks. Streifzüge durch die Eventkultur*, Frankfurt am Main 1999

Seligman, Martin E.P.: *Der Glücks-Faktor. Warum Optimisten länger leben*, München 2003

Seligman, Martin E.P.: Wie können wir uns von plus zwei auf plus funf verbessern? Interview mit Heiko Ernst, in: *Psychologie Heute*, 6/2001, S. 62-63

Shenk, David: *Datenmüll und Infosmog. Wege aus der Informationsflut*, München 1998

Snyder, C.R. (Hg.): *Coping. The Psychology of What Works*, New York 1999

Snyder, C.R. (Hg.): *Coping with Stress. Effective People and Precesses*, New York 2001

Snyder, C.R./Lopez, Shance J. (Hg.): *Handbook of Positive Psychology*, New York 2002

Sternberg, Robert J. (Hg.): *Wisdom. Its Nature, Origins, and Development*, New York 1990

Taylor, Daniel: *The Healing Power of Stories. Creating Yourself Through the Stories of Your Life*, New York 1996

Vaillant, George E.: Adaptive Mental Mechanisms: Their Role in a Positive Psychology, in: *American Psychologist*, 1/2000, S. 89-98

Vaillant, George E.: *The Wisdom of the Ego*, Cambridge 1993

Van Gennep, Arnold: *Übergangsriten*, Frankfurt am Main 1986

Weil, Michelle M./Rosen, Larry D.: *Verflixte Technik!? So überwinden Sie den täglichen Stress mit Computern, Video-recordern Co*, Frankfurt am Main 1998

Wright, Robert: The Evolution of Despair, in: *TIME*, 28. August 1995